똑바로 이해하고 똑바로 실천하는 영어 공부

Dr. LEE의 똑똑영어

개정판

Dr. LEE의

똑똑영어

이상혁 지음

● 연암사

사랑하는 딸 지수와 아내 혜원에게
이 책을 바칩니다.

Dedicated to
My Lovely Daughter Jisoo & Wife Hewon

안타깝게도
대부분의 한국 사람들은 영어 때문에
크고 작은 좌절을 한 번쯤 경험해 보았다.
정말 열심히 공부했지만
똑똑하게 공부하는 것이
무엇인지 몰라서 ……

들어가며

내 아이의 영어 공부만큼은 똑똑하게!

21세기 대한민국에서 살아가고 있는 사람들 중 과연 영어의 중요성을 부정하는 사람이 있을까? 아마도 거의 없을 것이다. 그러나 안타깝게도 대부분의 한국 사람들은 영어 때문에 크고 작은 좌절을 한 번쯤 경험해 보았을 것이다. 누군가는 영어 때문에 입학시험, 유학시험, 입사시험에서 실패하기도 했고, 또 다른 누군가는 영어 때문에 좋은 비즈니스의 기회를 놓치기도 했다. 정말 안타까운 것은 영어 때문에 엄청난 손해를 보았음에도 불구하고 자신이 무슨 손해를 본지조차 모르는 경우이다. 소소하게는 해외여행 중 영어 때문에 실수하기도 했고, 영어 때문에 외국인과의 대화에서 당황하기도 했으며, 영어 때문에 사랑하는 자녀들 앞에서 민망했던 적도 있을 것이다.

영어 때문에 벌어지는 좌절이 오로지 '열심히' 공부하지 않은 개인의 책임일까? 꼭 그렇지만은 않다. 필자가 아는 분의 아들이 실제 겪었던 이야기이다. 부산광역시 해운대구 소재 모 고등학교에 다녔던 A군의 꿈은 소위 'SKY' 대학교의 경영대학을 졸업한 후 맥킨지McKinsey & Company나 보스턴컨설팅그룹Boston Consulting Group과 같은 경영컨설팅 회사에 취업해서 세계적인 경영컨설턴트가 되는 것이었다. 선생님들이 시키는 대로 '열심히' 공부해서 고등학교 3년 내내 전교 1-2등을 다투었던 A군은 결국 영어영역 만점은 물론 전체 수능 점수도 좋아서 고려대학교 경영대학에 당당히 합격했다. 대학 합격 소식을 접한 후 몇 달 동안 A군 본인은 물론 온 가족이 너무나도 행복하고 감사한 시간을 보냈다.

그러나 입학 직후 A군은 엄청난 좌절을 경험했다. 자기가 영어를 아주 잘한다고 생각했었던 A군은 영어로 진행되는 '경영학입문' 수업에 자신만만하게 참여했다. 사실 수능 영어영역 만점의 수준으로는 문장Sentence 차원에서 영어로 의사소통하는 것이 여전히 힘든 상황이다. 그런데, 문장을 넘어 문단Paragraph과 단락Passage 차

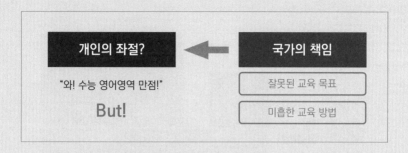

원에서 영어로 자유롭게 의사소통하는 친구들의 토론을 지켜보고, A군은 큰 충격에 빠졌다. A군은 친구들의 열띤 토론에 단 한마디도 끼어들 수 없었고, 심지어 그 내용을 제대로 이해할 수조차 없었다. 이 친구들이 바로 제6장에서 다룰 '영어로 대학가기'의 사례이다. A군은 정말 '열심히' 공부했지만 '똑똑하게' 공부하는 것이 무엇인지 몰라서 좌절을 경험했던 것이다.

　A군이 경험한 개인적 차원의 좌절은 일정 부분 '똑똑하지 못한' 국가의 정책 실패 때문이다. 첫째, 정부가 설정한 영어 교육의 목표가 틀렸다. 예컨대, 교육부는 2018학년도 수능부터 영어영역을 절대평가로 전환했다. 국가에서 정한 목표를 100% 충족할 만큼 '열심히' 공부해서 수능 영어영역 만점을 받아도 (문단과 단락은 고사하고) 문장 차원에서조차 의사소통이 불가능하다면 애당초 영어교육의 목표 자체가 잘못된 것이다. 둘째, 영어 교육의 방법이 여전히 미흡하다. 아직도 듣기Listening와 읽기Reading에만 치우쳐, 더욱 중요한 말하기Speaking와 글쓰기Writing에 대한 체계적 교육이 턱없

이 부족한 상태이다. 현재 영어 교육의 문제점을 개선하기 위해 무엇보다 '똑똑한' 정부의 역할이 절실하게 필요하다.

학부에서 영어영문학, 대학원 석사·박사 과정에서 국제경제법, 미국 유학에서 경영학석사MBA를 공부하며 누구보다 영어를 많이 접하고 활용했던 필자조차도 평생 영어로 인해 크고 작은 좌절을 경험했다. 너무나도 아쉬웠던 것은 필자가 겪었던 좌절의 정체를 정확하게 진단하고 체계적인 해결책을 제시해 줄 그 어떤 참고서적도 찾을 수 없었다는 사실이다. 다만, 필자의 경우 운이 좋게도 훌륭한 스승들을 통해 체득한 경험과 다양한 경로를 통해 습득한 지식의 파편들을 조합하여 그러한 좌절을 단계적으로 극복할 수 있었다. 심지어 '영어로 대학가기'라는 기치를 내걸고 (주)케이피글로벌에듀와 (주)케이피퍼블리셔라는 회사를 설립하여 사업적인 성공을 거두기도 했다.

이 책을 쓴 첫 번째 이유는 사랑하는 딸아이 때문이다. 이 세상의 모든 부모가 자녀를 사랑하듯 아이가 성장하면서 겪게 될 영어로 인한 크고 작은 좌절을 좀더 쉽게 극복할 수 있기를 바라는 마음에서 책의 제목도 『Dr. LEE의 똑똑영어: 똑바로 이해하고 똑바로 실천하는 영어 공부』라고 정했다. 이 책을 쓴 두 번째 이유는 과거 사업을 하면서 가졌던 '마음의 빚' 때문이다. 필자가 알고 있는 조그마한 지식과 지혜를 활용하여 과분한 사업적 성과를 얻은 것과 소수의 해외 유학파나 강남의 부유한 학생들에게만 도움을 준 것이 아닌지 하는 미안함이 마음 한 켠에 늘 남아 있었다. 이 책이 '내 아이의 영어 공부만큼은 똑똑하게!'를 고민하는 모든 분들께 조금이나마 도움이 되길 소망한다.

이 책의 주제인 '똑바로 이해하고 똑바로 실천하는 영어 공부' 즉, '똑똑영어'란 '일차적으로 단어Word와 구Phrase를 넘어 문장 차원에서 그리고 궁극적으로는 문단과 단락 차원에서 듣기와 읽기는 물론 말하기와 글쓰기까지 자유롭게 할 수 있는 수준의 영어능력을 갖추기 위한 공부'이다. 먼저 제1장과 제2장에서는 똑똑한 영어 공부가 왜 절박하게 필요한지 그리고 똑똑한 영어 공부가 과연 무엇인지를, 제3장과 제4장에서는 똑똑한 영어 공부의 기초적 실천과 본질적 실천 방법을, 제5장과 제6장에서는 똑똑한 영어 공부의 결과를 객관적으로 검증받고 다양하게 활용하는 방법을 설명하겠다.

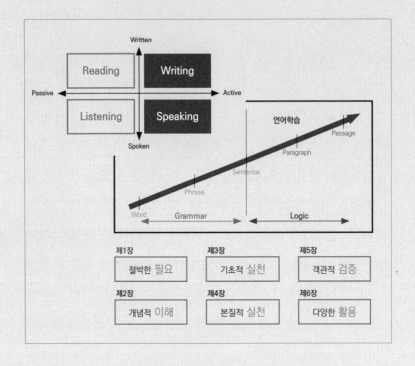

결국 똑똑영어의 완성을 위해서는 문법Grammar과 논리Logic에 대한 정확한 이해와 성실한 실천이 필요하다.

『Dr. LEE의 똑똑영어』는 영어 교재가 아니다. 이 책은 똑똑한 영어 공부를 위한 안내서 혹은 지침서이다. 공부의 또 다른 표현인 '학습'은 '배우다'라는 뜻을 가진 한자어 '學'과 '익히다·연습하다'라는 뜻을 가진 한자어 '習'의 합성어이다. 공부를 잘하기 위해서는 그저 '열심히' 연습하는 것만으로는 부족하다. '열심히'에 앞서 반드시 '똑똑하게' 혹은 '올바르게' 배우는 단계가 필요하다. 즉, (질적으로 똑똑하게) 배우는 것과 (양적으로 열심히) 연습하는 것이

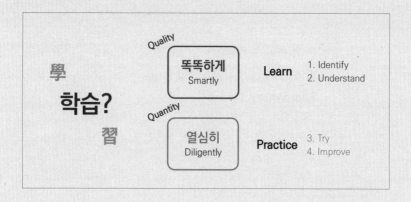

함께 이루어져야 한다. 좀더 구체적으로 말하면, (1) (공부의 대상을 눈으로) 확인하기Identify, (2) (머리로) 이해하기Understand, (3) (이해한 대로 실제) 시도하기Try, (4) (자신이 시도해 본 결과물의 오류를 찾아) 개선하기Improve의 4단계를 거치게 된다.

이 책의 목적은 '똑똑영어'가 무엇인지 여러분의 눈으로 직접 확인하고 그것을 여러분의 머리로 이해할 수 있도록 도와주는 것이다. 중요한 것은 이 책을 모두 읽고 이해한 후 여러분 혹은 여러분의 자녀들이 (이해한 대로 실제) 시도하기와 (자신이 시도해 본 결과물의 오류를 찾아) 개선하기라는 연습을 '열심히' 지속해야 한다는 점이다. 미국의 제16대 대통령 에이브러햄 링컨은 "나무 한 그루를 베기 위해 6시간을 나에게 주십시오. 그러면 나는 처음 4시간을 도끼날 가는 데 사용할 것입니다."라는 아주 유명한 말을 남겼다. 그렇다! 이 책을 읽고 이해하는 시간이 바로 '도끼날을 가는' 과정이다. 이 책을 잘 활용하여 똑똑한 영어 공부라는 나무를 자르기에 앞

> "Give me six hours to chop down a tree
> and I will spend the first four
> sharpening the axe."
>
> Abraham Lincoln

서 도끼날을 충분히 갈 수 있길 바란다.

이 책은 '자유의 확산'이라는 목표를 위해 필자가 설립한 연구 공간 자유의 첫 번째 연구결과물에 대한 개정판이다. 과연 '영어'와 '자유'가 무슨 관련이 있는 것일까? 지난 수천 년 동안 서양 사회에서는 이상적 인간을 양성하기 위한 7가지 기본과목 즉, '인간을 (모든 속박과 억압으로부터) 자유롭게 해주는 7가지 기술'을 가르쳤다. 그 중 가장 기초가 되는 3가지 과목Trivium이 문법Grammar, 논리Logic, 수사학Rhetoric이다. 똑똑영어의 이론적 토대가 바로 이 3가지 과목이다. 여러분과 여러분의 자녀들이 이 책을 통해 얻게 될 훌륭한 영어능력을 기반으로 '보다 나은 세상'을 만드는 데 조금이라도 기여하는 21세기의 진정한 자유인이 될 수 있길 진심으로 기원한다. 꼭 기억하자! '내 아이의 영어 공부만큼은 똑똑하게!'

2024년 1월 연구공간 자유에서
(www.TheInstituteForLiberty.com)

이 상 혁

일러두기

    책을 쓸 때마다 필자가 겪는 딜레마 중 하나는 한국어와 영어의 표기 문제이다. 독자의 입장에서 가독성을 높이려면 가급적 한국어로 표기하는 것이 바람직하다. 다만, 필자의 입장에서 의미전달의 정확성을 높이기 위해서 어쩔 수 없이 영어로 표기해야 하는 상황이 있다. 예컨대, '민주주의'와 '논리'라는 한국어를 생각해 보자. 이것은 각각 '民主主義'와 '論理'라는 한자어를 한국어로 표기한 것이다. 이 한자어도 사실은 'Democracy'와 'Logic'이라는 영어를 중국과 일본에서 번역한 것이다.[1] 좀더 거슬러 올라가면 이 영어

---

1. 필자가 오래전 겪은 이야기이다. 중학교 1학년 영어시험에서 'Uniform'이라는 단어의 뜻을 묻는 주관식 문제가 출제되었다. 필자는 '유니폼'이라고 답했다. 그런데 선생님께서 '유니폼'은 외래어이므로 오답이며, '제복'이 정답이라고 하셨다. 만약 그렇다면 '제복'도 한자어 '制服'을 한글로 표기한 것에 불과한 외래어이므로 동일하게 정답이 될 수 없다고 필자는 반발했다. 그래서 결과는 어떻게 되었을까? 당연히 선생님께 '사랑의 매'를 엄청 맞았다. 한자어가 익숙했던 예전 세대와 달리 요즘 학생들에게는 어차피 '制服'도 'Uniform'도 동일한 외국어이다. 영어 'Uniform'을 중국과 일본에서 번역한 한자어 '制服'이라는 표현을 21세기 대한민국의 학생들이 굳이 알아야 할 필요가 있을까? 'Uniform'의 의미를 좀더 정확하게 이해하기 위해서는 오히려 '하나'라는 뜻의 'uni'와 '형식, 형태'라는 뜻의 'form'을 직접적으로 받아들이는 것이 더욱 바람직하다는 것이 필자의 판단이다.

한국어와 영어
어떻게 표기 해야 하나

Readability	⟷	Accuracy

| 민주주의 | → | 民主主義 | → | Democracy | → | *demos + kratos* |
| 논리 | → | 論理 | → | Logic | → | *logos* |

도 '*demos + kratos*'[2] 와 '*logos*'[3]라는 그리스어와 라틴어에서 온 것이다. 따라서 최소한 영어의 개념만이라도 밝혀야 정확한 의미전달이 가능해진다.

이 책에서 필자는 다음과 같은 3가지 원칙에 따라 한국어와 영어를 표기하겠다. 첫째, 본문에서는 한국어 표기를 원칙으로 한다. 최대한 가독성을 높이기 위함이다. 다만, 의미전달의 정확성이 무너지는 경우 한국어 뒤에 영어를 병기한다. 둘째, 본문 이외의 도표, 예시, 지문, 각주 등에서는 한국어와 영어의 병행 표기를 원칙으로 한다. 다만, 중요한 개념을 전달하는 주요 용어Key Terms의 경우 반드시 영어로 표기한다. 가독성을 해치지 않는 범위 내에서 최

---

2. Democracy는 '다수의 사람'이라는 뜻의 '*demos*'와 '지배체제, 정치체제'라는 뜻의 '*kratos*'의 합성어이다. 즉, 'a political system ruled by many people' (다수에 의해 지배되는 정치체제) 혹은 'majority rule' (다수의 지배 = 다수결)이 그 본질적 의미이다. 한자어 '民主主義'는 '백성이 주인인 이념'을 의미한다. 원래 영어 Democracy는 하나의 '제도'인데 '이념'으로 잘못 번역되었고, 이러한 오역에 기반한 한국어 '민주주의'가 만들어졌다.

3. Logic은 '이성, 합리성'이라는 뜻의 '*logos*'라는 단어에서 나왔는데, 'acceptable or agreeable in terms of *logos*' (이성 혹은 합리성이라는 관점에서 받아들일 수 있거나 동의할 수 있는 것)를 의미한다.

대한 의미전달의 정확성을 높이기 위함이다. 셋째, 주요 용어의 경우 한국어 표기와 영어 표기를 정리하여 책 끝 부분에 별도로 첨부한다. 의미전달의 정확성을 위한 최선의 선택이니 독자들의 너그러운 양해를 바란다.

책을 쓸 때 자료의 출처를 정확하게 밝히는 것은 기본 중의 기본이다. 이 부분에 문제가 발생한 글은 그저 표절Plagiarism에 불과하지 독창적인 저작물이 아니다. 어디서부터 어디까지가 필자의 주장이며 그러한 주장이 어떠한 사실관계에 근거해 있는지를 독자들에게 정확하게 밝히기 위해서라도 출처의 표기는 매우 중요하다. 그러나 각주 혹은 미주 중 어떤 방식을 따를지는 항상 고민이다. 자료의 출처를 밝힘에 있어 정확성이라는 측면에서는 각주와 미주 모두 동일하다. 다만, 일반 독자들의 가독성이라는 측면에서는 미주가 좀더 유리하다는 견해도 있다. 심지어 '일반 독자들에게는 출처 표기가 필요없다.'라는 다소 무례한 생각으로 출처의 표기 자체를 생략하는 경우도 종종 있다.

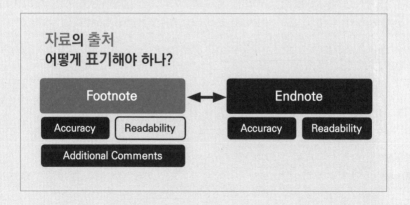

자료의 출처
어떻게 표기해야 하나?

Footnote	↔	Endnote
Accuracy Readability		Accuracy Readability
Additional Comments		

이 책에서 필자는 다음과 같은 3가지 원칙에 따라 자료의 출처를 표기하겠다. 첫째, 출처의 표기는 각주의 방식을 원칙으로 한다. 조금 쉽게 접근하고자 하는 독자는 오로지 본문만 읽으면 된다. 한편, 좀더 깊이 이해하고자 하는 독자는 본문과 함께 각주도 꼼꼼하게 읽는 것이 좋다. 둘째, 각주의 표기는 원칙적으로 *MLA Handbook* (2016)[4]과 *The Bluebook* (2015)[5]의 방식을 따르되, 한국어 자료의 표기 및 독자의 가독성을 고려하여 일부 변형한다. 셋째, 각주를 '추가적 코멘트'의 수단으로 활용한다. 책을 쓰다보면 본문에 넣기에는 논리적 흐름에 방해가 되지만 독자들의 이해를 돕기 위해 꼭 넣고 싶은 추가적인 이야기들이 있다. 이러한 추가적 코멘트를 각주에서 다루겠다.

---

4. The Modern Language Association of America, *MLA Handbook*, 8th Edition (New York, NY: The MLA, 2016).

5. Columbia Law Review and et al., *The Bluebook: A Uniform System of Citation*, 20th Edition (Los Angeles, CA: Claitor's Law Books and Publishing Division, 2015).

목차
Table of Contents

1

— 제1장 —

절박한 필요

1.1. 21세기 세계어

영어란 무엇인가? 인터넷 백과사전 위키피디아는 영어를 "중세 초기 영국에서 처음으로 사용되었고 결국 전세계적 공용어가 된 서게르만계열의 언어"라고 정의한다.[6] 역사적으로 그리고 지리적으로 영어는 영국에서 시작되어, 미국·캐나다·호주·뉴질랜드 등으

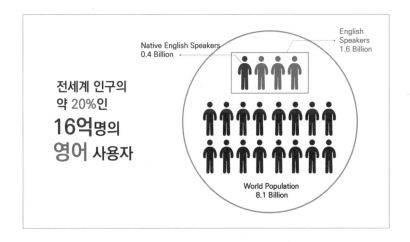

전세계 인구의
약 20%인
16억명의
영어 사용자

Native English Speakers
0.4 Billion

English
Speakers
1.6 Billion

World Population
8.1 Billion

---

6. "English Language", Wikipedia, accessed January 2024.

로 전파되었으며, 특히 2차 세계대전 이후 미국에 의해 전세계적으로 확산된 언어이다. 일부 학자들의 경우 영어를 영국 혹은 미국과 같은 제국주의 국가의 '문화'라고 설명하고, 영어의 전세계적 확산이라는 현상을 '문화제국주의'라고 비난하기도 한다.[7] 그럼에도 불구하고, 영어가 오늘날 지구 공동체의 다양한 구성원들이 함께 사용하는 21세기 세계어 즉, 현대 사회의 '링구아 프랑카'[8]라는 사실을 부정할 수는 없다.

2024년 1월 현재 전세계 인구는 81억 명이 조금 안 된다. 이 중 약 20%인 16억 명이 영어를 사용하는 것으로 추정된다. 이들 영어 사용자 중 약 25%인 4억 명은 모국어로 그리고 약 75%인 12억 명은 외국어로 각각 영어를 사용한다.[9] 2024년 1월 현재 전세계 195개 국가 중 영어를 공용어로 채택한 국가는 58개이다. 한편, 국가가 아닌 지방자치단체의 차원에서 영어를 공용어로 채택한 사례도 28개나 있다.[10] 영어를 필수과목으로 가르치는 국가는 142개국이고, 선택과목으로 가르치는 국가는 41개국이다. 즉, 전세계 195개국 중 183개국에서 영어를 교과과목으로 가르치고 있다.[11] 한국

7. See Edward W. Said, *Culture and Imperialism* (Vintage, 1994).

8. '링구아 프랑카'(*Lingua Franca*)란 서로 다른 언어를 사용하는 사람들 간의 의사소통에 사용되는 언어를 일컫는다. Cambridge Dictionary.

9. See Dylan Lyons, "How Many People Speak English, and Where Is It Spoken?", *Babel Magazine* (July 26, 2017).

10. See "List of territorial entities where English is an official language", Wikipedia, accessed January 2024.

11. See The University of Winnipeg, "Countries in which English Language is a Mandatory or an Optional Subject", https://www.uwinnipeg.ca/global-english-education, accessed January 2024.

의 경우 오랜 논란 끝에 1997년 당시 초등 3-6학년부터 영어가 정식 교과과목으로 선정되었다.[12]

21세기 세계어라는 영어의 위상은 각종 국제기구의 공용어 정책에서도 쉽게 확인된다. 예컨대, 2차 세계대전 이후 '국제 평화와 안보'를 목적으로 설립된 국제연합UN은 1946년 영어, 프랑스어, 중국어, 러시아어, 스페인어를 공용어로 채택했다. 특히, 영어와 프랑스어는 실무어로도 채택되었다.[13] 이후 아랍어가 공용어에 추가되었고,[14] 현재는 6개 공용어 모두 실무어로 사용 중이다.[15] 다만, 미국 뉴욕에 본부를 두고 있는 국제연합에서 영어가 현실적으로 가장 중요한 언어임은 부정할 수 없다. 이외에도 식량농업기구FAO, 세계보건기구WHO, 국제노동기구ILO, 유네스코UNESCO, 세계은행WB, 국제통화기금IMF, 세계무역기구WTO 등 다양한 국제기구에서 영어가 공용어로 사용되고 있다.

21세기 세계어라는 영어의 위상은 글로벌 비즈니스 분야에서 더욱 두드러진다. 2024년 1월 현재 시가총액 기준 세계 10대 기업은 애플, 마이크로소프트, 사우디 아람코, 알파벳(구글), 아마존, 엔비디아, 메타 플랫폼스, 버크셔 해서웨이, 테슬라, 일라이 릴리이

---

12. 1995년 제6차 교육과정 2차 일부개정 (1997년 실시).

13. UNGA Resolution 2(I) (February 1, 1946). 공용어(Official Language)란 UN의 공식문서를 작성할 때 사용되는 언어이다. 한편, 실무어(Working Language)란 UN 직원들 간의 내부적 의사소통에 사용되는 언어이다.

14. UNGA Resolution 3190(XXVIII) (December 18, 1973).

15. United Nations, "Official Languages", https://www.un.org/en/sections/about-un/official-languages/index.html, accessed January 2024.

다.[16] 이들은 국내에서만 비즈니스를 하는 특정 국가의 '국민기업'이 더 이상 아니다.[17] 한때 이들을 여러 국가에 걸쳐 비즈니스를 하는 '다국적기업' 혹은 국가와 국적을 초월해서 비즈니스를 하는 '초국적기업'이라고 불렀다. 최근에는 국가 혹은 국적의 개념에 얽매이지 않고 오로지 지구공동체를 배경으로 비즈니스를 한다는 의미에서 '글로벌기업'이라는 용어를 사용한다.[18] 이러한 글로벌기업들이 글로벌 비즈니스를 위해 사용하는 언어가 바로 영어이다.

한편, 21세기 세계어인 영어의 중요성이 가장 큰 국가는 바로 대한민국이다. 국제연합을 중심으로 한 지구공동체와의 끊임없는

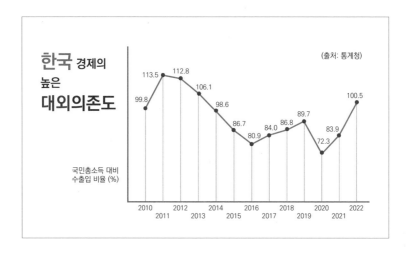

한국 경제의
높은
대외의존도

(출처: 통계청)

국민총소득 대비
수출입 비율 (%)

99.8 113.5 112.8 106.1 98.6 86.7 80.9 84.0 86.8 89.7 72.3 83.9 100.5

2010 2011 2012 2013 2014 2015 2016 2017 2018 2019 2020 2021 2022

---

16. "Top 10 Biggest Companies in the World by Market Cap in 2024", *Forbes India*, https://www.forbesindia.com/article/explainers/top-10-largest-companies-world-market-cap/86341/1, accessed January 2024.

17. 세계 3위 기업인 사우디 아라비아의 국영 석유회사 사우디 아람코(Saudi Aramco)의 경우에도 전세계적 차원에서 탐사, 생산, 정제, 유통, 마케팅 등의 비즈니스 활동을 펼치고 있다.

18. '국민기업', '다국적기업', '초국적기업', '글로벌기업'은 각각 'National Companies', 'Multi-national Corporations (MNCs)', 'Trans-national Corporations (TNCs)', 'Global Companies'를 번역한 것이다.

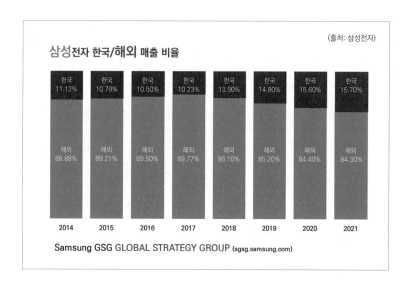

(출처: 삼성전자)

소통과 협력을 통해서만 평화와 안보를 유지할 수 있는 한반도의 지정학적 특수성에 따른 영어의 중요성은 말할 필요조차 없다. 이에 더해, 경제적 측면에서도 영어는 한국에게 절실하게 필요한 글로벌 의사소통 수단이다. 한국은 경제적 대외의존도가 매우 높은 국가이다. 예컨대, 2010-2022년 한국의 국민총소득 대비 수출입의 비율은 약 80-110%에 해당한다.[19] 조금 과장하면, 만약 수출·수입이라는 무역이 이루어지지 않는다면 한국의 경제 자체가 유지될 수 없다는 것이다. 이러한 대외개방형 경제체제를 유지하기 위한 기본적 수단 중 하나가 바로 영어이다.

---

19. 통계청, "무역의존도", KOSIS,
http://kosis.kr/statHtml/statHtml.do?orgId=101&tblId=DT_2KAA806, accessed January 2024.

개별 기업의 차원에서도 영어는 매우 중요하다. 예컨대, 2014-2021년 삼성전자의 '한국/해외 매출 비율'을 보면, 약 10-15% 대 85-90%이다.[20] 조금 과장하면, 만약 삼성전자의 해외 수출이 막히면 삼성전자의 규모가 85-90% 가량 축소되어 파산할 수도 있다는 것이다. "영어 못해도 대기업 취직에 문제없어!", "TOEIC 공부 열심히 했지만 회사에서 영어 쓸 일이 없어!"라고 말하는 분들이 종종 있다. 미안하지만, 당신에게 기업의 사활이 걸린 중요한 임무를 맡기지 않는 것 뿐이다. 당신이 모르는 사이 누군가는 그 일을 하고 있다. 삼성의 경우 삼성글로벌전략그룹SGSG에서 삼성전자는 물론 삼성그룹 전체의 전략적 의사결정을 내린다. 전세계 다양한 국적의 최고 두뇌들이 모인 SGSG의 공용어는 영어이다.[21]

20. "삼성전자, 작년 국내 매출 비중 10년 내 최대 … 첫 40조 돌파", *Newsis*, https://mobile.newsis.com/view.html?ar_id=NISX20220221_0001767032, accessed January 2024.

21. See Samsung Global Strategy Group, https://sgsg.samsung.com, accessed January 2024.

1.2. 개인의 능력 = 콘텐츠 × 의사소통능력

언어는 인간을 다른 동물과 구별하는 가장 중요한 특징 중 하나이다. 이에 '언어를 사용하는 유일한 동물' 혹은 '유일한 말하는 동물'이라는 인간의 특징을 반영하여 '호모 로퀜스' 즉, '언어적 인간'이라는 표현이 등장했다.[22] 언어의 사전적 의미는 "말 또는 글의 방식으로 이루어지는 인간의 의사소통 수단"이다.[23] 물론 동물도 의사소통을 한다. 예컨대, 개는 큰소리로 짖고, 벌은 떼지어 춤을 추고, 원숭이는 서로의 털을 만지며, 개미는 페로몬을 분비함으로써 서로 간에 의사소통을 한다.[24] 특히 군집 생활을 하는 동물에게는 그들만의 독특한 의사소통이 분명히 있다. 그럼에도 불구하고

22. See Dennis Fry, *Homo Loquens: Man as a Talking Animal*, 1st Edition (Cambridge, England: Cambridge University Press, 1977).

23. The term 'Language' refers to "the method of human communication, either spoken or written". Cambridge Dictionary.

24. See "Animal Communication", Khan Academy, https://www.khanacademy.org/science/biology/behavioral-biology/animal-behavior/a/animal-communication, accessed January 2024.

동물의 단순한 의사소통과 인간의 언어가 본질적으로 다르다는 점을 부정할 수는 없다.

히브리대학교의 역사학자이자 철학자인 유발 하라리 교수는 2014년에 발표한 세계적 베스트셀러 『사피엔스』라는 책으로 인해 일약 세계적 석학의 반열에 올랐다. 이 책에 언어와 관련한 다음과 같은 흥미로운 대목이 나온다. 유발 하라리는 "인간의 언어가 '가십핑' 즉, 뒷담화[25]의 수단으로 진화했다."[26]라고 주장한다. 사실 이러한 주장은 소위 '던바의 법칙'[27]으로 유명한 옥스퍼드대학교의 로빈 던바 교수가 1996년에 발표한 『그루밍, 뒷담화, 그리고 언어의 진화』라는 책에서 이미 제기된 바 있다. 문화인류학자이자 진화심리학자인 로빈 던바는 사회적 그루밍으로부터 인간의 언어가 진화했으며, 그러한 언어 진화의 한 단계가 인간의 뒷담화라고 설명했다.[28]

'뒷담화가 인간의 언어를 진화시켰다.'라는 로빈 던바의 주장에서 한걸음 더 나아가, 유발 하라리는 언어의 진화 때문에 비로소 인간의 사회적 협력이 가능해졌다고 주장한다. 즉, 현생 인류인 호

---

25. 영어 'Gossiping'은 '소문내기', '험담하기', '남의 얘기 좋아하기' 등 다양하게 번역될 수 있으나, 이 책에서는 편의상 '뒷담화'라고 표현하겠다.

26. Yuval Noah Harari, *Sapiens: A Brief History of Humankind* (New York, NY: Harper Collins, 2015), pp. 438–442.

27. '던바의 법칙'(Dunbar's Number)이란 진정한 사회적 관계라 할 수 있는 인맥의 최대치는 150명에 불과하다는 주장이다. See Maria Konnikova, "The Limits of Friendship", *The New Yorker* (October 7, 2014).

28. See Robin Dunbar, *Grooming, Gossip and the Evolution of Language* (Cambridge, MA: Harvard University Press, 1996).

모 사피엔스가 사회적 협력을 실천하는 사회적 동물이 될 수 있었던 근본적인 원인이 바로 언어라는 것이다. 언어를 통해 전달되고 공유된 생각, 감정, 정보 등을 기반으로 더 큰 사회적 협력을 실현한 호모 사피엔스가 결국 다른 모든 경쟁자들을 물리치고 '지구의 지배자' 혹은 '지구의 주인'이 될 수 있었다는 설명이다. 요컨대, '뒷담화 → 언어 진화 → 사회적 협력 → 지구 지배'라는 일련의 현상이 오늘날 인류의 역사 즉, 호모 사피엔스의 역사에 벌어졌다는 것이다.[29]

이러한 인류의 역사를 배경으로 다음과 같은 질문들이 제기된다. '과연 누가 영향력 있는 사람인가?' 더 높은 수준의 언어능력을 가진 사람일수록 더 큰 사회적 협력과 연대를 이끌어 내고, 그로 인해 더 큰 사회적 영향력을 가지게 된다. 지난 역사를 뒤돌아보면, 소수의 '똑똑한' 사람들이 자신들이 원하는 대로 혹은 자신들에게 이익이 되는 방향으로 사회적 협력과 연대를 조직함으로써 자신

29. See Yuval Noah Harari, "Why Humans Run the World", TED (Nov. 9, 2017), https://www.youtube.com/watch?v=LLucUmQVBAE, accessed January 2024.

들의 사회적 지위와 권력을 유지한 사례가 많다. 그렇다면, '개인의 능력은 어떻게 평가될 수 있는가?' 이 질문에 대한 필자의 답변은 다음과 같다. 개인의 능력은 전문지식, 경험 등 그 사람이 축적한 '콘텐츠'와 그것을 다른 사람들과 공유할 수 있는 '의사소통능력'을 곱한 것이다.

다음과 같은 극단적인 2가지 사례를 상상해 보자. 첫째, 전문지식, 경험 등 지금껏 축적한 '콘텐츠'는 엄청 많은데 그것을 다른 사람들과 공유할 수 있는 '의사소통능력'이 거의 없는 경우가 있다. 이런 사람을 흔히 '얼간이'라고 부른다. 무척 똑똑하지만 혼자만의 세계에 빠져 다른 사람들과 전혀 교류하지 못하는 좀 특이한 은둔형 외톨이 같은 천재가 이런 경우이다. 둘째, 전문지식, 경험 등 '콘텐츠'는 보잘 것 없지만 너무나도 뛰어난 '의사소통능력'을 가진 경우가 있다. 이런 사람 중에 조금 나쁜 마음을 먹은 경우가 '사기꾼'이다. 아무런 실체가 없지만 그 사람과 대화만 나누고 나면 왠지 모

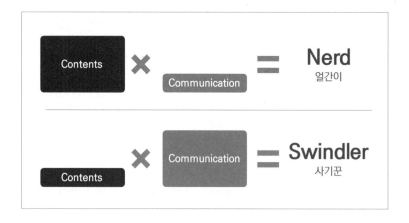

> **"The limits of my language are the limits of my world."**
>
> Ludwig Wittgenstein

르게 그 사람 말을 믿고 심지어 비합리적이며 무모한 행동까지 서슴없이 하는 추종자가 생긴다.

그렇다면 '개인의 능력 향상을 위해 어떤 교육이 필요한가?' 이 질문에 대한 이상적인 답변은 '콘텐츠'와 '의사소통능력'을 동시에 향상시켜야 한다는 것이다. 따라서 특정 분야의 전문지식을 전달하기 위해 'What?'을 중심으로 지금껏 진행했던 교육은 나름 그 의미가 있다. 그러나 지금까지 한국의 교육정책이 지나치게 '콘텐츠'의 전달에만 치우쳐 'Why?', 'How?', 'What If?'를 중심으로 한 의사소통에 대한 교육을 소홀하게 한 것은 아닌지 절실한 반성이 필요하다. "내 언어의 한계가 곧 내 세상의 한계이다."라고 말했던 철학자 루트비히 비트겐슈타인의 말처럼,[30] 결국 콘텐츠는 언어능력의 한계를 넘어설 수 없다. 이렇듯 의사소통능력은 개인의 능력을 평가함에 있어 가장 중요한 요소 중 하나이다.

새로운 언어를 배운다는 것은 이전에 없던 새로운 세상과의 의사소통이 시작됨을 의미한다. 예컨대, 뉴질랜드 소설가 캐서린

---

30. See Ludwig Wittgenstein, *Tractatus Logico-Philosophicus* (London, England: Kegan Paul, 1921).

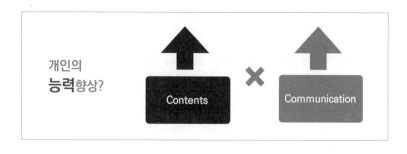

개인의
능력향상?

Contents × Communication

치드지는 "두 번째 언어는 완전히 새로운 세상을 열어준다."라고 말한 바 있다.[31] 체코에는 "새로운 언어를 말할 때마다 새로운 삶을 살게 된다. 오직 하나의 언어만을 안다면, 단지 한번만 사는 것이다."라는 속담이 있다. 프랑스에는 "두 개의 언어를 아는 사람은 두 사람의 가치가 있다."라는 속담이 있다. 만약 여러분이 지금껏 열

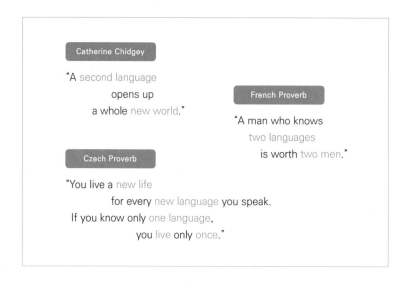

Catherine Chidgey

"A second language
opens up
a whole new world."

French Proverb

"A man who knows
two languages
is worth two men."

Czech Proverb

"You live a new life
for every new language you speak.
If you know only one language,
you live only once."

---

31. Catherine Chidgey, "A Second Language Opens up a Whole New World", *Stuff* (Nov. 23, 2016).

심히 축적한 '콘텐츠'를 모국어인 한국어뿐 아니라 21세기 세계어
인 영어로도 자유롭게 의사소통할 수 있다면, 과연 어떤 일이 벌어
질까? 영어능력이 향상됨에 따라 여러분 개인의 능력이 몇 배 혹은
몇 십배 향상되는 효과가 있을 것이다.

새로운 언어를 배운다는 것은
이전에 없던 새로운 세상과의
의사소통이 시작됨을 의미한다.

1.3. 인공지능 시대의 교육혁명 4Cs

매년 스위스 다보스에서 개최되는 세계경제포럼의 설립자이자 집행위원장인 클라우스 슈밥은 현재 우리가 직면한 시대적 변화를 '제4차 산업혁명'이라는 용어로 설명했다.[32] 슈밥은 "제4차 산업혁명이 인간 경험의 본질에 영향을 줄 것이다.", "지금보다 더 큰 기회와 위기의 시대는 없었다." 등의 말로 전세계인의 주목을 받았다. 제4차 산업혁명을 대표하는 기술 중 하나가 '인공지능'이다. 인

"**The** Fourth Industrial Revolution
will affect the very essence of our human experience."

"**There has never been a time of**
greater promise, or greater peril."

Klaus Schwab

---

32. See Klaus Schwab, *The Fourth Industrial Revolution* (Currency, 2017); and Klaus Schwab and *et al.*, *Shaping the Future of the Fourth Industrial Revolution* (Currency, 2018).

간 혹은 동물이 가지고 있는 '자연지능'에 빗대어, 기계가 가지고 있는 지능을 '인공지능' 혹은 '기계지능'이라고 한다. 학문적으로는 '주어진 환경을 인식하고 성공적 목표 달성의 가능성을 극대화하기 위해 행동하는 기기' 즉, '지능형 에이전트'를 연구하는 분야를 인공지능이라고 한다.[33]

데이터, 로봇공학, 5G, 사물인터넷, 퀀텀컴퓨터 등 최첨단 기술에 기반해 새롭게 등장한 인공지능은 과연 어떤 모습일까? 누군가는 장차 '인간을 도와주는 친구'가 될 것이라는 설레임으로, 또 다른 누군가는 '인간을 지배하는 괴물'이 될 것이라는 두려움으로 인공지능을 상상해 왔다. 그러던 중 2016년 3월 막연했던 상상이 대중들의 눈앞에 보다 구체화되는 사건이 벌어졌다. 구글 딥마인드의 인공지능 알파고가 이세돌 9단을 상대로 벌인 바둑 경기에서 4대1의 승리를 거두었다.[34] 이후 인공지능은 아마존의 알렉사, 애플의 시리와 같은 스마트 스피커의 모습으로 좀더 친숙하게 우리의 일상 속에 들어왔다. 현재는 SK텔레콤, 카카오, 네이버 등 국내 기업들도 스마트 스피커를 판매하고 있다.

새로운 변화는 늘 그 변화로 인해 손해를 보는 사람과 이익을 보는 사람을 만들어 낸다. 미래학자 앨빈 토플러의 설명과 같이, 제

---

33. "Artificial Intelligence", Wikipedia, accessed January 2024.

34. See Steven Borowiec, "AlphaGo Seals 4-1 Victory over Go Grandmaster Lee Sedol", *The Guardian* (March 15, 2016).

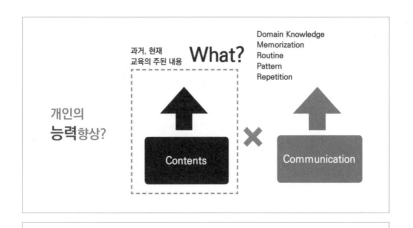

1의 물결인 농업혁명 이후 '토지'를 가진 자가, 제2의 물결인 산업

혁명 이후 '자본'을 가진 자가, 그리고 제3의 물결인 정보혁명 이후

'정보'를 가진 자가 각각 새로운 세상의 정치적 권력과 경제적 부를

차지했던 것이 인류의 역사이다.[35] 지금까지 인류의 교육은 이러한

세상의 변화에 발맞추어 여러 차례 진화했다. 예컨대, 대한민국의

교육은 지금까지 더 많은 그리고 더 좋은 정보를 학생들에게 가르

치는 것에 초점을 두었다. '개인의 능력 = 콘텐츠 × 의사소통능력'

이라는 관점에서 보면, 양질의 '콘텐츠'를 가르침으로써 개인의 능

력을 향상시키려는 정책은 일견 타당했다.

---

35. See Alvin Toffler, *The Third Wave* (Bantam, 1984); Alvin Toffler, *Powershift* (Bantam, 1991); and Alvin Toffler and Heidi Toffler, *Revolutionary Wealth* (Currency, 2007).

그러나 인공지능의 등장으로 '콘텐츠' 중심의 교육은 이제 더이상 의미가 없다. 특정 분야의 전문지식, 암기, 루틴, 패턴, 반복 등의 표현으로 설명될 수 있는 'What?'을 가르치는 '콘텐츠' 중심의 교육을 받은 사람들의 역할은 이제 곧 인공지능에 의해 대체될 것이다. 예컨대, 바둑의 고수들이 두었던 기보를 아무리 열심히 보아도 더 많은 양의 기보를 저장하고 분석한 구글 딥마인드의 인공지능 알파고를 이길 수는 없다. 아무리 많은 암 환자의 진단 차트를 열심히 본 의사라 할지라도 더 많은 양의 암 진단 차트를 저장하고 분석한 IBM의 인공지능 왓슨과의 경쟁에서 이길 수는 없다.[36] 결국 양질의 정보 확보 및 정보의 단순 활용이라는 측면에서는 이제 더이상 인간이 인공지능과 경쟁할 수 없다.

　　그렇다면 과연 미래 인공지능 시대의 교육 내용은 어떻게 변해야 할까? 과연 인공지능 시대 교육혁명의 본질은 무엇일까? 이 질문에 대한 답변은 바로 '4Cs' 교육으로의 전환이다.[37] 4Cs란 알파벳 'C'로 시작하는 4가지 즉, '비판적 사고', '의사소통능력', '협업능력', '창의성'을 말한다. 동일하게 'C'로 시작하는 '콘텐츠'는

---

36. Ian Steadman, "IBM's Watson Is Better at Diagnosing Cancer than Human Doctors", *WIRED* (February 11, 2013); Alice Park, "Machines Treating Patients? It's Already Happening", *Time* (March 21, 2019).

37. See David Ross, "Why the Four Cs Will Become the Foundation of Human-AI Interface", *Getting Smart* (March 4, 2018); Eli Zimmerman, "The 4C's of Learning in a Connected Classroom", *EdTech* (July 27, 2018); and National Education Association, "Preparing 21st Century Students for a Global Society: An Educator's Guide to the "Four Cs"", http://www.nea.org/assets/docs/A-Guide-to-Four-Cs.pdf, accessed January 2024.

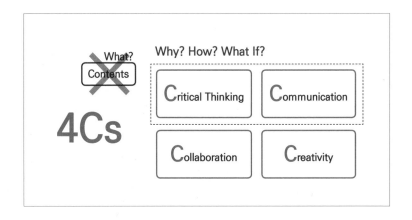

당연히 여기에 포함되지 않는다. 지금까지 너무나도 중요하다고 믿어 왔던 'What?'이라는 질문에 초점을 둔 '콘텐츠'와 달리, 이들 '4Cs'는 'Why?', 'How?', 'What If?' 등 전혀 다른 유형의 질문에 초점을 두고 있다.[38] '개인의 능력 = 콘텐츠 × 의사소통능력'이라는 관점에서 보면, 4Cs는 모두 넓은 의미의 '의사소통능력'에 포함되는 것들이다.

우선, 4Cs 중 비판적 사고와 의사소통능력은 이 책의 주제인 똑똑영어와 직접적인 연관성이 있다. 먼저, 비판적 사고란 주관적 '의견'과 객관적 '사실'을 분별하고, 전자에 대해서는 '왜?'라는 질문을 던지고 후자에 대해서는 그 진위 여부를 확인하는 사고 방식

---

38. 예컨대, 과거에 강조되었던 'What?'에 초점을 둔 질문은 "1789년 프랑스에서 벌어졌던 근대 시민사회의 출현을 상징하는 사건은 무엇인가?"이다. 이에 반해, 미래에 강조되어야 하는 'Why?', 'How?', 'What If?'에 초점을 둔 질문은 "프랑스 대혁명은 왜 발생했는가?", "프랑스 대혁명은 어떻게 미국 독립혁명의 발생과 근대 사회의 출현에 영향을 주었는가?", "만약 프랑스 대혁명이 벌어지지 않았다면, 근대사회의 역사가 어떻게 달라졌을까?"이다.

이다. 이 책에서 중요하게 다룰 논리 혹은 논증능력이 실현되는 3가지 형식인 논리적 분석, 논리적 사고, 논리적 표현 중 '논리적 사고'의 동의어가 사실상 비판적 사고이다.[39] 결국, '일차적으로 단어와 구를 넘어 문장 차원에서 그리고 궁극적으로는 문단과 단락 차원에서 듣기와 읽기는 물론 말하기와 글쓰기까지 자유롭게 할 수 있는 수준의 영어능력을 갖추기 위한 공부'라는 똑똑영어의 개념에 비판적 사고와 의사소통능력이 포함된다.

---

39. 다만, '비판'(Criticize)과 '비난'(Blame)을 결코 혼동하지 말아야 한다. "어떤 의견에 (일단 무조건) 반대"하는 비난과 달리, "시시비비를 판단"하는 비판은 어떤 의견이 왜 옳고 왜 그른지에 대해 생각하는 것이다. 국립국어원 표준국어대사전.

1.4. 코딩(파이썬)과 영어

"두 번째 언어는 완전히 새로운 세상을 열어준다."라고 했던 뉴질랜드 소설가 캐서린 치드지의 말처럼,[40] 새로운 언어를 배운다는 것은 지금껏 몰랐던 새로운 세상을 하나 더 얻는 것과 같다. 그런데 만약 그 언어가 21세기 세계어인 영어라면 어떨까? 다른 언어

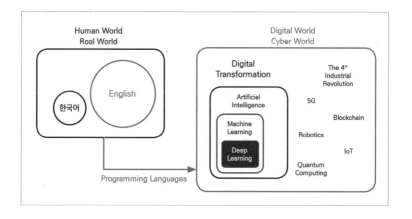

---

40. Catherine Chidgey, *supra* note 31.

를 통해 얻을 수 있는 세상과는 비교할 수조차 없을 만큼 크고 넓은 새로운 세상을 영어를 통해 얻을 수 있다.[41] 이 책은 길 안내자이다. '일차적으로 단어와 구를 넘어 문장 차원에서 그리고 궁극적으로는 문단과 단락 차원에서 듣기와 읽기는 물론 말하기와 글쓰기까지 자유롭게 할 수 있는 수준의 영어능력을 갖추기 위한 공부'라는 '똑똑영어'가 여러분과 여러분의 자녀들을 새로운 세상으로 신속하고 안전하게 안내해 줄 것이다.

> "Coding is not difficult."
> "More kids should learn to program."
> "Everyone can benefit from learning this skill."
>
> Bill Gates

한편, 우리가 살고 있는 '현실세계'를 넘어 '디지털세계'로 넘어가기 위해서는 프로그래밍언어가 필요하다. 프로그래밍언어란 기계도 읽고 사람도 읽을 수 있는 형식으로 프로그램을 작성하기 위해 사용되는 컴퓨터 언어이다. 사실 컴퓨터가 이해할 수 있는 언어는 1과 0이라는 이진수로 구성된 기계어이다. 그런데 사람이 기

---

41. 소설가 복거일의 경우 네트워크의 효용에 비유하여 영어의 효용을 설명했다. 밥 메트칼프(Bob Metcalfe)가 제안한 '메트칼프의 법칙'(Metcalfe's Law)에 따르면 네트워크의 규모가 커지면 (비록 비용은 직선적으로 늘지만) 그 가치가 기하급수적으로 증가한다. 따라서 21세기 세계어인 영어의 사용자 수가 점점 커지고 있기 때문에 영어의 가치가 기하급수적으로 증가하고 있다는 설명이다. 복거일, 『국제어 시대의 민족어』(문학과 지성사, 1998).

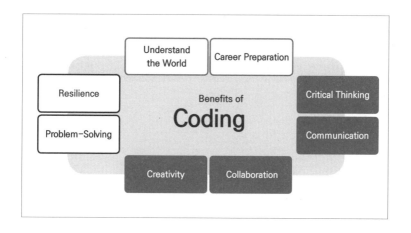

계어를 이해하기는 매우 어렵다. 따라서 기계어와 자연어의 중간적 위치에서 '프로그램 작성' 즉, '코딩'을 쉽게 할 수 있도록 해주는 것이 프로그래밍언어이다.[42] 디지털 전환, 4차 산업혁명, 5G, 블록체인, 로봇공학, 사물인터넷, 퀀텀컴퓨터, 인공지능, 머신러닝, 딥러닝 등 전혀 새로운 논의가 진행되고 있는 디지털세계로 넘어가려면 반드시 프로그래밍언어를 배워야 한다.

　요즘 전세계적으로 프로그래밍언어를 활용하여 컴퓨터 프로그램을 작성하는 코딩 교육이 유행이다. "코딩은 어렵지 않습니다.", "더 많은 어린이들이 프로그램 작성하는 방법을 배워야 합니다.", "누구나 코딩 기술을 배워서 혜택을 누릴 수 있습니다." 등의 말로 특히 어린이들의 코딩 교육에 앞장서고 있는 사람이 마이크로

---

42. "Programming Language", Wikipedia, accessed January 2024.

Programming Languages

Average Wages		Job Openings	
1. Python	$119,000	1. Python	50,000
2. JavaScript	$117,000	2. SQL	50,000
3. Java	$104,000	3. Java	45,000
4. C	$103,000	4. JavaScript	38,000
5. C++	$102,000	5. C++	29,000
6. C#	$97,000	6. C#	21,000
7. PHP	$94,000	7. PHP	13,000
8. SQL	$92,000	8. C	9,000
(As of June 2020)			(Source: Code Platoon)

소프트의 창업자 빌 게이츠이다.[43] '비판적 사고', '의사소통능력', '협업능력', '창의성', '문제해결능력', '회복탄력성', '세상에 대한 이해', '직업 준비' 등의 측면에서 코딩 교육이 어린이들에게 큰 도움이 될 것이라고 많은 사람들이 공통적으로 주장한다.[44] 이들 혜택 중 비판적 사고, 의사소통능력, 협업능력, 창의성은 앞서 설명한 '똑똑영어'와 연관된 4Cs이다.

그렇다면 코딩을 잘하기 위해 어떤 프로그래밍언어를 배워야 할까? 각각의 프로그래밍언어는 모두 나름의 장점과 단점을 가지

---

43. See Kathleen Elkins, "Bill Gates: 'Everyone Can Benefit' from Learning This Skill", *CNBC Make It* (September 6, 2018); and Marguerite Ward, "7 Free Classes from Bill Gates' Favorite Websites that You Can Sign Up for Now to Teach Yourself to Code", *Business Insider* (March 19, 2020).

44. See Will Erstad, "Why Learn to Code? The Surprisingly Broad Benefits of Coding", *Rasmussen College* (November 27, 2018); and Emily de la Pena, "10 Benefits of Coding That Have Nothing to Do with Coding", *CodingKids* (April 27, 2018).

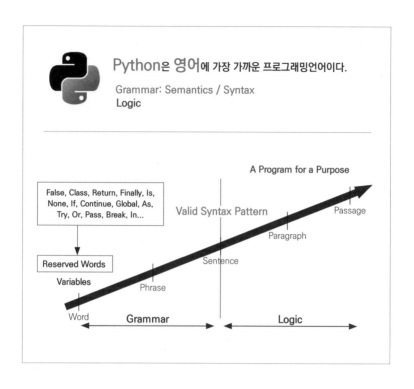

고 있고, 특정 분야 혹은 특정 기업에서 좀더 선호되는 프로그래밍
언어가 있다. 그럼에도 불구하고, 일반적으로 가장 선호되는 것은
초보자부터 전문가까지 다양한 사람들이 사용 중인 파이썬이다. 코
드의 가독성을 강조하는 디자인 철학에 기반한 파이썬은 1991년
네덜란드 프로그래머 귀도 반 로섬에 의해 개발된 오픈소스 고급
범용 프로그래밍언어이다. 2020년 6월 기준 미국 국내의 프로그래
밍언어에 대한 수요를 조사해 본 결과 '평균 급여 기준 순위'와 '일
자리 수 기준 순위'에서 모두 자바, 자바스크립트, 에스큐엘 등을

제치고 파이썬이 1위를 차지했다.[45]

파이썬의 가장 중요한 특징 중 하나는 영어와 가까운 프로그래밍언어라는 것이다. 이러한 특징은 코드의 가독성 강조라는 디자인 철학에서도 드러난다. 즉, 파이썬은 쉽게 읽히는 프로그래밍언어를 지향한다. 의도한 의미와 문법 원칙에 따라 '단어'를 조합하여 '문장'을 만드는 것처럼, 파이썬에서도 '유보어, 변수' 등을 모아서 '유효한 구문 패턴'을 만든다. 의도한 의미와 논리 원칙에 따라 '문장'을 조합하여 '문단·단락'을 만드는 것처럼, 파이썬에서도 '유효한 구문 패턴'을 모아서 '하나의 목적을 위한 하나의 프로그램'을

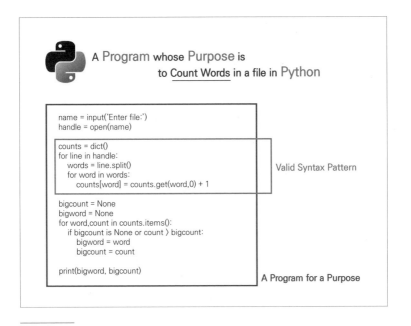

A Program whose Purpose is
to Count Words in a file in Python

```
name = input('Enter file:')
handle = open(name)

counts = dict()
for line in handle:
    words = line.split()
    for word in words:
        counts[word] = counts.get(word,0) + 1

bigcount = None
bigword = None
for word,count in counts.items():
    if bigcount is None or count > bigcount:
        bigword = word
        bigcount = count

print(bigword, bigcount)
```

Valid Syntax Pattern

A Program for a Purpose

45. Rod Levy, "The Best Paying and Most In-Demand Programming Languages in 2020", *Code Platoon* (June 30, 2020).

Q. 어떤 프로그래밍언어부터
  배워야 하나요?

A. 똑똑하게!
  영어부터 배워야 합니다!

만든다. 이러한 과정을 도식화하면 페이지 49의 그림과 같다. 한편, '하나의 파일 안에 몇 개의 단어가 들어 있는지 세어 보는 것'을 목적으로 진행한 코딩의 사례는 페이지 50의 그림과 같다.[46]

코딩 초보자들의 대표적 질문은 "어떤 프로그래밍언어부터 배워야 하나요?"이다. 이 질문에 대한 답변은 "영어부터 배워야 합니다! 똑똑하게!"이다. 그 이유는 다음과 같다. 우선, 문법과 논리에 따라 '유효한 구문 패턴'과 '하나의 목적을 위한 하나의 프로그램'을 코딩하는 파이썬은 문법과 논리에 따라 '문장'과 '문단·단락'을 만드는 영어와 유사하다. 이에 더해, 파이썬 관련 책들은 모두 영어로 쓰여져 있다.[47] 비판적 독서를 통해 이 책들을 단숨에 영어로 이해하는 사람과 한국어 번역본에 의존할 수밖에 없는 사람의 차이점

---

46. Charles Russell Severance, *Python for Everybody: Exploring Data in Python 3* (CreateSpace Independent Publishing Platform, 2016).

47. See Mark Lutz, *Programming Python: Powerful Object-Oriented Programming*, 4th Edition (O'Reilly Media, 2011); Mark Lutz, *Learning Python*, 5th Edition (O'Reilly Media, 2013); Bill Lubanovic, *Introducing Python: Modern Computing in Simple Packages* (O'Reilly Media, 2019); and Paul J. Deitel and Harvey Deitel, *Intro to Python to Computer Science and Data Science: Learning to Program with AI, Big Data and the Cloud* (Pearson, 2019).

> ## "영어 잘하면
> ### 쉽고 정확하게 그리고 공짜로
> #### Python을 배울 수 있다."

은 굳이 설명할 필요가 없다.[48] 또한, 영어만 잘하면 애드액스, 코세라, 칸아카데미, 유튜브 등에서 제공되는 무료 강연를 통해 보다 쉽고 정확하게 파이썬을 배울 수 있다.

---

48. 필자가 대학시절 겪었던 이야기이다. 고려대학교의 모 교수님이 미국의 철학자가 집필한 책을 한국어로 번역한 것을 읽은 적이 있다. 그 번역본을 읽는 동안 계속해서 필자는 '세상에 이렇게 어려운 책도 있다니!', '지금껏 내가 읽은 책 중에 가장 어렵게 쓰여진 책인 것 같아!'라고 생각했다. 그러나 몇 년이 지난 후 영어 원본 책을 우연치 않게 읽을 기회가 있었는데, 영어 책은 너무나도 단순하고 간결하게 쓰여져 있어 의미전달에 전혀 문제가 없었다. 문제는 필자의 이해력 부족이 아니라 번역하신 교수님의 번역 실력 부족이었다. 물론 몇몇 훌륭하게 번역된 책들도 있지만, 상당수의 번역본 책들이 가진 공통된 문제임을 부정할 수는 없다.

1.5. 영어격차

　'영어격차'라는 표현을 들어본 적이 있는가? 영어격차의 개념을 정확하게 이해하기 위해서는 먼저 '빈부격차'와 '정보격차'의 개념부터 알아야 한다. 지난 수천 년간 인류가 해결하지 못했던 문제 중 하나가 가진 자와 갖지 못한 자 간의 경제적 불평등 즉, 빈부격차이다.[49] 그런데 정보사회의 출현과 더불어 이러한 빈부격차의 문제가 더욱 악화되는 현상이 벌어졌는데, 이것을 설명하기 위해 등장한 표현이 정보격차이다.[50] 예컨대, 경제적 능력에 따라 인터넷, 컴퓨터, 스마트폰 등 각종 디지털 기기를 구매할 수 있는 사람과 그렇지 못한 사람 간에 정보격차가 발생한다. 심각한 문제는 빈부격

---

49. 영어 'Economic Gap'을 한국어로 번역한 것이 '빈부격차' 혹은 '경제격차'이다. 국내적으로는 부자와 가난한 사람들 간의 '경제적 불평등'(Economic Inequality)의 문제를 그리고 국제적으로는 부자인 선진국과 가난한 개도국 간의 경제적 불평등의 문제를 빈부격차라고 한다. 특히 후자의 경우를 '개발의제'(Development Issue), '남북문제'(North and South Issue) 등으로 표현하기도 한다. 이상혁, 『Dr. LEE의 용어로 풀어보는 글로벌 이슈 제1권』(KP Publisher: 서울, 2014), pp. 12~17.

50. '정보격차' 혹은 '디지털격차'는 'Digital Divide'를 번역한 표현이다.

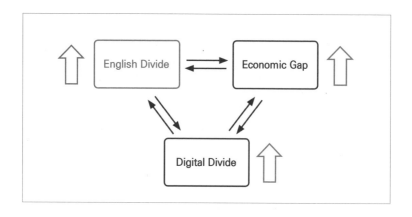

차가 정보격차를 만들어 내고, 역으로 정보격차가 더욱 큰 빈부격차를 만들어 내는 악순환의 고리가 존재한다는 것이다.

빈부격차와 정보격차 간에 악순환의 고리가 있는 것과 동일한 현상이 빈부격차와 영어격차 간에도 벌어진다. 경제적 능력을 가진 사람과 그렇지 못한 사람 간에 영어를 습득하거나 학습할 기회의 차이가 발생하고, 결국 이들 간에 영어능력의 차이가 벌어진

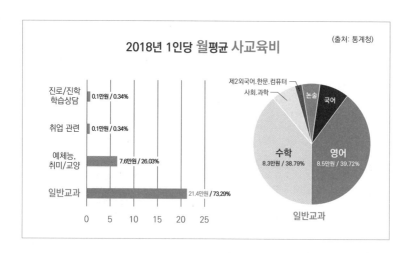

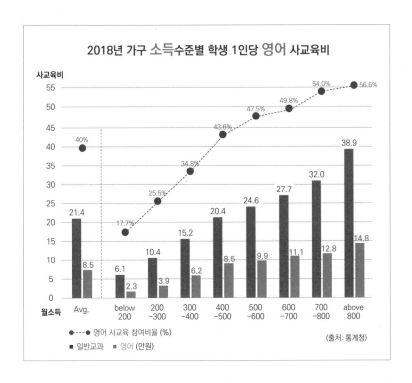

2018년 가구 소득수준별 학생 1인당 영어 사교육비

사교육비

- ●--● 영어 사교육 참여비율 (%)
- ■ 일반교과 ■ 영어 (만원)

(출처: 통계청)

월소득: Avg., below 200, 200-300, 300-400, 400-500, 500-600, 600-700, 700-800, above 800

다. 이러한 영어격차는 역으로 입학, 취업, 승진, 사업 등에 있어 기회의 차이를 만들어 내고 결국 더욱 큰 빈부격차의 문제로 이어진다. 특히, 부모 세대의 빈부격차가 자녀 세대의 영어격차로 이어진다는 측면에서 그 상황이 더욱 심각하다. 예컨대, 2018년 초중고 학생 1인당 월 평균 사교육비는 29.2만원이었고, 이 중에 73.29%인 21.4만원을 일반교과 사교육에 사용했으며, 이 중에 39.72%인 8.5만원을 영어 사교육에 사용했던 것으로 조사되었다.[51]

---

51. 통계청, "2018년 초중고 사교육비조사 결과" (2019년 3월 12일).

이러한 영어 사교육비의 지출을 가구의 소득수준별로 구분해 보면 상황의 심각성을 좀더 명확하게 확인할 수 있다. 월 소득 200만원 이하 가구의 월 평균 영어 사교육비는 2.3만원인데 반해, 월 소득 800만원 이상 가구의 월 평균 영어 사교육비는 14.8만원에 이른다. 즉, 월 소득 200만원 이하의 사람들에 비해 월 소득 800만원 이상의 부자들이 자녀의 영어 사교육에 643% 이상 더 많은 비용을 지출했다는 뜻이다. 사교육 참여비율의 측면에서도 영어격차는 심각하다. 월 소득 200만원 이하 가구의 17.7%만이 영어 사교육에 참여하는 것에 반해, 월 소득 800만원 이상 가구의 경우 56.6%가 영어 사교육에 참여했다.[52] 결국, 빈부격차가 영어격차에 영향을 미친다는 것이 통계적으로 확인된다.

안타깝게도, 빈부격차로 인해 발생한 영어격차는 역으로 빈부격차의 문제를 더욱 악화시킨다. 한국개발연구원의 보고서에 따르면, 영어격차가 취업 기회의 차이를 만드는 것으로 분석되었다. 예컨대, 어학연수를 다녀온 지원자는 면접 기회를 약 0.5회 더 얻었고, 어학연수 기간이 1개월 길어지면 약 0.6회 면접 기회를 더 얻었다. 어학연수 비용을 1천만원 더 지출하면 약 0.7회 면접 기회를 더 얻었다. 어학연수를 다녀온 지원자는 합격 통지를 약 0.1회 더 받았고, 어학연수 기간이 10개월 더 길면 합격 횟수가 약 0.1회

---

52. *Id.*

더 늘어난 것으로 분석되었다. 다만, TOEIC의 경우 점수 100점 당 면접 기회를 0.2회 더 얻는 등 서류심사에서는 일정한 도움이 되었지만, 최종 합격 여부에는 큰 기여를 하지 못했다.[53]

또한 영어격차는 급여의 차이를 만드는 것으로 분석되었다. 예컨대, TOEIC 점수 1점당 1.7만원의 급여 상승효과가 확인되었다. 따라서 TOEIC 점수가 100점 더 높을 경우 약 170만원 더 높은 연봉을 받았다. 또한 어학연수를 다녀온 경우 약 68만원의 연봉 상승효과가 있었다. 비록 어학연수 기간이 급여에 기여하지는 못했지만, 어학연수 비용의 경우 해당 비용의 약 10% 만큼의 연봉 상승효과가 있었다. 한편, 소득이 높을수록 TOEIC 점수 상승에 따른 연봉 상승폭이 컸다. 연봉 최하위 10%는 TOEIC 1점당 1만원 그리고 연봉 최상위 10%는 TOEIC 1점당 2만원의 연봉 상승효과를 누렸다.[54] 결국, 영어격차가 급여의 차이에 영향을 미친다는 것이 통계적으로 확인된다.[55]

한편, 정보통신기술의 급격한 발전으로 인한 정보사회의 출

---

53. 김희삼, "영어교육 투자의 형평성과 효율성에 관한 연구", KDI 연구보고서 2011-04 (2011년 12월), pp. 89-97.

54. Id, pp. 97-106.

55. 한편, 미국, 캐나다, 호주 등 영어 사용국에 이민을 온 사람들을 대상으로 영어격차로 인한 급여의 차이를 분석한 다음과 같은 연구결과도 있다. See Hoyt Bleakley and Aimee Chin, "Language Skills and Earnings: Evidence from Childhood Immigrants", *The Review of Economics and Statistics*, Vol. 86, Issue 2 (2004), pp. 481-496; Alberto Davila and Marie T. Mora, "English-Language Skills and the Earnings of Self-Employed Immigrants in the United States: A Note", *Industrial Relations*, Vol. 43, Issue 2 (2004), pp. 386-391; and Barry R. Chiswick and Paul W. Miller, "Occupational Language Requirements and the Value of English in the US Labor Market", *Journal of Population Economics*, Vol. 23, No. 1 (January 2010), pp. 353-372.

정보사회의 출현과 영어의 영향력 확대

20% Others	25% Others	41% Others	49% Others	50% Others
80% English	75% English	59% English	51% English	50% English
Information	Mails	Websites	Tweets	Periodicals

현은 영어격차의 문제를 더욱 악화시킨다. 전자적으로 저장된 정보의 약 80%, 전자메일의 약 75%, 웹사이트의 약 59%, 트윗의 약 51%, 그리고 출간된 간행물의 약 50%가 영어로 작성되었다.[56] 특히, 오늘날 기술혁명을 주도하고 있는 '팡' 즉, 페이스북, 애플, 아마존, 넷플릭스, 구글은 물론 여기에 마이크로소프트를 포함한 '빅테크'[57]라고 불리는 6개 기업 모두 영어로 비즈니스를 하는 글로벌 기업이다. 따라서 영어를 못하면 정보사회의 경쟁에서 도태될 수밖에 없다. 비록 최근 중국어, 스페인어, 독일어, 한국어 등으로 인해 그 비중이 다소 줄어들기는 했지만, 정보사회에서 차지하는 영어의

---

56. See Seth Mydans, "Across Cultures, English is the Word", *The New York Times* (April 9, 2007); and Jessie Wood, "Top Languages of the Internet, Today and Tomorrow", *Unbabel* (June 10, 2015).

57. See John Herrman, "We're Stuck with the Tech Giants. But They're Stuck with Each Other", *The New York Times* (November 13, 2019); and "The Economics of Big Tech", *The Financial Times* (March 29, 2018).

영향력과 중요성은 아무리 강조해도 지나치지 않다.

　이렇듯 오늘날 영어격차의 문제는 점점 더 심각해지고 있다. 왜냐하면 영어격차, 빈부격차, 정보격차 이들 3가지는 서로가 서로를 악화시키는 악순환의 관계에 놓여 있기 때문이다. 영어를 잘하는 사람은 최신 정보기술에 더욱 쉽게 접근할 수 있고 더 많은 사회경제적 기회를 가질 수 있다. 이에 반해, 영어를 못하는 사람은 그러한 기회로부터 배제되어 점점 더 빈곤의 덫에 빠져들 가능성이 크다. 다시 한번 기억하길 바란다. '내 아이의 영어 공부만큼은 똑똑하게!' 이 책을 통해 필자가 제시하는 '똑똑영어'를 잘 활용하여 유치원, 초등학교, 중학교, 고등학교, 대학교, 대학원, 직장 등 평생에 걸쳐 영어를 정말 잘하는 사람들만이 가질 수 있는 다양한 기회와 혜택을 빠짐없이 누릴 수 있길 바란다.

2

—— 제2장 ——

개념적 이해

2.1. 영어능력의 발전단계

한 개인의 영어능력은 단어, 구, 문장, 문단, 단락이라는 5단
계를 거쳐 발전한다. 첫째, 단어란 A부터 Z까지 총 26개의 알파벳
글자를 하나 이상 조합한 것으로서 하나의 의미를 전달하는 언어
의 단위이다.[58] 즉, 단어는 형식적 측면에서 '하나 이상 알파벳 글자

V A T B F   **Word**
M H R Y S   Mama
    E   Food
Z U Q K   Water
 P W G   Love
D C I J   Globalization
 O N X

---

58. The term 'Word' refers to "a group of letters or sounds that mean something" (Cambridge Dictionary)
or "a single unit of language that means something and can be spoken or written" (Oxford Learner's
Dictionaries).

의 조합'이고, 본질적 측면에서 '하나의 의미'를 전달한다. 예컨대, 알파벳 글자 M과 A를 'Mama'라고 조합하면 갓난아기가 처음으로 배우는 '엄마'라는 의미를 가진 단어가 된다. 알파벳 글자 D, F, O를 'Food'라고 조합하면 '음식'이라는 의미를 가진 단어가 된다. 알파벳 A, B, E, G, I, L, O, T, V, Z를 'Love'와 'Globalization'이라고 조합하면 각각 손으로 만지거나 눈으로 볼 수 없는 추상적인 '사랑'과 '세계화'라는 의미를 가진 단어가 된다.

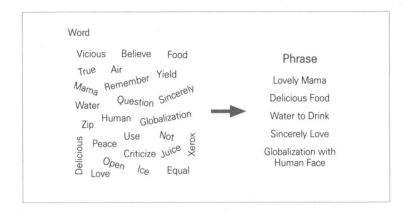

둘째, 구란 두 개 이상의 단어를 조합한 것으로서 하나의 의미를 전달하는 언어의 단위이다.[59] 즉, 구는 형식적 측면에서 '두 개 이상 단어의 조합'이고, 본질적 측면에서 '하나의 의미'를 전달한다. 예컨대, Lovely와 Mama라는 단어를 'Lovely Mama'라고 조

---

59. The term 'Phrase' refers to "a group of words that are often used together and have a particular meaning" (Cambridge Dictionary) or "a group of words that have a particular meaning when used together" (Oxford Learner's Dictionaries).

합하면 '사랑스러운 엄마'라는 의미를 가진 구가 된다. Delicious, Drink, Food, To, Water라는 단어들을 'Delicious Food'와 'Water to Drink'라고 조합하면 '맛있는 음식'과 '마시는 물'이라는 의미를 가진 구가 된다. Face, Globalization, Human, Love, Sincerely, With를 'Sincerely Love'와 'Globalization with Human Face'라고 조합하면 '진심으로 사랑하다'와 '인간의 얼굴을 한 세계화'라는 추상적 의미를 가진 구가 된다.

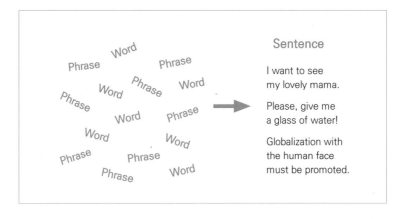

셋째, 문장이란 두 개 이상의 단어 혹은 구를 조합한 것으로서 하나의 생각을 전달하는 언어의 단위이다.[60] 즉, 문장은 형식적 측면에서 '두 개 이상 단어 혹은 구의 조합'이고, 본질적 측면에서

---

60. The term 'Sentence' refers to "a group of words, usually containing a verb, that expresses a thought in the form of a statement, question, instruction, or exclamation and starts with a capital letter when written" (Cambridge Dictionary) or "a set of words expressing a statement, a question or an order, usually containing a subject and a verb" (Oxford Learner's Dictionaries).

'하나의 생각'을 전달한다. 예컨대, I, My Lovely Mama, To See, Want와 같은 단어와 구를 'I want to see my lovely mama.'라고 조합하면 '나는 사랑스러운 나의 엄마를 보고 싶다.'라는 의미를 가진 문장이 된다. 마찬가지로 여러 가지 단어와 구를 'Please, give me a glass of water!'와 'Globalization with the human face must be promoted.'라고 조합하면 각각 '제발 저에게 물 한잔 주세요!'와 '인간의 얼굴을 한 세계화는 장려되어야 한다.'라는 의미를 가진 문장이 된다.

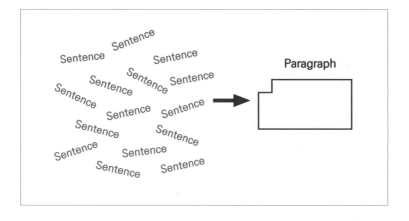

넷째, 문단이란 두 개 이상의 문장을 조합한 것으로서 하나의 생각을 전달하는 언어의 단위이다.[61] 즉, 문단은 형식적 측면에서 '두 개 이상 문장의 조합'이고, 본질적 측면에서 '하나의 생각'을 전

---

61. The term 'Paragraph' refers to "a short part of a text that begins on a new line and consists of one or more sentences dealing with a single idea" (Cambridge Dictionary) or "a section of a piece of writing, usually consisting of several sentences dealing with a single subject" (Oxford Learner's Dictionaries).

달한다. 한 문단을 구성하는 문장의 종류는 소주제문과 근거문장으로 구분된다. 다섯째, 단락이란 두 개 이상의 문단을 조합한 것으로서 하나의 생각을 전달하는 언어의 단위이다.[62] 즉, 단락은 형식적 측면에서 '두 개 이상 문단의 조합'이고, 본질적 측면에서 '하나의 생각'을 전달한다. 단락의 형식으로 온전한 한 편의 글이 완성되는 대표적인 사례가 서론, 본론, 결론으로 구성된 소위 '5문단 에세이'이다. 문단과 단락의 구체적 예시는 "제4장 본질적 실천" 부분에서 자세하게 다루도록 하겠다.

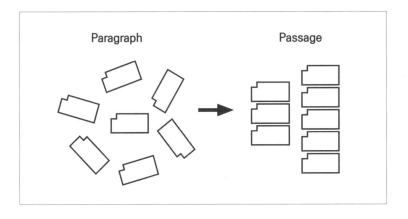

요컨대, 영어능력의 발전단계를 시각화하면 페이지 68의 그림과 같다. 모국어로 영어를 습득할 경우 누구나 '단어 → 구 → 문장'이라는 영어능력의 발전단계를 경험한다. 즉, 인간은 특정 언어

---

62. The term 'Passage' refers to "a short part of a book or speech" (Cambridge Dictionary) or "a short section from a book" (Oxford Learner's Dictionaries).

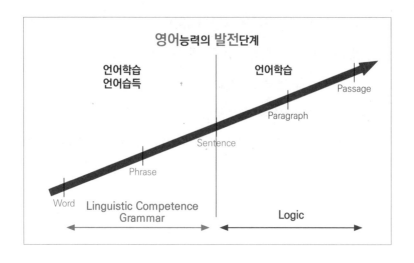

사회에 일정 기간 노출되면 자연스럽게 단어와 단어를 조합하여 문장을 만드는 원칙을 알게 되는데, 이것을 언어습득이라고 한다. 이러한 인간의 능력을 언어능력이라고 한다. 이에 반해, 외국어로 영어를 사용할 경우 문법을 인위적으로 공부하는 언어학습의 과정을 통해서 문장 차원의 의사소통이 가능해진다. 한편, '문장 → 문단 → 단락'이라는 영어능력의 발전단계는 심지어 모국어로 영어를 쓰는 사람들 조차도 반드시 인위적인 언어학습을 통해서만 도달할 수 있다. 이때 문단과 단락을 구성하는 원칙이 바로 논리이다.

2.2. 문장의 구성원칙 '문법'

문장이란 형식적 측면에서 '두 개 이상의 단어 혹은 구의 조합'이고, 본질적 측면에서 '하나의 의미'를 전달하는 것이다. 이때 두 개 이상의 단어 혹은 구를 아무렇게나 조합한다고 해서 문장이 될 수는 없다. 예컨대, 여러 가지 단어를 'Want lovely to mama my see I', 'Me a water glass of give please!', 'With human promoted be must face globalization the.'라고 조합하면 어떻

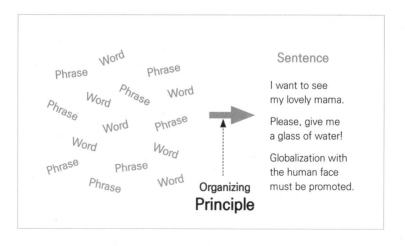

게 될까? 비록 동일한 단어를 모두 사용한다고 할지라도, 이러한 조합으로는 문장을 만들 수도 의사소통을 할 수도 없다.[63] 즉, 단어 혹은 구를 어떤 '원칙'에 따라 조합할 때만 비로소 의사소통이 가능한 온전한 문장을 만들 수 있다. 그렇다면 영어를 사용하는 사람들은 어떻게 이러한 원칙을 알게 된 것일까?

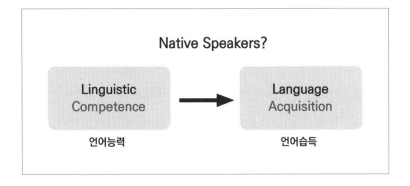

먼저, 모국어로 영어를 사용하는 사람들은 일정 기간 해당 언어사회에 노출되면 단어 혹은 구를 조합하여 문장을 만드는 원칙을 자연스럽게 알게 된다. 이러한 자연스러운 과정을 언어습득이라고 한다. 언어습득이 가능한 이유는 다른 동물과는 달리 오로지 인간만이 가지고 있는 독특한 언어능력 때문이다. 예컨대, 정상적인 미국 사람의 경우 10대 중반이 되면 문장 차원에서 영어로 듣기, 읽

---

63. 수많은 단어를 나열하지만 의사소통이 불가능한 일부 정신분열증 환자의 사례를 생각해 보라. 한편, 1936년 9월 잡지 『조광』 11호에 발표되었던 이상의 소설 "날개"와 같이, 반식민주의 혹은 해체주의의 경향에서 '언어의 해체'를 의도적으로 추구하는 문학적 시도도 있다.

기, 말하기, 글쓰기 형식의 의사소통에 큰 문제가 없게 된다.[64] 한편, 한국어에 대한 기본적인 언어능력이 있다는 전제 하에 영어를 쓰는 공간에 2-3년 정도 자연스럽게 노출된 경험을 가진 한국 학생들의 경우 평균 10명 중 4-6명 정도가 문장 차원에서 영어로 어느 정도 의사소통이 가능해진다.[65]

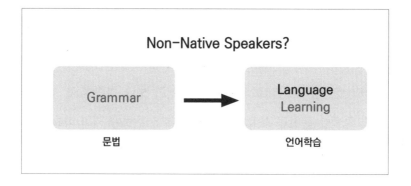

한편, 외국어로 영어를 사용하는 사람들은 오랜 기간에 걸친 인위적인 공부를 통해서 단어 혹은 구를 조합하여 문장을 만드는 원칙을 알게 된다. 이러한 인위적인 과정을 언어학습이라고 한다. 영어에 대한 자연스러운 언어능력이 없는 외국인의 경우 문법이라는 도구를 활용하여 인위적인 학습을 진행한다. 예컨대, 부모님 세

---

64. 다만, 모국어로 영어를 사용하는 사람들 중 제대로 공부한 사람과 그렇지 못한 사람들 간의 (문장 차원의) 언어능력 차이는 특히 '관사'와 '일치'라는 측면에서 발견된다. 자세한 내용은 "3.5. 문장의 완성 '관사·일치'" 참고.

65. 예컨대, 부모님의 해외근무, 본인의 조기유학 등의 이유로 미국, 영국, 캐나다, 호주, 뉴질랜드 등 영어를 사용하는 국가의 학교 혹은 비영어권 국가의 국제학교에서 2-3년 정도 공부한 경험이 있는 10대 중반의 한국 학생 10명이 TOEFL 시험을 보면 이중 4-6명 정도가 100-105점 정도의 점수를 획득한다. 이 점수의 의미는 문장 차원에서 영어로 듣기, 읽기, 말하기, 글쓰기 형식의 의사소통이 어느 정도 가능하다는 것이다. TOEFL과 영어능력의 관계에 대한 자세한 내용은 "2.5. 듣기, 읽기, 말하기, 글쓰기"와 "5.1. 최선의 검증 수단 TOEFL" 참고.

대의 경우 『기본영어』, 『성문기본영어』, 『맨투맨기본영어』, 『성문종합영어』, 『맨투맨종합영어』 등의 책 이름을 들어본 적이 있을 것이다. 큰 마음 먹고 제1장 명사부터 공부를 시작했지만, 몇 페이지 넘기지 못하고 흐지부지되었던 추억도 있을 것이다. 이 책들을 통해 공부했던 명사, 관사, 동명사, To 부정사, 분사 등의 내용이 바로 문장을 만드는 원칙 즉, 문법을 정리한 것이다.

영어에 대해 외국인인 한국 사람들의 경우 문장 차원에서 영어로 의사소통을 하려면 반드시 문법에 대한 공부가 필수적이다. 심지어 영어를 모국어로 습득한 경우에도 보다 정확하고, 표준적이며, 완벽한 문장을 사용하려면 일정 부분 문법에 대한 학습이 필요하다. 다만, 대부분의 한국 사람들이 겪고 있는 영어 관련 좌절의 근본 이유는 문법이 정확하게 무엇인지도 모른 채 오로지 문법 그 자체에 매몰된 잘못된 학습을 했기 때문이다. 그 결과 수능 영어 영역에서 만점을 받아도 문장 차원에서 영어로 듣기, 읽기, 말하기, 글쓰기 형식의 의사소통이 불가능하다. 그 결과 그래도 영어를 좀 한다는 사람들만이 응시하는 TOEIC과 TOEFL의 한국인 평균 점수가 673점[66]과 83점[67] 정도밖에 되지 않는다.

---

66. Kelly Roell, "Average TOEIC Listening and Reading Scores" (January 20, 2020). TOEIC 600-700점의 수준으로는 문장 차원에서 영어로 듣기, 읽기 형식의 의사소통이 불가능하다. 자세한 내용은 "7.2. 취업 준비를 위한 TOEIC" 참고.

67. ETS, "Test and Score Data", https://www.ets.org/toefl, accessed January 2024. TOEFL 80-90점의 수준으로는 문장 차원에서 영어로 듣기, 읽기, 말하기, 글쓰기 형식의 의사소통이 불가능하다. 자세한 내용은 "5.1. 최선의 검증 수단 TOEFL" 참고.

Grammar 文法?

Prescriptive & Descriptive

'Language is alive!'

그렇다면 과연 문법이란 무엇인가? 한국어 문법은 '말의 구성 및 운용상의 규칙'이다.[68] 이에 반해, 영어 'Grammar'의 사전적 의미는 '단어를 변경하고 조합하여 <u>문장</u>을 만드는 원칙'이다.[69] 영어 'Grammar'가 일본에서 한자어 '文法'이라고 번역되었고, 이것이 한국어 '문법'으로 표기되었다. 여기에서 용어 번역상 아쉬움이 있다. '법'이라는 말에 대해 한국 사람들이 원래 가지고 있는 생각은 '법은 반드시 지켜야 해!', '법을 위반하는 것은 나쁜 짓이야!', '불법은 부끄러운 것이야!' 등이다. 그래서 자꾸 '맞는 문장과 틀린 문장'이라는 식으로 접근하려는 경향이 생긴다. 과거에 비해 많이 개선되기는 했지만, 안타깝게도 여전히 학교 영어는 '정답과 오답'을 구별하려는 것에서 크게 벗어나지 못하고 있다.

언어의 본질은 의사소통이다. 영어 공부의 본질은 영어를 활

---

68. 사전적 의미에 '문장'이라는 용어가 없다. 국립국어원 표준국어대사전.

69. The term 'Grammar' refers to "the way you combine words and change their form and position in a <u>sentence</u>, or the rules of this" (Cambridge Dictionary) or "the rules in a language for changing the form of words and joining them into <u>sentences</u>" (Oxford Learner's Dictionaries) (Underline Added).

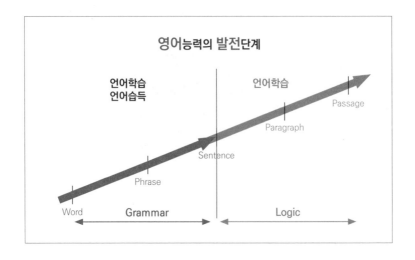

영어능력의 발전단계

언어학습
언어습득

언어학습

Word   Grammar   Logic

Phrase   Sentence   Paragraph   Passage

용한 의사소통 수준의 향상이다.[70] '정답과 오답'을 구별하고, '틀린 문장'을 쓰면 부끄러워하는 식의 접근 방법은 이제 버려야 한다. 영어 문법은 문장 차원에서 영어로 의사소통하는 것을 도와주는 최소한의 원칙일 뿐이다. 다만, 이 원칙의 성격은 '규범적'이며 동시에 '서술적'이다. 즉, 영어 문법은 '사전에 미리 정해서 그것을 반드시 따라야 하는 규범이라는 성격'[71]과 '실제 현실 속에서 사용되고 있

---

70. 필자가 갈라파고스를 여행하던 중 직접 겪은 이야기이다. 갈라파고스 제도는 남미 에콰도르 본토로부터 1,000km 떨어진 태평양에 위치한 섬들이다. 스페인어를 모국어로 사용하는 갈라파고스 사람들 중 상당수는 관광 관련 일을 한다. 해안가 조그마한 레스토랑에 앉아 식사를 하고 있는데, 인근 고등학교의 영어 선생님이라고 본인을 소개한 30대 중반의 여성이 남미 특유의 엑센트가 가득한 영어로 대화를 걸었다. 자신이 가르치는 학생들이 갈라파고스 관광지를 안내하는 영어 팜플렛을 만들었고, 이것을 우리 가족에게 영어로 소개할 수 있는 시간을 30분 정도 허락해 줄 수 있는지 양해를 구했다. 7-8명의 학생들이 한 그룹이 되어 진행되는 영어 수업 팀프로젝트인 것이다. 그들의 영어 공부 모습이 궁금해서 기꺼이 시간을 허락했다. 비록 그 학생들이 만든 팜플렛과 설명에 문법적 오류가 적지 않았지만, 그들이 전해주고자 하는 바는 충분히 의사소통되었다. 과연 한국의 학교 영어 교육은 어떠한가? 소위 '갈라파고스 증후군'이라는 말이 있다. 이것은 국제 표준에 맞지 않고 독자적인 형태로 진화해 전세계로부터 고립되는 현상을 말한다. 혹시 영어 교육에 있어 한국이 갈라파고스인 것은 아닐까? 갈라파고스에서 겪었던 이 경험이 이 책을 쓰게 된 또 다른 이유 중 하나이다.

71. 영어 'Prescriptive'는 '미리, 사전에'라는 의미의 'Pre'와 '기록하다'라는 의미의 'Scriptive'의 합성어이다.

는 의사소통을 관찰한 후 그것을 사후에 기록한 서술에 불과하다는 성격[72]을 동시에 가지고 있다.[73] 언어학자들이 좋아하는 '언어는 살아 있다!'라는 표현이 있다. 살아 있는 모든 것은 현실에 적응하고 변화한다. 문법도 마찬가지이다.[74]

요컨대, 문법은 단어 혹은 구를 조합하여 문장을 구성하는 원칙이다. 한국 사람들과 같이 외국어로 영어를 배우는 경우 반드시 문법을 학습해야 문장 차원에서 듣기, 읽기, 말하기, 글쓰기 형식의 의사소통이 가능해진다. 특히, 단어가 가지는 '의미'와 '기능'을 동시에 이해해야 한다.[75] 이와 관련해서는 "제3장 기초적 실천" 부분에서 자세하게 설명하겠다. 물론 문법 공부를 통한 언어학습에 더해 영어에 노출되는 절대량을 최대한 늘린다면 언어습득의 효과도 추가적으로 누릴 수 있다. 나이가 어리면 어릴수록 문장 차원의 의사소통이라는 언어습득의 효과는 더욱더 커진다. 사회경제적 고려

---

72. 영어 'Descriptive'는 '나중, 사후에'라는 의미의 'De'와 '기록하다'라는 의미의 'Scriptive'의 합성어이다.

73. 사실 영어 'Law'도 유사한 특징을 가지고 있다. 즉, 법이란 누구나 지켜야 하는 것으로서 잘 변하지 않고 안정되어야 한다는 '법적 안정성'(Legal Stability)과 시대의 변화에 따라서 현실에 맞게 끊임없이 바뀌어야 한다는 '현실 적응성'(Adaptability to Reality)을 동시에 가지고 있어야 한다.

74. 예컨대, 애플의 창업자인 스티브 잡스 때문에 유명해진 'Think Different!'라는 표현이 있다. 규범적 측면에서 보면, 이 문장은 문법적으로 틀렸다. 왜냐하면 'Think'라는 동사를 의미적으로 더해 주는 말은 부사인 'Differently'가 되어야지 형용사인 'Different'가 될 수 없다. 만약 형용사 'Different'를 살리고 싶으면 'Think a Different Thing!' 혹은 'Think in a Different Way!'와 같이 목적어 혹은 부사어로 사용되는 구(Phrase, 밑줄 추가)를 만들어야 한다. 이에 반해, 서술적 측면에서 보면, 영어를 사용하는 사람들이 'Think Different!'라는 표현을 실제 현실 속에서 빈번하게 사용하고 있으며, 이 표현을 통한 의사전달에 큰 문제가 없다. 다만, '맞는 문장과 틀린 문장' 혹은 '정답과 오답'의 차원이 아니라, '문법적으로 좀더 바람직한 문장'(grammatically more desirable sentence), '문법적으로 좀더 동의할 수 있는 문장'(grammatically more agreeable sentence) 혹은 '문법적으로 좀더 수용가능한 문장'(grammatically more acceptable sentence)의 구별은 여전히 그 의미가 있다.

75. 의미에 초점을 둔 언어학 분야를 '의미론'(Semantics)이라고 하고, 기능에 초점을 둔 언어학 분야를 '구문론' 혹은 '통사론'(Syntax)이라고 한다.

를 일체 배제하고 오직 영어능력의 향상이라는 측면에서만 보면, 영어 교육의 시작은 빠를수록 훨씬 더 좋다.[76]

2.3. 문단과 단락의 구성원칙 '논리'

　　문단이란 형식적 측면에서 '두 개 이상의 문장의 조합'이고, 본질적 측면에서 '하나의 생각'을 전달하는 것이다. 이때 두 개 이상의 문장을 아무렇게나 조합한다고 해서 문단이 될 수는 없다. 하나의 문단이 전달하고자 하는 하나의 생각을 '소주제'라고 부르고, 소주제가 담긴 문장을 '소주제문'이라고 한다. 소주제를 뒷받침하기 위해 제시되는 것을 '근거'라고 하고, 근거가 담긴 문장을 '근거문장'이라고 한다.[77] 단어 혹은 구를 문법이라는 원칙에 따라 조합해야 문장이 되는 것처럼, 문장과 문장을 조합하여 문단을 만들 때도 반드시 어떤 '원칙'을 따라야만 비로소 의사소통이 가능한 온전한 문단이 된다. 문장과 문장 즉, 소주제문과 근거문장의 관계를 올바르게 설정하여 조합하는 원칙이 바로 논리이다.

---

77. '소주제'와 '소주제문'은 각각 'Topic'과 'Topic Sentence'를 번역한 표현이다. '근거'와 '근거문장'은 각각 'Support'와 'Supporting Sentence'를 번역한 표현이다. 자세한 내용은 "4.3. 논리를 위한 '논증성 평가'" 참고.

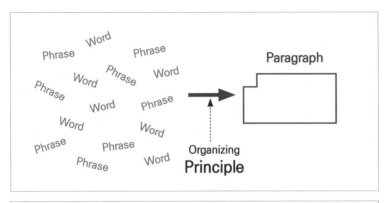

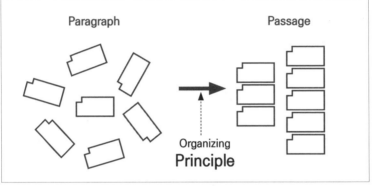

이에 더해, 단락이란 형식적 측면에서 '두 개 이상의 문단의 조합'이고, 본질적 측면에서 '하나의 생각'을 전달하는 것이다. 이때 두 개 이상의 문단을 아무렇게나 조합한다고 해서 단락이 될 수는 없다. 하나의 단락이 전달하고자 하는 하나의 생각을 '논지'라고 부르고, 논지가 담긴 문장을 서론에서는 '논지진술' 그리고 결론에서는 '결론진술'이라고 한다.[78] 문장과 문장을 논리라는 원칙에 따

---

78. '논지', '논지진술', '결론진술'은 각각 'Thesis', 'Thesis Statement', 'Concluding Statement'를 번역한 표현이다. 자세한 내용은 "4.4. 논리를 위한 '균형성 평가'" 참고.

라 조합해야 온전한 문단이 되는 것처럼, 문단과 문단을 조합하여 단락을 만들 때도 반드시 논리라는 원칙을 따라야 한다. 문장을 조합하는 원칙은 자연적으로 습득하거나 인위적으로 학습할 수 있다. 그러나 문단과 단락을 조합하는 원칙인 논리는 반드시 인위적인 학습의 과정을 통해서만 배울 수 있다.

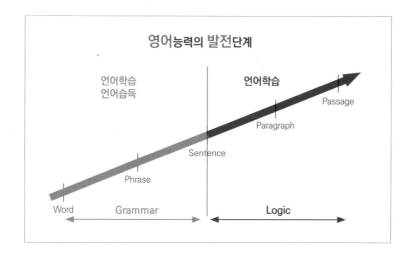

그렇다면 과연 논리란 무엇인가? 이 질문에 대한 정확한 답변을 찾기 위해서는 먼저 영어를 모국어로 사용하는 사람들과 한국어를 모국어로 사용하는 사람들 간의 문화적·역사적 차이에 대한 이해가 필요하다. 한국어를 모국어로 사용하는 우리는 지난 수천 년간 유교문화의 영향을 받아 왔다. 혹시 '사서삼경'이라는 표현을 들어 보았는가? 유교에서 꿈꾸는 이상적 인간을 양성하기 위해 가르쳤던 맹자, 논어, 중용, 대학이라는 4가지 책과 시경, 서경, 역경이

<table>
<tr><td>사서삼경
四書三經
4 Books & 3 Classics</td><td>맹자(孟子)
논어(論語)
중용(中庸)
대학(大學)</td><td>시경(詩經)
서경(書經)
역경(易經)</td><td>춘추(春秋)
예기(禮記)</td></tr>
</table>

라는 3가지 경전을 일컫는 말이다.[79] 아마 여러분 중 사서삼경을 직접 읽고 공부해 본 사람은 거의 없을 것이다. 그럼에도 불구하고 사서삼경이 전하고자 하는 중요한 '가치'가 여러분의 무의식과 문화유전자 속에 깊이 새겨져 있음을 부정할 수는 없다.[80]

이에 반해, 영어를 모국어로 사용하는 사람들은 지난 수천 년간 그리스·로마의 전통과 기독교문화의 영향을 받아왔다.[81] 당연히 이러한 전통과 문화에서 소중하게 여겨졌던 '가치'가 영어를 모국어로 사용하는 사람들의 무의식과 문화유전자 속에 깊이 새겨져 있다. 혹시 'Trivium'이라는 라틴어를 들어본 적이 있는가? '3'이라는 뜻의 'tri'와 '길'이라는 뜻의 'via'의 합성어인 'Trivium'은 원

---

79. 사서삼경에 춘추와 예기를 더해 '사서오경'이라고 한다.

80. 예컨대, 여러분이 지하철을 탔는데 20대 초반의 청년 3명이 자리에 앉아 시끄럽게 떠들고 있고, 그 앞에 무거운 짐을 든 80대 노인이 지친 모습으로 서 있다고 상상해 보라. 대부분의 한국 사람들은 이 상황에서 뭔가 '불편함'을 느낄 것이다. 왜 그럴까? 사서삼경이 전하고자 하는 중요한 가치 중 하나가 '효'(孝)이다. 자신의 부모에 대한 공경을 넘어 사회 전체 어른에 대한 공경으로 확대된 것이 바로 유교적 관념의 '효'이다. 비록 사서삼경을 읽은 적이 없다고 할지라도 여러분의 무의식과 문화유전자 속에 새겨진 '효'라는 가치를 기준으로 판단했을 때 위 상황이 '불편함'으로 판단되었던 것이다.

81. '그리스·로마의 전통'과 '기독교문화'는 서양 문명의 2가지 기둥이다. 라임을 맞추어 전자를 'Hellenism' 그리고 후자를 'Hebraism'이라고 표현한다.

7 Liberal Arts

Trivium

Grammar
Logic
Rhetoric

Quadrivium

Arithmetic
Astronomy
Music
Geometry

래 '3가지 길이 만나는 장소'라는 의미이다.[82] 지난 수천 년 동안 서
양 사회에서는 이상적 인간을 양성하기 위한 7가지 기본과목 즉,
'인간을 (모든 속박과 억압으로부터) 자유롭게 해주는 7가지 기술'
을 가르쳤다. 이들 7가지 과목 중 가장 기초가 되는 3가지 과목 즉,
'*Trivium*'이 문법, 논리, 수사학이다.[83]

한국어 '논리'의 사전적 의미는 "말이나 글에서 사고나 추리
따위를 이치에 맞게 이끌어 가는 과정이나 원리"이다.[84] 이것은 영
어 'Logic'을 한자어로 번역한 '論理'의 한자적 의미를 살려 풀이
한 것이다. 한편, 영어 'Logic'의 사전적 의미는 '이성의 사용, 혹
은 이성을 사용하는 과학'이다.[85] 영어 'Logic'의 어원은 '이성, 생

---

82. The term '*Trivium*' refers to "place where three roads meet" and "first group of seven liberal arts, grammar, rhetoric and logic". Latin-English Dictionary. 즉, 상위의 '4가지 과목'(연산, 기하학, 천문학, 음악)으로 안내해 주는 길 혹은 기초과목이라는 의미로 사용되었다.

83. "*Trivium*", Wikipedia, accessed January 2024.

84. 국립국어원 표준국어대사전.

85. The term 'Logic' refers to "the use of reason, or the science of using reason" (Underline Added). Cambridge Dictionary.

논리 Logic 論理

logos   "God"

"Reason, Rationality ... "

각, 말씀' 등의 뜻으로 사용되는 고대 그리스어 '*λόγος*' 및 라틴어 '*logos*'이다. 신약성경 『요한복음』의 "태초에 <u>말씀</u>이 계셨다. 그 <u>말씀</u>은 하나님과 함께 계셨다. 그 <u>말씀</u>은 하나님이셨다."[86]라는 구절의 '말씀'이 '*logos*'이다. 이러한 측면에서 13세기 중세 유럽의 최고 지성으로 평가 받았던 철학자 토마스 아퀴나스는 "하나님은 이성이다."라는 유명한 말을 남겼다.

"deus logos est"
God is *Logos*.

Thomas Aquinas

이렇듯 논리는 그리스·로마의 전통과 기독교문화에 기반한 서양 문명에서 가장 중요한 가치 중 하나이다. 문화적·역사적 측면에서 논리는 이성, 합리성, 심지어 하나님과도 그 의미가 맞닿는

---

86. (밑줄 추가) 신약성경 『요한복음』 제1장1절.

'서양 사람들의 정신세계를 지난 수천 년간 지탱해 준 기초 개념' 중 하나이다. 한편, 의사소통을 목적으로 하는 언어학습이라는 측면에서 논리는 '수용가능성' 혹은 '동의가능성'을 말한다. 즉, '이성'과 '합리성'의 관점에서 수용할 수 있거나 동의할 수 있는 것이 곧 논리적인 것이다.[87] 따라서 문장의 차원을 넘어 '문단'과 '단락'의 차원에서 듣기, 읽기, 말하기, 글쓰기 형식의 의사소통을 올바르게 하기 위해서는 반드시 '문장과 문장의 관계' 그리고 '문단과 문단의 관계'가 논리적인지 여부를 꼼꼼하게 평가해야 한다.[88]

한편, 설득[89]은 문단과 단락 차원의 의사소통을 보여주는 대표적인 사례이다. 영어 'Persuade'는 "특별히 왜 그렇게 해야 하는지를 설명함으로써, 누군가에게 무엇인가를 하도록 또는 믿도록 하기" 혹은 "논증을 통해 누군가에게 무엇인가를 하도록 하기"라고 정의된다.[90] '왜?'라는 이유 설명 혹은 '논증'이라는 보다 구체적인 방법론이 포함되어 있다. 논증[91]이란 문자 그대로 '논리적으로 증명

---

87. 논리의 개념을 아주 쉽게 정의하면 '이성 혹은 합리성이라는 관점에서의 수용가능성 혹은 동의가능성'이다.

88. 논리를 위한 3가지 평가 수단이 연관성 평가, 논증성 평가, 균형성 평가이다. 자세한 내용은 "제4장 본질적 실천" 참고.

89. 한자어 '말씀 설(說)'과 '얻을 득(得)'을 어원으로 하는 한국어 '설득'의 사전적 의미는 "상대편이 이쪽 편의 이야기를 따르도록 여러 가지로 깨우쳐 말함"이다. 좀더 한자어의 뜻을 살려서 풀이하면, '말로써 (원하는 것을) 얻는 것'이다. 국립국어원 표준국어대사전.

90. The term 'Persuade' refers to "to cause people to do or believe something, esp. by explaining why they should" (Cambridge Dictionary) or "to cause someone to do something through reasoning". (Oxford Learner's Dictionaries) (Underline Added).

91. The term 'Reasoning' refers to "the action of thinking about something in a logical way". Oxford Learner's Dictionaries.

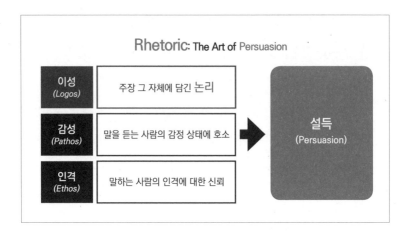

하기' 즉, '이성 사용하기' 혹은 '왜냐하면 ……이라는 이유 말하기'
라는 말로서, "무엇인가에 대해 논리적인 방법으로 생각하는 행동"
을 뜻한다. 결국 설득의 출발이자 핵심이 논리이다. 물론 논리가 설
득의 전부는 아니다. 예컨대, 철학자 아리스토텔레스는 『수사학』[92]
을 통해, 설득을 위한 기술적 방법 3가지를 제시했다.

---

92. See Aristotle, *Rhetoric* (Dover Publications, 2012).

2.4. 추상적 '생각'과 구체적 '표현'

똑똑영어에 성공하기 위해서는 먼저 추상적 '생각'과 구체적 '표현'을 분명하게 구별할 수 있어야 한다. 즉, 일차적으로 단어와 구를 넘어 문장 차원에서 그리고 궁극적으로 문단과 단락 차원에서 듣기와 읽기는 물론 말하기와 글쓰기까지 자유롭게 할 수 있는 수준의 영어능력을 갖추기 위한 출발점이 바로 '생각'과 '표현'의 구별이다. 프랑스의 철학자 데카르트는 "나는 의심한다. 그러므로 나는 생각한다. 그러므로 나는 존재한다."라는 유명한 말을 남겼다.[93] 즉, '의심'[94]과 '생각'이 인간 존재의 본질이다. 프랑스의 조각가 로댕의 작품 〈생각하는 사람〉을 통해 잘 드러난 것처럼, 실제 인간은 늘 생각하는 존재이다. 심지어 인간이 하루 평균 약 70,000가지 이

---

93. See Rene Descartes, *Principles of Philosophy*, published in Latin in 1644 & translated into English by John Veitch (SMK Books, 2018).

94. '의심' 즉, '왜?'라는 질문을 제기하는 것이 똑똑영어의 또 다른 중요한 출발점이다. 자세한 내용은 "4.1. 주관적 '의견'과 객관적 '사실' 참고.

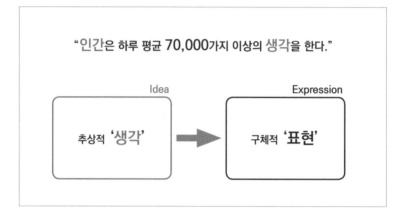

> "dubito, ergo *cogito*, ergo sum"
>
> I doubt. Therefore, I think. Therefore, I am.
>
> Rene Descartes

> "인간은 하루 평균 **70,000**가지 이상의 생각을 한다."

Idea → Expression

추상적 '생각' → 구체적 '표현'

상의 생각을 한다는 뇌과학자들의 주장도 있다.[95]

만약 머릿속에 떠오른 생각을 모두 입밖으로 내뱉으면 어떻게 될까? 아마도 정신병자 취급을 당할 것이다. 정상적인 사람들은 머릿속에 떠오른 수많은 추상적 '생각' 중 지극히 일부만을 언어라는 구체적 '표현'의 형식으로 외부에 드러낸다. 영어능력의 발전단계라는 측면에서 '표현'의 형식은 단어, 구, 문장, 문단, 단락으로 구분된다. 예컨대, 아침 밥을 굶고 학교에 갔던 아이가 점심 때쯤 집으로 돌아왔다고 상상해 보자. 아이의 머릿속에 무엇인가 불편하

---

95. See "What Is Thought?", *The Neurocritic* (June 30, 2017).

고 무엇인가 바라는 '생각'이 계속 떠오를 것이다. 그 생각을 ☹, :(
, :-< 등의 기호로 표현할 수도 있다. 만약 아이가 옹알이밖에 못하는
갓난아기라면 자신의 '생각'을 언어라는 틀에 집어넣지 못한 채 그저
칭얼대며 우는 것으로 표현할 수도 있다.

　　정상적인 사람의 경우 영어능력의 발전단계에 따라 점차 높
은 차원의 구체적 '표현'으로 자신의 추상적 '생각'을 타인에게(예
컨대, '엄마에게') 전달하여 자신이 원하는 것(예컨대, '밥')을 얻어낸
다. 먼저, 옹알이밖에 못하던 갓난아기가 어느 정도 성장하면, 자
신의 추상적 '생각'을 단어라는 구체적 '표현'의 형식에 담아 전달
한다. 예컨대, 엄마를 마주한 아이가 큰 소리로 "밥!", "배고파!",
"Cake!", "Hungry!" 등과 같이 표현한다. 이후, 이 아이는 단어
와 단어를 원칙에 따라 조합하여 하나의 구라는 구체적 '표현'의
형식을 만들어 자신의 추상적 '생각'을 전달한다. 예컨대, 어느 순
간 아이가 "맛있는 밥!", "무지무지 배고파!", "A piece of cake!",

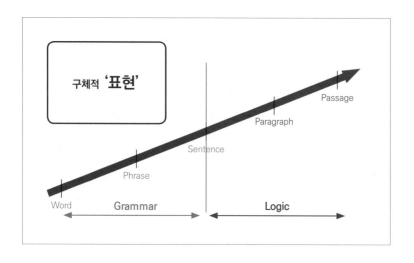

"Really Hungry!" 등과 같이 표현한다.

　다음으로, 이 아이는 단어와 단어를 일정한 원칙에 따라 조합하여 문장이라는 구체적 '표현'의 형식을 만들어 내고, 동일한 자신의 추상적 '생각'을 그 형식에 담아 전달한다. 예컨대, "어머니, 따뜻한 밥 한끼 지어주십시오!", "Please, give me a piece of cake!" 등과 같이 표현한다. 모국어로 영어를 사용할 경우 누구나 '단어 → 구 → 문장'이라는 영어능력의 발전단계를 자연스럽게 경험한다. 즉, 인간은 특정 언어사회에 일정 기간 노출되면 자연스럽게 단어와 단어를 조합하여 문장을 만드는 원칙을 습득한다. 이에 반해, 한국 사람들과 같이 외국어로 영어를 사용할 경우 문장을 조합하는 원칙인 문법을 인위적으로 학습하는 과정을 통해서만 비로소 문장 차원의 의사소통이 가능해진다.

　이후, 좀더 수준이 높아진 아이는 문장과 문장을 일정한 규칙

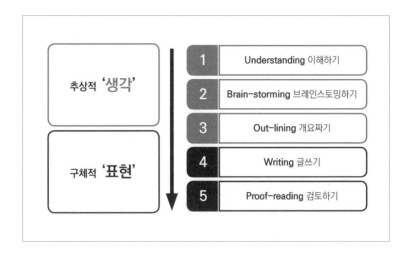

에 따라 조합한 문단의 형식을 활용하여 자신의 생각을 표현한다. 예컨대, "어머니, 지금 당장 따뜻한 밥 한끼 지어주십시오! 왜냐하면 아침에 어머님이 늦잠을 주무시는 바람에 아침부터 굶어서 너무 배고파요."라고 말한다. 더욱 수준이 높아진 아이는 문단과 문단을 일정한 규칙에 따라 조합한 단락이라는 구체적 '표현'의 형식을 활용하여 자신의 추상적 '생각'을 전달한다. 예컨대, "어머니, 지금 당장 따뜻한 밥 한끼 지어주십시오! 첫째, 부모로서의 의무라는 측면에서 …… 둘째, 아동 인권이라는 측면에서 …… 셋째, 아버지와의 원만한 부부관계라는 측면에서 …… 앞서 말씀드린 3가지 측면을 고려하면, 지금 당장 부엌으로 가셔야 합니다."

똑똑영어의 소극적 목표는 다른 사람들이 그들의 '생각'을 문장, 문단, 단락에 담아 말 혹은 글의 형식으로 전달했을 때 그것을 듣거나 읽음으로써 그 '생각'을 정확하게 이해하는 것이다. 똑똑영어의 적극적 목표는 자신의 '생각'을 문장, 문단, 단락에 담아 말 혹은 글의 형식으로 상대방에게 정확하게 전달하여 상대방이 이해하도록 하는 것이다. 똑똑영어의 성공을 위해서는 무엇보다 추상적 '생각'과 구체적 '표현'의 철저한 구별이 필요하다. 예컨대, 똑똑영어의 궁극적 목표인 단락 차원의 '논리적 글쓰기'의 5단계 중 (1) 이해하기, (2) 브레인스토밍하기, (3) 개요짜기의 경우 반드시 추상적 '생각'으로 그리고 (4) 글쓰기와 (5) 검토하기는 반드시 구체적 '표현'으로 각각 구별해서 작업해야 한다.[96]

---

96. 단락 차원의 논리적 글쓰기의 예시는 "제4장 본질적 실천" 참고.

2.5. 듣기, 읽기, 말하기, 글쓰기

똑똑영어는 '일차적으로 단어와 구를 넘어 문장 차원에서 그리고 궁극적으로는 문단과 단락 차원에서 듣기와 읽기는 물론 말하기와 글쓰기까지 자유롭게 할 수 있는 수준의 영어능력을 갖추기 위한 공부'이다. 즉, 영어능력의 발전단계라는 측면에서 똑똑영어는 단어, 구, 문장, 문단, 단락이라는 5가지 차원에서의 의사소통을 목표로 한다. 동시에, 의사소통의 방법이라는 측면에서 똑똑영어는 듣기, 읽기, 말하기, 글쓰기라는 4가지 형식의 의사소통을 목표로 한다. 이 책에서 제시하는 똑똑영어를 정확하게 이해하고 성실하게 실천하기 위해서는 우선 의사소통의 4가지 방법이 가지고 있는 각각의 특징을 분명하게 이해해야 한다. 다음 2가지 기준에 의해 의사소통 방법의 특징을 분류할 수 있다.

첫째, 의사소통은 '말을 통한 의사소통'과 '글을 통한 의사소

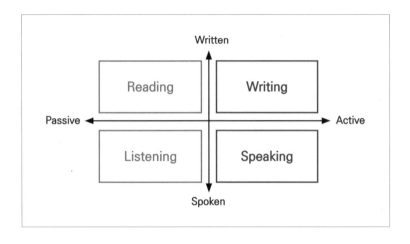

통'으로 분류할 수 있다.[97] '듣기'란 다른 사람들이 그들의 생각을 '말'을 통해 전달할 때 그것을 귀로 듣고 그 말에 담긴 생각을 정확하게 이해하는 것이다. 이에 반해, '말하기'란 자신의 생각을 '말'을 통해 상대방에게 정확하게 전달하여 상대방이 그것을 귀로 듣고 그 말에 담긴 생각을 이해하도록 하는 것이다. 한편, '읽기'란 다른 사람이 그들의 생각을 '글'을 통해 전달했을 때 그것을 눈으로 보고 그 글에 담긴 생각을 정확하게 이해하는 것이다.[98] 이에 반해, '글쓰기'란 자신의 생각을 '글'을 통해 상대방에게 정확하게 전달하여 상대방이 그것을 눈으로 보고 그 글에 담긴 생각을 이해하도록 하는 것이다.[99]

---

97. '말을 통한 의사소통'과 '글을 통한 의사소통'은 각각 'Spoken Communication'과 'Written Communication'을 번역한 표현이다.

98. 특별히 이것을 'Critical Reading' 즉, '비판적 읽기' 혹은 '비판적 독서'라고 표현한다.

99. 특별히 이것을 'Critical Writing' 즉, '비판적 글쓰기' 혹은 '논리적 글쓰기'라고 표현한다.

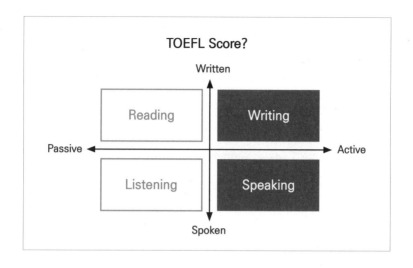

둘째, 의사소통은 '소극적 의사소통'과 '적극적 의사소통'으로
분류할 수 있다.[100] '듣기'와 '읽기'는 다른 사람들이 그들의 생각을
말과 글을 통해 전달할 때 소극적으로 가만히 그것을 듣거나 읽고
그 말과 글에 담긴 생각을 이해하는 것이다. 다만, 소극적 의사소통
의 특징 때문에 그냥 빙그레 웃고만 있으면 실제 자신이 그 생각을
100% 정확하게 이해했는지 여부를 본인 외에 다른 사람들은 알 수
가 없다.[101] 이에 반해, '말하기'와 글쓰기'는 자신의 생각을 말과 글
을 통해 상대방에게 적극적으로 전달하여 상대방이 그것을 듣거나

---

100. '소극적 의사소통'과 '적극적 의사소통'은 각각 'Passive Communication'과 'Active Communication'을
번역한 표현이다.

101. 예컨대, 외국인들과의 대화 중 다른 모든 사람들이 즐거운 표정으로 크게 웃고 있는데 독자 여러분만 그 내용을
100% 정확하게 이해하지 못한 경우가 있다. 이럴 때는 그냥 빙그레 웃으며 큰 소리로 맞장구만 쳐줘도 무리 없이 그
상황을 모면할 수 있다. 혹은 여러분이 영어 소설책을 읽으며 빙그레 웃기만 해도 그 모습을 지켜보는 다른 사람들은
여러분이 그 내용을 100% 정확하게 이해했는지 여부를 눈치챌 수 없다. 다만, 여러분이 가지고 있는 영어능력의
문제점을 스스로는 정확하게 알고 있을 것이다.

TOEFL 성적 활용 영어능력 평가방법

① Assume! ◀━━━ Total Score
② Verify! ◀━━━ Scores of Active Communication
③ Interpret! ◀━━━ Scores of Passive Communication

읽고 그 말과 글에 담긴 생각을 이해하도록 하는 것이다. 따라서 적극적 의사소통의 특징 때문에 자신이 가지고 있는 영어능력의 문제점이 반드시 밖으로 드러나게 된다.

　　의사소통의 4가지 방법이 가지고 있는 특징을 활용하여 현재 어느 정도 수준의 영어능력을 갖추고 있는지를 정확하게 평가하는 방법을 설명해 보겠다. 예컨대, 영어능력을 객관적으로 검증하는 대표적인 수단 중 하나가 TOEFL이다.[102] 원칙적으로 TOEFL은 특정 수준의 영어능력이 확인되면 해당되는 점수를 누구에게나 주도록 설계된 시험이다. 만약 문장 차원에서 의사소통이 가능하면 각 영역별로 25-26점 내외 그리고 총점 100-105점 내외를 받을 수 있다. 만약 문단 차원에서 의사소통이 가능하면 각 영역별로 27-28점 내외 그리고 총점 110-114점 내외를 받을 수 있다. 만약

---

102. TOEFL은 'Test of English as a Foreign Language'(외국어로서 영어 시험)의 줄임말이다. 자세한 내용은 "5.1. 최선의 검증 수단 TOEFL" 참고.

TOEFL 성적 활용 영어능력 평가예시

	Total Score	Listening	Reading	Speaking	Writing
B양	102	28	28	23	23
C군	102	24	24	27	27

단락 차원에서 의사소통이 가능하면 각 영역별로 29-30점 내외 그리고 총점 117-120점까지도 받을 수 있다.

TEOFL 성적표를 보면 다음 3단계에 따라 시험 응시자의 영어능력을 평가할 수 있다. 첫째, 총점을 확인하여 현재의 영어능력을 추정한다. 즉, TOEFL 총점을 기준으로 현재의 영어능력이 단어, 구, 문장, 문단, 단락 중 어떤 수준에 있는지를 추정한다. 둘째, 적극적 의사소통인 말하기와 글쓰기의 점수를 확인하여 앞서 추정을 검증한다. 즉, 적극적 의사소통에서 받은 점수를 기준으로 실제 영어능력이 단어, 구, 문장, 문단, 단락 중 어떤 수준인지를 확인하여 앞서 총점에 근거한 추정이 정확한지 여부를 검증한다. 셋째, 소극적 의사소통인 듣기와 읽기의 점수를 확인하고 그 의미를 해석한다. 실제 실력에 비해 운이 좋아 점수가 더 나왔는지 혹은 실수를 해서 점수가 덜 나왔는지 그 의미를 해석한다.

예컨대, B양이 TOEFL 시험에서 듣기 28점, 읽기 28점, 말하기 23점, 글쓰기 23점 그리고 총점 102점을 받았다고 가정해 보자. 총점 102점을 근거로 보면 B양은 문장 차원에서 영어로 의사소통이 가능한 것으로 추정된다. 다만, 적극적 의사소통 부분의 점수를 근거로 검증해 보면 그러한 추정이 무너진다. 비록 듣기와 읽기 영역에서는 28점이라는 높은 점수를 받았지만, 적극적 의사소통인 말하기와 글쓰기 영역에서 23점밖에 받지 못했다. 얼핏 보면 마치 B양의 영어능력이 문장을 넘어 문단 차원에 도달한 것처럼 보인다. 그러나 적극적 의사소통에서 드러난 영어능력의 문제점을 모두 고려하면 실제 B양의 경우 문단은 커녕 문장 차원의 영어 의사소통에도 여전히 문제가 많은 것으로 평가된다.[103]

C군도 총점 102점을 받았다고 가정하자. 다만, 영역별 점수의 경우 듣기와 읽기는 모두 24점이고, 말하기와 글쓰기는 모두 27점이라고 가정하자. 총점 102점을 근거로 보면 C군의 영어능력은 문장 차원의 의사소통에 문제가 없는 것으로 추정된다. 적극적 의사소통인 말하기와 글쓰기의 점수를 근거로 그러한 추정을 검증해 보면, 문장을 넘어 심지어 문단 차원에서도 영어로 의사소통이 일정 부분 가능한 상황이다. 소극적 의사소통인 듣기와 읽기 점수가 24점밖에 나오지 않는 이유는 '실력'이 부족해서가 아니라

---

103. 소극적 의사소통 부분의 점수가 높은 것에 대한 해석은 다음과 같다. 결과적으로 B양의 경우 실제 영어능력에 비해 TOEFL 점수가 높게 나온 편이다. 그 이유는 일정 부분 엄청난 연습을 통해 모든 실수를 줄인 것이고, 일정 부분 운이 좋아서 객관식 시험의 혜택을 누렸을 것으로 해석된다.

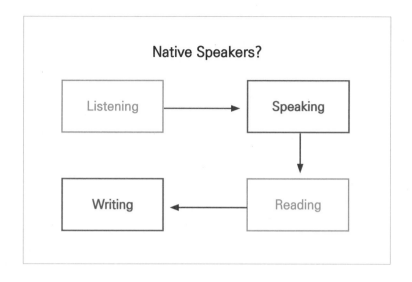

'실수'를 줄이지 못했기 때문으로 해석된다.[104] 다음 시험에서 C군의 점수가 듣기와 읽기 28점, 말하기와 글쓰기 27점, 그리고 총점 110점으로 상승해도 전혀 놀랍지 않을 것이다.

한편, 의사소통의 4가지 방법이라는 측면에서 모국어로 영어를 사용하는 사람들은 일반적으로 다음과 같은 순서에 따라 영어를 습득한다. 예컨대, 미국의 갓난아기는 태어난 직후부터 엄마와 아빠의 말소리를 처음으로 들으며 영어를 사용하는 언어사회에 자연스럽게 노출된다. 옹아리밖에 못하던 아이가 어느 순간 처음으로 'Mama'와 'Papa'라는 말을 입 밖으로 내뱉게 된다. 이후 어느 정도 나이가 들면 글자를 읽기 시작하고, 그 후에는 직접 글자를 쓰기

---

104. C군의 경우 실제 영어능력에 비해 TOEFL 점수가 낮게 나온 편이다. 그 이유는 TOEFL 시험이라는 특정한 형식에 맞추어 실수를 줄이기 위한 '연습'을 충분히 하지 않았던 것으로 해석된다.

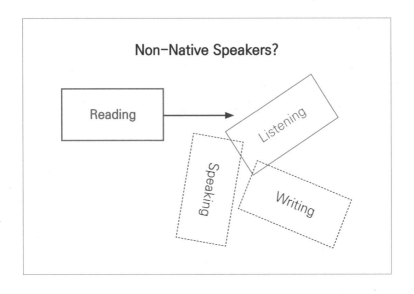

시작한다. 이렇듯 모국어로 영어를 사용하는 사람들은 일반적으로 듣기, 말하기, 읽기 그리고 글쓰기의 순서대로 의사소통을 시작한다. 물론 일정 기간이 지나면 순서에 상관없이 듣기, 읽기, 말하기, 글쓰기를 모두 동시에 진행하게 된다.

　　이에 반해, 외국어로 영어를 학습하는 경우 일반적으로 다음과 같은 순서를 따른다. 우선, 영어 책을 하나 사서 읽기 시작한다. 어느 순간이 되면 이제 영어로 듣는 것에 도전해 보지만 생각만큼 잘 들리지 않는다. 영어 공부를 할 때면 좀더 편하고 익숙한 영어 읽기에만 더 많은 시간을 쓰게 된다. 불안한 마음에 아주 가끔 영어 듣기를 한다. 어느날 외국인과의 대화에 도전하고 싶은 마음에 영어 말하기 공부를 시작한다. 하지만 상대방이 하는 이야기가 무엇인지 도대체 들리지 않는다. 가끔은 자신의 청력에 문제가 있는 것

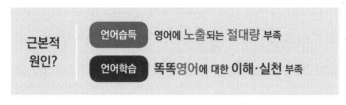

"내가 중학교 1학년부터 대학 졸업까지 10년 동안이나
영어를 공부했는데 이게 뭐야?
대한민국 영어 교육이 엉망이야!"

| 근본적 원인? | 언어습득 | 영어에 노출되는 절대량 부족 |
| | 언어학습 | 똑똑영어에 대한 이해·실천 부족 |

은 아닌지 쓸데없는 걱정을 하기도 한다. 나이가 좀더 들면 이제 영어 작문에도 도전해 본다. 마음만은 이미 셰익스피어인데 실제로는 문장 하나 쓰기도 어려운 상황이다.

영어를 외국어로 학습하는 다수의 한국 사람들은 이러한 답답한 상황을 한번쯤 경험해 보았을 것이다. 아마 이 책을 읽는 여러분 중 상당수도 큰 꿈을 안고 자신만만하게 영어 읽기 공부를 시작했지만, 영어 듣기에서부터 마음이 흔들리고, 영어 말하기에서는 속이 터져 버릴 것 같으며, 영어 글쓰기에서는 앞이 하나도 보이지 않는 답답함을 느껴보았을 것이다. 이렇듯 많은 사람들이 읽기, 듣기, 말하기 그리고 글쓰기의 순서대로 영어 공부에 도전해 보았지만 대부분의 경우 좋은 결과를 얻지 못했다. 여러분 중 누군가는 '내가 중학교 1학년부터 대학 졸업까지 10년 동안이나 영어를 공부했는데 이게 뭐야? 대한민국 영어 교육이 엉망이야!'라고 한탄해

본 적도 있을 것이다.

　과연 이러한 문제의 근본적인 원인이 무엇일까? 첫째, 언어습
득이라는 측면에서 영어에 노출되는 절대량이 부족하다. 중학교
1학년부터 매일 1시간씩 주 4회 영어 수업을 했다고 가정하고 이
모든 시간을 영어에 온전하게 노출된 것으로 계산해도 총 2,080시
간밖에 되지 않는다. 이것을 날로 계산하면 총 86.67일이고, 월로
환산하면 겨우 3.09개월이다.[105] 3개월된 미국 갓난아기가 과연 어
떤 수준의 영어능력을 가지고 있을까? 심지어 정규 수업 시간에 더
해 동일한 시간을 혼자서 더 공부했다고 할지라도 겨우 4,160시간
즉, 6개월 갓난아기가 영어에 온전히 노출된 양 정도밖에 되지 않
는다. 기억하라! 무엇보다 먼저 듣기, 읽기, 말하기, 글쓰기 등 영어
에 노출되는 절대량을 획기적으로 늘려야 한다.

　둘째, 언어학습이라는 측면에서 무엇을, 어디서부터, 어디까
지, 어떻게, 왜 공부해야 하는지에 대한 이해와 실천이 부족하다.
이 부분에 대한 해결책을 제시하고자 집필한 책이 바로 『Dr. LEE
의 똑똑영어』이다. 이 책의 부제가 '똑바로 이해하고 똑바로 실천
하는 영어 공부'이다. 똑똑영어의 일차적 목표인 문장 차원까지 영
어능력을 향상시키기 위해서는 앞서 언급한 영어에 노출되는 절대
량을 늘리는 것과 더불어 "제3장 기초적 실천"에 제시된 내용에 대

---

105. 1시간 x 주4회 x 52주 x 10년 = 2,080시간. 이것을 24시간으로 나누면 86.67일이 된다. 이것을 또다시 7일로
나누면 12.38주가 된다. 이것을 또다시 4주로 나누면 3.09개월이 된다. 이것을 연으로 환산하면 0.24년이다. 물론
이것은 여름방학과 겨울방학 동안도 성실하게 영어 공부를 했다고 넉넉하게 가정한 계산이다.

한 정확한 이해와 성실한 실천이 필요하다. 이에 더해, 똑똑영어의 궁극적 목표인 문단과 단락 차원까지 영어능력을 향상시키기 위해서는 "제4장 본질적 실천"에 제시된 내용에 대한 정확한 이해와 성실한 실천이 필요하다.[106]

---

106. 똑똑영어의 소극적 목표는 다른 사람들이 그들의 '생각'을 문장, 문단, 단락에 담아 말 혹은 글의 형식으로 전달했을 때 그것을 듣거나 읽음으로써 그 '생각'을 정확하게 이해하는 것이다. 똑똑영어의 적극적 목표는 자신의 '생각'을 문장, 문단, 단락에 담아 말 혹은 글의 형식으로 상대방에게 정확하게 전달하여 상대방이 이해하도록 하는 것이다. 한편, 적극적 의사소통인 말하기와 글쓰기 능력이 향상되면 소극적 의사소통인 듣기와 읽기 능력은 자연스럽게 성장한다. 또한 대학 및 대학원의 입학시험에서도 원칙적으로 적극적 의사소통인 Essay와 Interview의 형식으로 지원자를 평가한다. 심지어 대학원에서 박사학위를 받기 위해서도 적극적 의사소통인 Thesis와 Defense의 형식으로 평가를 받는다.

3

— 제3장 —
기초적 실천

3.1. 단어 정복의 출발 '명사'

　똑똑영어의 기초적 실천은 단어와 구를 넘어 문장 차원에서 듣기, 읽기, 말하기, 글쓰기 형식의 의사소통을 영어로 할 수 있는 것을 목적으로 한다. 영어능력의 발전단계상 똑똑영어의 시작은 단어이다. 단어란 형식적 측면에서 '하나 이상 알파벳 글자의 조합'이고, 본질적 측면에서 '하나의 의미'를 전달하는 언어의 단위이다. 특히, 각 단어가 가지는 '의미'와 '기능'을 동시에 이해해야 한다.[107]

Word

Meaning	Function
Semantics	Syntax

---

107. See *supra* note 75.

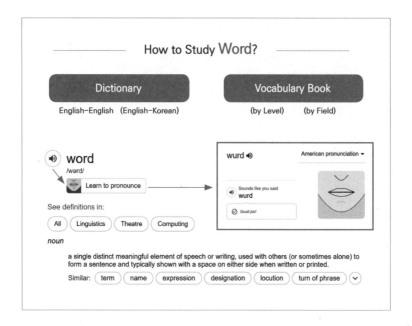

지금까지 영어 단어 공부의 초점이 각각의 단어가 가지고 있는 고유한 '기능'을 이해하기보다 그 '의미'를 암기하는 것에 지나치게 치우쳐 있었음을 부정하기 어렵다. 의사소통을 위해 문장을 올바르게 조합한다는 측면에서는 단어의 '의미'보다 오히려 그 '기능'이 훨씬 더 중요하다는 것을 명심해야 한다.

그렇다면 단어 공부는 어떻게 해야 할까? 첫째, 새로운 단어를 만날 때마다 사전을 찾아 그 의미와 기능을 확인해야 한다. 원칙적으로 영영사전을 그리고 꼭 필요한 경우에만 예외적으로 영한사전을 사용한다. 최근에는 인터넷 기반 사전을 많이 활용한다.[108] 예

---

108. See Cambridge Dictionary and Oxford Learner's Dictionaries.

컨대, 구글 검색창에 'Word' 혹은 'Word meaning'을 넣고 검색하면 사전으로 넘어간다. 특히, '볼륨' 기호를 누르면 발음을 들을 수 있고, 'Learn to pronounce'를 누르면 실제 본인의 발음이 얼마나 정확한지 평가받을 수도 있다.[109] 둘째, 별도의 어휘 책을 활용하여 단어만을 집중적으로 공부해야 한다. 예컨대, 초급·중급·고급과 같은 수준별 어휘 책 그리고 과학·역사·TOEFL·SAT·GRE와 같은 분야별 어휘 책을 다양하게 활용해야 한다.

　과연 얼마나 많은 영어 단어가 있을까? 정답은 아무도 알 수 없다. 매일 새로운 단어가 만들어지고, 더 이상 쓰이지 않는 단어도 계속 생겨나기 때문이다. 다만, 옥스포드 영어사전에는 현재 사용 중인 단어 약 17.1만개와 사용되지 않는 단어 약 4.7만개가 있다.[110] 웹스터사전의 경우 약 47만개의 단어를 담고 있다. 그렇다면 의사소통을 위해 얼마나 많은 영어 단어를 알아야 할까? 당연히 많이 알수록 좋다. 다만, 약 3천개의 단어만 알면 문자 메시지, 신문, 블로그, 책, 영화 등 일상적 의사소통의 약 95% 정도가 가능하다. 이들 3천개의 단어 중 약 1천개만 알면 일상적 의사소통의 89%가 가능하다.[111] 한편, 모국어로 영어를 사용하는 전형적인 사람들의

---

109. Google Dictionary.

110. LEXICO, "How Many Words are There in the English Language?", https://www.lexico.com/explore/how-many-words-are-there-in-the-english-language, accessed January 2024.

111. Allison Dexter, "How Many Words are in the English Language?", *Word Counter*, https://wordcounter.io/blog/how-many-words-are-in-the-english-language, accessed January 2024.

명사 名詞
Noun

nomen "name"

경우 약 1.5~2만개의 단어를 알고 있다.[112]

단어 정복의 출발은 명사이다. '이름'을 뜻하는 한자어 '名'과 '말씀'을 뜻하는 한자어 '詞'를 한국어로 표기한 '명사'의 사전적 의미는 "사물의 이름을 나타내는 품사"이다.[113] 한편, '이름'을 뜻하는 라틴어 'nomen'에서 유래한 영어 'Noun'은 '사람, 장소, 대상, 사건, 물질, 생각, 느낌 혹은 성질을 지칭하는 단어'를 의미한다.[114] 전체 영어 단어들 중 가장 많은 부분을 차지하는 것이 바로 명사이다. 심지어 갓난아이가 처음으로 습득하여 입 밖으로 내뱉는 'Mama'와 'Papa'도 명사이다. 옥스포드 영어사전에 따르면, 전체 영어 단어들 중 약 50%가 명사라고 한다.[115] 따라서 명사를 정확하게 이해하지 못하고서는 문장 차원의 영어 의사소통이라는 똑똑영어의 일차적 목표를 결코 달성할 수 없다.

---

112. Beth Sagar-Fenton and Lizzy McNeill, "How Many Words Do You Need to Speak a Language?", *BBC Radio 4* (June 24, 2018).

113. 국립국어원 표준국어대사전.

114. The term 'Noun' refers to "a word that refers to a person, place, object, event, substance, idea, feeling, or quality". Cambridge Dictionary.

115. LEXICO, *supra* note 110.

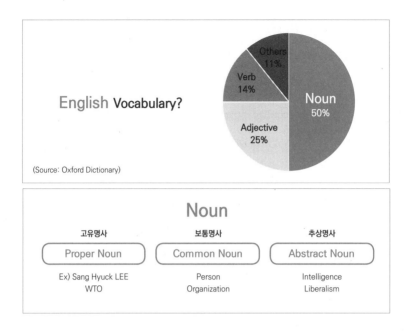

명사는 크게 다음과 같은 3가지 종류로 분류할 수 있다. 첫째, 고유명사가 있다. 영어 'Proper Noun'을 한자어 '固有名詞'라고 번역했고, 이것을 한국어 '고유명사'로 표기했다. 고유명사란 '오직 특정한 대상에게만 적절한' 이름을 의미한다. 예컨대, 'Sang Hyuck LEE'는 이 책을 쓰고 있는 필자에게만 적절한 이름이고, 'WTO'는 1995년 스위스 제네바에 설립된 세계무역기구에게만 적절한 이름이다. 따라서 'Sang Hyuck LEE'와 'WTO'는 고유명사이다. 영어 공부의 초보 단계에서는 고유명사의 중요성이 그렇게 크지는 않다. 그러나 영어능력의 발전단계가 높아질수록 그 중요성은 더욱 커진다. 특정 분야에 대한 지식이 늘어나야만 더 많은 고유명사를 알 수 있다.

둘째, 보통명사가 있다. 영어 'Common Noun'을 한자어 '普通名詞'라고 번역했고, 이것을 한국어 '보통명사'로 표기했다. 아쉬움이 큰 번역이다. 보통명사란 '여러 특정 대상에 대해 공통적으로 붙일 수 있는' 이름을 의미한다. 따라서 '보통'보다 '공통'이라는 표현이 좀더 의미전달에 적합하다고 판단된다. 예컨대, 'Sang Hyuck LEE', 'Abraham Lincoln', 'Plato' 등과 같은 특정 대상에 대해 공통적으로 붙일 수 있는 이름은 'Person' 즉, 사람이다. 또한 'WTO', 'WHO', 'UN', 'UNESCO' 등과 같은 특정 대상에 대해 공통적으로 붙일 수 있는 이름은 'Organization' 즉, 기구이다. 특히, 외국어로서 영어를 배우는 경우, 무엇보다 먼저 보통명사에 대한 공부부터 시작해야 한다.

셋째, 추상명사가 있다. 영어 'Abstract Noun'을 한자어 '抽象名詞'라고 번역했고, 이것을 한국어 '추상명사'로 표기했다. 추상명사란 고유명사 혹은 보통명사와 달리 눈으로 보거나 귀로 듣거나 손으로 만질 수 없는 어떤 추상적인 개념에 대해 붙일 수 있는 이름을 의미한다. 예컨대, 눈으로 보거나 귀로 듣거나 손으로 만질 수는 없지만 '합리적으로 생각하고 문제를 해결할 수 있는 한 개인의 능력'이라는 것은 엄연히 존재한다. 여기에 붙일 수 있는 이름은 'Intelligence' 즉, 지능이다. '개인의 자유를 존중하는 생각 혹은 사상'에 붙일 수 있는 이름은 'Liberalism' 즉, 자유주의이다. 특정 분야에 대한 지식이 늘어나고 전체적인 생각의 깊이가 깊어질수록

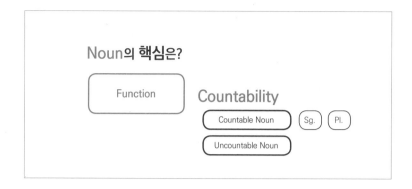

더 많은 추상명사를 알 수 있다.

　단어는 그 '의미'와 '기능'을 동시에 이해해야 한다. 특히, 명사가 가지고 있는 문법적 '기능'의 핵심은 '셀 수 있는지 여부'[116]이다. 따라서 여러분은 앞으로 사전을 보든 어휘 책을 보든 반드시 그 명사가 셀 수 있는지 여부에 대해 매우 민감하게 주목해야 한다. '셀 수 있는지 여부에 대한 민감한 주목'이 바로 명사 공부의 본질이다. 만약 셀 수 있다면 '가산명사' 그리고 셀 수 없다면 '불가산명사'라고 한다. 이것은 영어 'Countable Noun'과 'Uncountable Noun'을 한자어로 번역한 '可算名詞'와 '不可算名詞'라는 표현을 한국어로 표기한 것이다. 너무 어색한 한자식 표현이라 번역상 아쉬움이 크다.[117] '셀 수 있는 명사'의 경우 단수와 함께 복수의 형태

---

116. '셀 수 있는지 여부'는 'Countability'를 번역한 표현이다.

117. 필자의 개인적 견해로는 '가산명사, 불가산명사'라는 표현은 매우 불편하고 비효율적이다. 따라서 그냥 영어로 'Countable Noun, Uncountable Noun'으로 표기하는 것이 최선이고, 아니면 한국어로 '셀 수 있는 명사, 셀 수 없는 명사'로 표기하는 것이 차선이라고 생각한다.

도 반드시 기억해야 한다.[118]

특히 다수의 한국 사람들에게 명사의 기능에 관한 설명은 매우 낯설 것이다. 왜냐하면 한국어의 '명사'는 영어의 'Noun'에 비해 그 기능이 상대적으로 발전하지 못했기 때문이다. 만약 영어 문장을 한국어로 번역할 때 복수의 영어 명사를 모두 복수의 한국어 명사로 옮기면 어떻게 될까? 예컨대, 'I bought two books yesterday.'라는 영어 문장을 '나는 어제 책 두 권들을 구매했습니다.'라고 번역해 보자. 밑줄 친 것처럼, 복수를 표현하는 한국어 의존명사 '들'을 사용하니 매우 어색한 문장이 되었다. 오히려 '나는 어제 책 두 권을 구매했습니다.'[119]가 좀더 자연스럽지 않은가? 왜 그럴까? 영어 'Book'과 달리 한국어 '책'은 사실상 단수와 복수의 개념을 모두 품고 있기 때문이다.

반대로, 한국어 문장 '나는 어제 책 두 권을 도서관에서 빌렸습니다.'를 영어로 번역해 보자. 'I borrowed two book from the library.'라고 하면 어떨까? 이것은 문법적으로 수용할 수 없는 문장이다. 좀더 거칠게 표현하면 틀린 문장이다. 왜냐하면 한국어 '책'과 달리 영어 'Book'은 그 기능상 단수와 복수가 명확하게 구별되는 '셀 수 있는 명사'이기 때문이다. 언어 기능의 발전이라는

---

118. '단수'와 '복수'는 각각 'Singular'와 'Plural'을 번역한 표현이다.
119. 물론 '저는 어제 책 두 권을 구매했습니다.'가 좀더 적절한 한국어 번역이다. 특히, 주관성이라는 측면에서 한국어 '나'와 '저' 그리고 영어 'I'의 사용에 차이점이 있다. 다만, '기능'이라는 측면에서 한국어 '명사'와 영어 'Noun'의 차이점을 설명하기 위해 본문과 같이 번역했음을 양해 바란다.

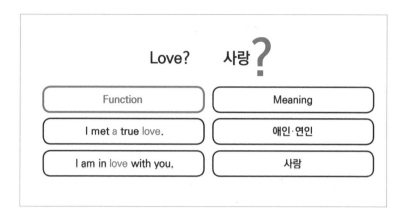

측면에서 설명하자면, 한국어 '명사'의 경우 '셀 수 있는지 여부'라는 기능이 제대로 발전하지 못한 것이다. 언어 기능의 분화라는 측면에서 설명하자면, 한국어 '명사'는 단수와 복수로 정확하게 분화되지 않았다는 것이다. 이것이 바로 한국어와 영어가 가지는 중요한 차이점 중 하나이다.

한국 사람들에게 "너 Love라는 단어 아니?"라고 질문하면 뭐라고 대답할까? 대부분의 경우 '나를 무시하나? 그 정도는 알지!'라고 생각하며, "당연히 사랑이라는 말이지!"라고 자신있게 대답할 것이다. 그러나 이 대답은 틀렸다. 왜 그럴까? 영어 'Love'라는 명사는 그 기능의 차이에 따라 의미도 변하기 때문이다. 예컨대, 'I am in <u>love</u> with you.'[120]라고 한다면, 밑줄 친 'Love'라는 명사를 '사랑'이라는 의미를 가진 '셀 수 없는 명사'로 쓴 것이다. 그러

---

120. '나는 당신과 사랑에 빠져 있습니다.'

ex) You have to look <u>for</u> your wallet.
ex) I look forward <u>to</u> seeing you.

나 'I met <u>a</u> true <u>love</u>.'[121]라고 한다면, 밑줄 친 'Love라는 명사를 '애인·연인'이라는 의미를 가진 '셀 수 있는 명사'로 쓴 것이다. 그래서 위 답변이 틀린 것이다. 기억하라! 명사의 핵심은 '셀 수 있는지 여부'이다. 단어 정복의 출발은 바로 명사이다.

한편, 명사의 이러한 중요성 때문에 그 문법적 기능이 정해진 '전치사'라는 단어가 있다. 영어 'Preposition'을 한자어 '前置詞'[122]로 번역했고, 이것을 한국어로 전치사라고 표기했다. '앞'이라는 의미의 'Pre'와 '위치'라는 의미의 'Position'의 합성어인 영어 'Preposition'도 같은 뜻이다.[123] 이때 'Position' 혹은 '위치'가 바로 명사를 지칭하는 것이다. 따라서 전치사의 문법적 기능은 '명사 앞에 위치'라는 것이다. 예컨대, 'You have to look <u>for</u> your

---

121. '나는 진짜 사랑하는 사람을 만났습니다.'

122. '앞'이라는 뜻의 한자어 '前', '두다·위치하다'라는 뜻의 한자어 '置', 그리고 '말씀'이라는 뜻의 한자어 '詞'의 합성어인 전치사는 '(중요한 것) 앞에 위치하는 말을 의미한다.

123. 영어 'Preposition'이 한자어 '前置詞'로 너무 잘 번역되었다. 다만, 한자어를 모른 채 그냥 한국어 '전치사'라고 하면 그 본연의 의미가 제대로 전달되지 않는 문제가 남는다.

wallet.'[124]은 'for'라는 전치사 때문에 뒤에 'your wallet'이라는 명사구가 왔다. 'I look forward to seeing you.'[125]는 'to'라는 전치사 때문에 심지어 동사 'see'의 의미는 살리되 그 기능을 명사로 변경한 동명사구 'seeing you'가 왔다.

---

124. '당신은 당신의 지갑을 찾아야 합니다.'

125. '나는 당신을 만나보길 학수고대하고 있습니다.'

단어는 그 의미와 기능을
동시에 이해해야 한다.
특히, 명사가 가지고 있는
문법적 기능의 핵심은
셀 수 있는지 여부이다.
단어 정복의 출발은 명사이다.

3.2. 단어 정복의 핵심 '동사'

　단어 정복의 핵심은 동사이다. '움직이다'를 뜻하는 한자어 '動'과 '말씀'을 뜻하는 한자어 '詞'를 한국어로 표기한 '동사'의 사전적 의미는 "사물의 동작이나 작용을 나타내는 품사"이다.[126] 한편, '(주장하거나 선언하는) 말'을 뜻하는 라틴어 'verbum'에서 유래한 영어 'Verb'는 '행동, 상태 혹은 경험을 지칭하는 단어 혹은 단어의 그룹'을 의미한다.[127] 이때 '단어의 그룹'을 별도로 '구동사'라고 부르기도 한다.[128] 옥스포드 영어사전에 따르면, 전체 영어 단어들 중 약 14%가 동사라고 한다.[129] 양적 측면에서 전체 단어 중 동사가 차지하는 분량은 큰 편이 아니다. 그러나 질적 측면에서 문

---

126. 국립국어원 표준국어대사전.

127. The term 'Verb' refers to "a word or group of words that refers to an action, state, or experience". Cambridge Dictionary.

128. '구동사'는 'Phrasal Verb'를 번역한 표현이다. 예컨대, 'add to', 'burn out', 'call off', 'hand in', 'knock off', 'take down' 등이 구동사이다.

129. LEXICO, *supra* note 110.

동사 動詞
Verb
verbum "word (that asserts or declares)"

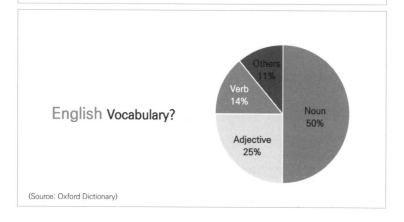

English **Vocabulary?**

Others 11%
Verb 14%
Noun 50%
Adjective 25%

(Source: Oxford Dictionary)

장을 구성하는 척추의 역할을 담당하는 동사는 문장 차원의 의사소통에서 가장 중요한 단어이다.[130]

　단어는 그 '의미'와 '기능'을 동시에 이해해야 한다. 특히, 동사가 가지고 있는 문법적 '기능'의 핵심은 '서술'과 '시제'이다. 따라서 여러분은 앞으로 사전을 보든 어휘 책을 보든 반드시 각각의 동사가 '서술'과 '시제'라는 측면에서 어떠한 기능을 담당하고 있는지에 대해 매우 민감하게 주목해야 한다. 우선, '서술'이란 문장을

---

130. 참고로 미국 대학원에 입학하기 위해 필요한 GRE 즉, 'Graduate Record Examinations'의 첫 번째 영역의 이름이 'Verbal Reasoning'이다. 이때 'Verbal'의 의미는 '동사'가 아니라 '언어'라는 뜻이다. 즉, '언어 추리' 혹은 '언어 논증' 능력을 검증하는 것이다. 이렇듯 'Verb'라는 말 자체가 단순히 '동사'라는 뜻을 넘어 전체 '말' 혹은 '언어'를 표현하기도 한다. 자세한 내용은 "6.3. 대학원 입학의 핵심 GRE·LSAT·GMAT·MCAT" 참고.

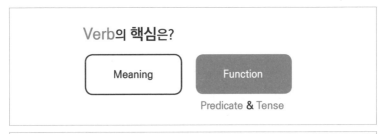

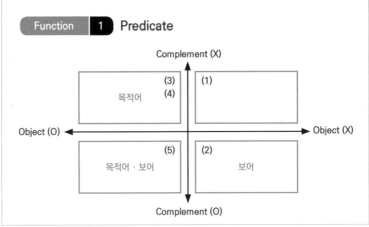

구성할 때 활용되는 동사 본연의 기능이다. 영어 'Predicate'의 사전적 의미는 '동사를 포함하고 있는 문장의 한 부분으로서 주어에 대한 정보를 제공하는 것'이다.[131] 조금 거칠게 일반화하면 주어 이외의 모든 부분이 서술이다. 참고로 'Predicate'가 동사로 사용될 때 갖는 '말하다'[132]라는 의미는 'Verb'의 라틴어 어원과 그 뜻이 동

---

131. The term 'Predicate' refers to "the part of a sentence that contains the verb and gives information about the subject". Cambridge Dictionary. '서술어' 혹은 '서술부'라고 번역하는 경우도 있으나 필자의 경우 '서술'이라고 표현하겠다.

132. The term 'Predicate' refers to "state, affirm, or assert (something) about the subject of a sentence or an argument of a proposition". Google Dictionary.

일하다. 즉, 서술이 바로 동사의 본질적 기능이다.

'서술'이라는 동사의 기능은 다음 2가지 기준에 의해 분류된다. 첫째, '목적어의 필요 유무'이다. 목적어란 '동사의 행위에 의해 영향을 받는 명사 혹은 명사구'를 의미한다.[133] 동사는 '목적어가 필요 없는 동사'와 '목적어가 필요한 동사'로 분류된다. 전자를 '자동사', 후자를 '타동사'[134]라고 표현한다. 다만, '목적어가 필요한 동사' 중에는 '간접목적어'와 '직접목적어' 모두 필요한 경우도 있다. 둘째, '보어의 필요 유무'이다. 보어란 '기능적으로 불완전한 동사를 완전하게 만들어 주는 것'이다.[135] 동사는 이미 완전하여 '보어가 필요 없는 동사'와 불완전하여 '보어가 필요한 동사'로 분류된다. 전자를 '완전동사', 후자를 '불완전동사'[136]라고 표현한다. 결국, 동사의 기능에 따라 5가지 유형의 문장이 만들어진다.[137]

첫째, '목적어와 보어 모두 필요 없는 동사'이다. 예컨대,

---

133. The term 'Object' refers to "a noun or noun phrase that is affected by the action of a verb or that follows a preposition". Cambridge Dictionary.

134. 영어 'Intransitive Verb'와 'Transitive Verb'를 한자어 '自動詞'와 '他動詞'로 번역했고, 이것을 각각 한국어 '자동사'와 '타동사'로 표기한 것이다. 다만, 문장 차원의 의사소통이라는 측면에서 이러한 용어를 알고 있는지 여부는 전혀 중요하지 않다. 오직 '목적어의 필요 유무'라는 동사의 기능상 특징을 이해하는 것이 중요하다.

135. The term 'Complement' refers to "a thing that completes or brings to perfection". Cambridge Dictionary.

136. 영어 'Complete Verb'와 'Incomplete Verb'를 한자어 '完全動詞'와 '不完全動詞'로 번역했고, 이것을 각각 한국어 '완전동사'와 '불완전동사'로 표기한 것이다. 다만, 문장 차원의 의사소통이라는 측면에서 이러한 용어를 알고 있는지 여부는 전혀 중요하지 않다. 오직 '보어의 필요 유무'라는 동사의 기능상 특징을 이해하는 것이 중요하다.

137. 문법 책에서는 흔히 '문장의 5형식'이라는 이름으로 이 부분을 설명한다. 문장의 형식이 서로 다른 것은 표면적 '현상'에 불과하다. 그러한 현상이 벌어지는 근본적 '원인'은 각각의 동사가 가지고 있는 '서술'이라는 기능적 특징의 차이 때문이다. 즉, 문장의 차이가 아니라 동사의 차이가 핵심이다.

Function **1** **Predicate**

(1) S + V   The audience waited.

(2) S + V + C   The audience was satisfied.

(3) S + V + O   The audience loved the lecture.

(4) S + V + IO + DO   The lecture brought them satisfaction.

(5) S + V + O + OC   The audience found the lecture satisfactory.

'The audience waited.'[138]라는 문장은 이미 기능적으로 완전하다. 왜냐하면 'Wait'이라는 동사의 기능적 특징 때문이다.[139] 둘째, '보어가 필요한 동사'이다. 예컨대, 'The audience was.'라는 문장은 기능적으로 완전하지 않다. 왜냐하면 동사 'Be'는 반드시 보어가 필요하기 때문이다. 따라서 보어를 포함하여 'The audience was satisfied.'[140]라고 수정해야 한다. 셋째, '목적어가 필요한 동사'이다. 예컨대, 'The audience loved.'라는 문장은 기능적으로 완전하지 않다. 왜냐하면 동사 'Love'는 반드시 목적어가 필요하기 때문이다. 따라서 목적어를 포함하여 'The audience loved the

---

138. '청중은 기다렸습니다.'

139. 만약, 'Wait'이라는 동사에 전치사 'For'를 붙여서 'Wait for'라는 구동사(Phrasal Verb)를 만들면 전치사 'For' 때문에 명사인 목적어가 필요하다. The audience waited for the singer. (청중은 그 가수를 기다렸습니다.)

140. '청중은 만족했습니다.'

lecture.'[141]라고 수정해야 한다.

　넷째, '간접목적어와 직접목적어가 필요한 동사'이다. 예컨대, 'The audience brought.'이라는 문장은 기능적으로 완전하지 않다. 왜냐하면 'Bring'이라는 동사는 '간접목적어'와 '직접목적어'[142]가 필요하기 때문이다. 따라서 'The lecture brought them satisfaction.'[143]이라고 수정해야 한다. 물론 동사 'Bring'이 하나의 목적어만 받는 경우도 있다.[144] 다섯째, '목적어와 목적격보어가 필요한 동사'이다. 예컨대, 'The audience found.'라는 문장은 기능적으로 완전하지 않다. 왜냐하면 'Find'라는 동사는 '목적어'와 '목적격보어'[145]가 필요하기 때문이다. 따라서 'The audience found the lecture satisfactory.'[146]라고 수정해야 하다. 한편, 'Find'가 목적어만을 가지는 경우 그 의미가 전혀 달라진다.[147]

　한편, 동사의 또 다른 중요한 문법적 기능은 '시제'이다. 영어

---

141. '청중은 그 강연을 사랑했습니다.'

142. '간접목적어'와 '직접목적어'는 각각 'Indirect Object'와 'Direct Object'를 번역한 표현이다. 간략하게 'IO'와 'DO'라고 표시하기도 한다. (4)의 직접목적어는 (3)의 목적어와 동일하다. 다만, (4)의 경우 간접목적어와 구별하기 위해 굳이 직접목적어라는 표현을 사용하는 것뿐이다.

143. '그 강연은 그들에게 만족감을 주었습니다.'

144. 예컨대, 'The lecture brought satisfaction to them.'이라고 표현할 수 있다. 이 경우 동사 'brought'의 목적어는 'satisfaction'이다. 한편, 'to them'은 기능과 상관없이 오로지 의미만 더해 주는 부사구이다. 부사 관련 자세한 내용은 "3.3. 구 정복의 출발 '형용사·부사'" 참고.

145. '목적격보어'는 'Object Complement'를 번역한 표현이다. (1)의 보어는 주어에 의미를 더해 주는 것임에 반해, (5)의 보어는 목적어에 의미를 더해주는 것이다. 따라서 (5)의 보어를 특별히 '목적격보어'라고 부른다. 한편, (1)의 경우 그냥 '보어'라고 하지만, 경우에 따라 'Subject Complement' 즉, '주격보어'라고 부르기도 한다.

146. '관객은 그 강연을 만족스럽다고 생각했습니다.'

147. 예컨대, 'The audience found the lecture.'라는 문장은 이미 기능적으로 완전하다. 다만, 그 의미는 '청중이 그 강연을 발견했습니다.'이다.

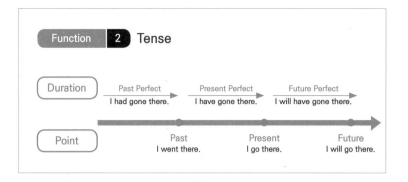

'Tense'를 한자어 '時制'로 번역했고, 이것을 한국어로 표기한 것이다. 한국어 '시제'는 '어떤 사건이나 사실이 일어난 시간 선상의 위치를 표시하는 문법 범주'를 뜻한다.[148] 영어 'Tense'의 사전적 의미는 '어떤 행동이 발생했던 시간을 보여주는 동사의 형태'이다.[149] 즉, 시제란 쏜 화살과 같이 매우 빠르게 지나가는 시간의 흐름 속에서 동사의 행위가 과연 어떤 시점에서 이루어졌는지를 표시해 주는 동사의 중요한 문법적 기능이다. 따라서 사전과 어휘 책을 통해 동사를 공부할 때는 반드시 그 의미에 더해 시제라는 문법적 기능에도 주목해야 한다. 동사의 시제는 크게 '지점', '지속', 그리고 '진행'으로 분류된다.[150]

---

148. 국립국어원 표준국어대사전.

149. The term 'Tense' refers to "any of the forms of a verb which show the time at which an action happened". Cambridge Dictionary.

150. '지점', '지속', 그리고 '진행'은 각각 'Point', 'Duration', 그리고 'Continuation'을 번역한 표현이다. 'Continuation'의 경우 '진행'보다 '연속'이라는 표현이 좀더 명확하게 의미전달이 된다. 다만, '진행'이라는 표현을 관행적으로 사용하고 있으니, 아쉽지만 그 관행을 따르도록 하겠다.

우선, 특정한 시점을 의미하는 '지점'에는 다음과 같은 3가지 유형이 있다.[151] 첫째, '현재'는 바로 지금을 표현한다. 예컨대, 'I go there.'는 지금 내가 그곳에 가고 있는 상황임을 의미한다. 즉, 동사 'Go'의 의미가 지금 발생하고 있음을 보여주는 문법적 기능이다. 둘째, '과거'는 현재 이전의 특정한 시점을 표현한다. 예컨대, 'I went there.'는 내가 과거의 어떤 특정한 시점에 그곳에 갔음을 의미한다. 1시간 전, 1일 전, 1년 전 모두 과거의 한 시점이기에 과거 시제로 표현한다. 셋째, '미래'는 현재 이후의 특정한 시점을 표현한다. 예컨대, 'I will go there.'는 내가 미래의 어떤 시점에 그곳으로 갈 것임을 의미한다. 1시간 후, 1일 후, 1년 후 모두 미래의 한 시점이기에 미래 시제로 표현한다.[152]

다음으로, 행동이 일정 기간 유지된 후 완료된 것을 의미하는 '지속'에는 3가지 유형이 있다. 첫째, '현재완료'는 과거에 시작된 행동이 현재에 완료된 것을 표현한다. 예컨대, 'I have gone there.'는 과거 그곳으로 떠났던 행동이 현재는 완료된 것을 의미한다.[153] 둘째, '과거완료'는 과거에 시작된 행동이 이후 또 다른 과

---

151. '지점'을 표현하는 시제를 'Simple Tense' 즉, '단순시제'라고 한다.

152. '현재', '과거', '미래'는 각각 'Present', 'Past', 'Future' 혹은 'Present Simple', 'Past Simple', 'Future Simple'을 번역한 표현이다.

153. 다만, 동사 본연의 의미와 시점이 결합하여 미세한 뉘앙스의 차이를 표현하기도 한다. 예컨대, 'I have been there.'는 '나는 그곳에 가본 적이 있다.'라는 의미이다. 동사 'Be'의 의미와 현재완료 시제가 만나서, '과거 그런 경험이 있었고 지금은 곳이 아니라 여기에 있다.'라는 의미를 함축한다. 이에 반해, 'I have gone there.'는 '나는 그곳으로 가버렸다.'라는 의미이다. 동사 'Go'의 의미와 현재완료 시제가 만나서, '과거에 그곳으로 떠나버렸기에, 지금 나는 여기에 없고 그곳에 있다.'라는 의미를 함축한다.

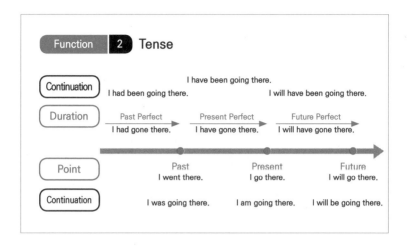

Function **2** Tense

Continuation
I have been going there.
I had been going there.   I will have been going there.

Duration
Past Perfect   Present Perfect   Future Perfect
I had gone there.   I have gone there.   I will have gone there.

Point
Past   Present   Future
I went there. I go there.   I will go there.

Continuation
I was going there.   I am going there.   I will be going there.

거에 완료된 것을 표현한다. 예컨대, 'I had gone there.'는 내가 과거에 그곳으로 떠났던 행동이 이후 또 다른 과거에 완료되었다는 것이다. 셋째, '미래완료'는 현재 혹은 미래에 시작된 행동이 이후 (또 다른) 미래에 완료될 것이라는 표현한다. 예컨대, 'I will have gone there.'는 현재 혹은 미래에 그곳으로 떠나는 행동을 시작해서 그 행동이 미래에 완료될 것을 의미한다.[154]

이에 더해, 지점 혹은 지속에 '멈추지 않고 연속된다'는 의미를 더한 '진행'이 있다. 기본적으로 '지점'을 표현하는 현재, 과거, 미래 시제에 진행의 의미를 더한 3가지와 '지속'을 표현하는 현재완료, 과거완료, 미래완료 시제에 진행의 의미를 더한 3가지를 합쳐 총 6가지가 있다. 'Be' 동사에 '~ing'를 붙여서 진행의 의미를

---

154. '현재완료', '과거완료', '미래완료'는 각각 'Present Perfect', 'Past Perfect', 'Future Perfect'을 번역한 표현이다.

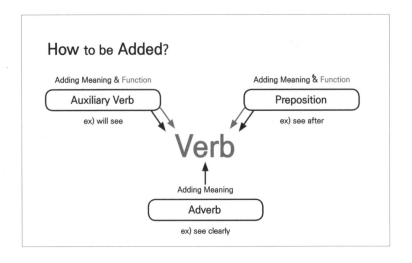

How to be Added?

Adding Meaning & Function

Auxiliary Verb

ex) will see

Adding Meaning & Function

Preposition

ex) see after

Verb

Adding Meaning

Adverb

ex) see clearly

나타낸다. 첫째, 'I am going there.'와 같은 '현재진행'이 있다. 둘째, 'I was going there.'와 같은 '과거진행'이 있다. 셋째, 'I will be going there.'와 같은 '미래진행'이 있다. 넷째, 'I have been going there.'와 같은 '현재완료진행'이 있다. 다섯째, 'I had been going there.'와 같은 '과거완료진행'이 있다. 여섯째, 'I will have been going there.'와 같은 '미래완료진행'이 있다.[155]

한편, '의미'와 '기능'의 측면에서, 동사에 무엇인가 더해 주는 단어 3가지의 차이를 구별해야 한다. 첫째, '부사'는 오로지 '의미'만을 동사에 더해 준다. 예컨대, 'I see you clearly.'라는 문장의 부사 'Clearly'는 동사 'See'에 대해 '분명하게'라는 의미만을 더해

---

155. '현재진행', '과거진행', '미래진행', '현재완료진행', '과거완료진행', '미래완료진행'은 각각 'Present Simple Continuous', 'Past Simple Continuous', 'Future Simple Continuous', 'Present Perfect Continuous', 'Past Perfect Continuous', 'Future Perfect Continuous'를 번역한 표현이다.

준다. 둘째, '조동사'는 '의미'와 '기능'을 모두 동사에 더한다. 예컨 대, 'I will see you.'라는 문장의 조동사 'will'은 동사 'see'에 대해 '미래에 보겠다는 의지'라는 의미와 함께 '조동사 뒤에는 동사의 원 형'이라는 기능을 더해 준다. 셋째, '전치사'도 '의미'에 더해 문법 적 '기능'을 동사에 더해 준다. 예컨대, 'I see after my parents.' 라는 문장의 선치사 'after'는 동사 'see'에 '돌보다'라는 의미와 함 께 '전치사 뒤에는 명사'라는 기능을 더해 준다.

요컨대, 동사는 단어 정복의 핵심이다. 영어를 외국어로 배우 는 한국 사람들에게 동사는 쉽지 않은 공부 대상이다. 그 이유 중 하나는 자꾸만 한국어 동사에 대한 지식을 기반으로 영어 동사를 이해하려 하기 때문이다. 동사의 문법적 기능이라는 측면에서 한국 어와 영어의 차이점은 너무나도 크다. 영어 단어는 그 '의미'와 '기 능'을 반드시 함께 공부해야 한다. 따라서 동사 공부의 핵심은 단순 히 각각의 동사가 가지고 있는 의미를 암기하는 것이 아니라 그 동 사가 가지고 있는 독특한 문법적 기능을 이해하는 것이다. 동사의 가장 중요한 문법적 기능은 '서술'과 '시제'이다. 사전 혹은 어휘 책 을 통해 동사를 공부할 때 반드시 '서술'과 '시제'라는 동사의 기능 에 주목해야 한다.

문장을 구성하는
척추의 역할을
담당하는 동사는 문장 차원의
의사소통에서 가장 중요한
단어이다.

3.3. 구 정복의 출발 '형용사·부사'

구 정복의 출발 첫 번째는 형용사이다. '형상'을 뜻하는 한자어 '形', '얼굴'을 뜻하는 한자어 '容', '말씀'을 뜻하는 한자어 '詞'를 한국어로 표기한 '형용사'의 사전적 의미는 "사물의 성질이나 상태를 나타내는 품사"이다.[156] 한편, '더해 주다'를 뜻하는 라틴어 'adjectivum'에서 유래한 영어 'Adjective'는 '명사 혹은 대명사를 묘사하는 단어'를 의미한다.[157] 옥스포드 영어사전에 따르면, 전체 영어 단어들 중 약 25%가 형용사라고 한다.[158] 그 수가 가장 많은 명사를 묘사하는 것이 형용사라는 점을 고려하면, 왜 형용사의 수가 두 번째로 많은지 이해된다. 형용사의 경우에도 반드시 각각의 단어가 가지고 있는 고유한 의미와 문법적 기능을 함께 공부해

---

156. 국립국어원 표준국어대사전.

157. The term 'Adjective' refers to "a word that describes a noun or pronoun". Cambridge Dictionary.

158. LEXICO, *supra* note 110.

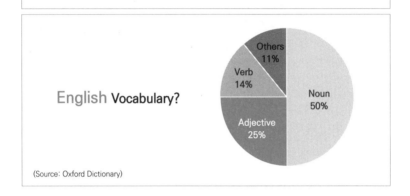

형용사 形容詞
Adjective
adjectivum　　"that is added to"

English **Vocabulary?**

Others 11%
Verb 14%
Noun 50%
Adjective 25%

(Source: Oxford Dictionary)

야 한다. 형용사의 기능은 다음 2가지로 분류할 수 있다.

첫째, 명사에 대해 의미를 더해 주는 기능이다.[159] 그 결과 명사구가 만들어진다. 예컨대, 형용사 'Interesting'을 명사 'Book' 앞에 넣으면, '흥미로운'이라는 의미를 '책'이라는 의미를 가진 명사에 더해 준다. 그 결과 'interesting book'이라는 명사구가 만들어진다.[160] 만약 형용사 'Boring'을 넣으면, '지루한'이라는 의미를 더해 준다. 그 결과 'boring book'이라는 명사구가 만들어진다. 한

---

159. 문법 책에서는 흔히 '형용사의 한정적 용법'이라고 표현한다. 형용사가 명사에 대해 의미를 더해 주는 것을 'Modify' 즉, '수식한다'라고 표현한다.

160. 물론 관사를 붙여 'an interesting book' 혹은 'the interesting book'이라고 해야 좀더 정확한 명사구가 완성된다. 다만, 관사에 대한 설명은 뒤에서 하겠다. 자세한 내용은 "3.5. 문장의 완성 '관사·일치'" 참고.

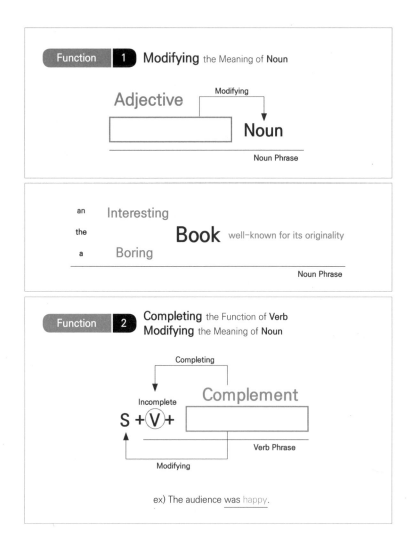

편, 단어와 단어를 모아 형용사구[161]를 만들고, 이것을 형용사처럼

쓸 수도 있다. 예컨대, 'well-known for its originality'라는 형용

---

161. '형용사구'는 'Adjective Phrase'를 번역한 표현이다.

사구를 명사 'Book' 뒤에 넣으면, '(그것의) 창의성으로 잘 알려진'이라는 의미를 '책'에 더해 준다. 그 결과 'book well-known for its originality'라는 명사구가 된다.[162]

둘째, 명사에 대해 의미를 더해 주고 동시에 불완전동사를 완전하게 만들어 주는 기능이다.[163] 이 결과 동사구가 만들어진다.[164] 예컨대, 'The audience was.'라는 문장은 불완전하다. 왜냐하면 동사 'Be'는 반드시 보어가 필요하기 때문이다. 따라서 보어를 포함하여 'The audience was happy.'[165]라고 수정하면 불완전함이 해결된다. 이때 형용사 'Happy'는 불완전동사를 완전하게 만들어 주는 기능 즉, 보어의 역할을 한다. 동시에 형용사 'Happy'는 주어로 사용된 명사 'Audience'에 대해 '행복한'이라는 의미를 더해 준다. 만약, 'Happy' 대신 형용사 'Angry'를 넣으면 어떻게 될까? 'Happy'와 마찬가지로 형용사 'Angry'가 보어의 기능을 담당하여 완전한 문장이 된다. 다만, 그 의미가 달라질 뿐이다.

구 정복의 출발 두 번째는 부사이다. '버금'을 뜻하는 한자어 '副'와 '말씀'을 뜻하는 한자어 '詞'를 한국어로 표기한 '부사'의 사전적 의미는 "용언 또는 다른 말 앞에 놓여 그 뜻을 분명하게 하는

---

162. 형용사구의 경우 명사 뒤에 위치하는 경우가 많다.

163. 문법 책에서는 흔히 '형용사의 서술적 용법'이라고 표현한다.

164. '동사구'는 'Verb Phrase'를 번역한 표현이다. 문장 성분이라는 측면에서 동사구 대신 'Predicate' 즉, '서술' 혹은 '서술부'라고 표현할 수도 있다.

165. '청중은 행복했습니다.'

부사
Adverb
副詞

adverbium　　　　"add to verb"

품사"이다.[166] 한자어를 보아도 사전적 의미를 보아도 그 뜻이 전
혀 전달되지 않는다.[167] 한편, '동사에 대해 더해 주다'를 뜻하는 라
틴어 '*adverbium*'에서 유래한 영어 'Adverb'는 '동사, 형용사, 부
사 혹은 구에 대한 더 많은 정보를 주거나 묘사하는 단어'를 의미한
다.[168] 영어 'Adverb'라는 용어 자체가 '더해 주다'를 뜻하는 'Add'
와 '동사'를 뜻하는 'Verb'의 합성어이다. 부사 또한 각각의 단어가
가지고 있는 고유한 의미와 문법적 기능을 함께 공부해야 한다. 부
사의 기능은 다음 4가지로 분류할 수 있다.

　　첫째, 동사에 대해 의미를 더해 주는 기능이다. 이것이 영어
'Adverb'의 말뜻이자 부사 본연의 기능이다. 그 결과 동사구가 만
들어진다. 예컨대, 부사 'Passionately'를 동사 'Participate' 뒤
에 넣으면, '열정적으로'라는 의미를 동사에 더해 준다. 사실 'The

---

166. 국립국어원 표준국어대사전.

167. 한국 사람들의 영어 공부를 방해하는 대표적인 요소가 이와 같은 엉터리 용어이다. 전혀 뜻이 통하지 않는 한자어의 번역체 용어가 특히 문제이다.

168. The term 'Adverb' refers to "a word that describes or gives more information about a verb, adjective, adverb, or phrase". Cambridge Dictionary.

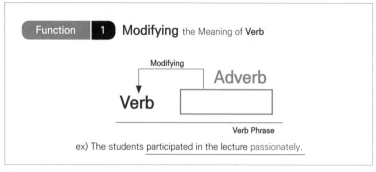

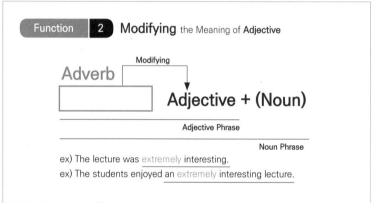

students participated in the lecture.'[169]라는 문장은 이미 완전하다. 따라서 부사 'Passionately'는 오직 '열정적으로'라는 의미를 더할 뿐이다. 즉, 부사는 다른 단어 혹은 문장의 문법적 기능에는 아무런 영향을 미치지 않고 오직 의미만을 새롭게 추가한다. 그 결과 'participated in the lecture passionately'라는 동사구가 만들어진다. 만약 'Passionately' 대신 'Reluctantly'를 넣으면, '마지

---

169. '학생들은 강연에 참여했습니다.'

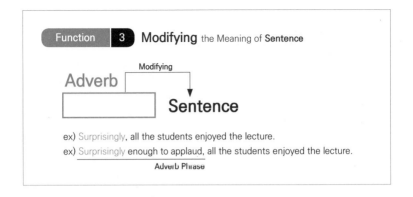

Adverb

Modifying

Sentence

ex) Surprisingly, all the students enjoyed the lecture.
ex) Surprisingly enough to applaud, all the students enjoyed the lecture.

Adverb Phrase

못해서'라는 새로운 의미만 더해진다.

둘째, 형용사에 대해 의미를 더해 주는 기능이다. 그 결과 형용사구, 명사구 혹은 동사구가 만들어진다. 예컨대, 'The lecture was interesting.'[170]은 이미 완전한 문장이다. 만약 부사 'Extremely'를 형용사 'Interesting' 앞에 넣으면, '매우, 극히'라는 의미를 형용사에 더해 준다. 그 결과 'extremely interesting'이라는 형용사구가 되고, 이것이 동사와 합쳐져 'was extremely interesting'이라는 동사구가 된다. 한편, 'an interesting lecture'는 이미 완전한 명사구이다. 만약 부사 'Extremely'를 형용사 앞에 넣으면 '매우, 극히'라는 의미가 더해진 'an extremely interesting lecture'라는 명사구가 된다. 물론 동사와 합쳐지면 'enjoyed an extremely interesting lecture'라는 동사구가 된다.

셋째, 문장 전체에 대해 의미를 더해 주는 기능이다. 예컨대,

---

170. '그 강연은 흥미로웠습니다.'

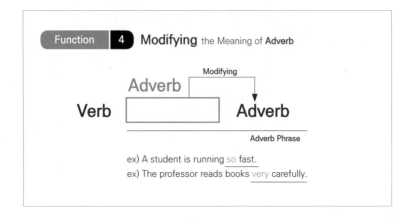

Function **4** **Modifying** the Meaning of **Adverb**

Modifying

Adverb

Verb   Adverb

Adverb Phrase

ex) A student is running so fast.
ex) The professor reads books very carefully.

'All the students enjoyed the lecture.'[171]는 이미 완전한 문장이다. 만약 부사 'Surprisingly'를 문장의 앞 혹은 뒤에 넣으면, '놀랍게도'라는 의미를 문장 전체에 더해 준다.[172] 즉, 모든 학생들이 그 강연을 즐겼다는 것이 아주 놀랍다는 의미가 된다. 한편, 단어 2개 이상을 모아서 부사구[173]를 만들고, 이것을 활용해서 문장 전체에 대해 의미를 더해 주는 경우도 있다. 예컨대, 단어 2개 이상을 모아 'Surprisingly enough to applaud'라는 구를 만들었다. 그리고 이것을 'All the students enjoyed the lecture.'라는 문장의 앞 혹은 뒤에 넣으면, '박수를 치기에 충분할 정도로 놀랍게도'라는 의미를 문장에 더해 주는 부사구가 된다.

넷째, 부사에 대해 의미를 더해 주는 기능이다. 그 결과 부사

---

171. '모든 학생들은 그 강연을 즐겼습니다.'

172. 문법 책에서는 흔히 'Sentence Adverb' 즉, 문장부사라는 표현을 쓴다.

173. '부사구'는 'Adverb Phrase'를 번역한 표현이다.

구 혹은 동사구가 만들어진다. 예컨대, 'A student is running.'[174]은 이미 완전한 문장이다. 부사 'Fast'를 동사구 'is running' 뒤에 넣어서, '빠르게'라는 의미를 동사에 더해 준다. 'A student is running fast.'[175]도 완전한 문장이다. 그런데 또 다른 부사 'So'를 부사 'Fast' 앞에 넣어 '매우'라는 의미를 '빠르게'라는 것에 더해 준다. 그 결과 'so fast'라는 부사구가 만들어진다. 이 부사구가 동사구 'is running'과 합쳐지면 더 큰 동사구 'is running so fast'가 만들어진다. 마찬가지로 부사 'Very'를 부사 'Carefully' 앞에 넣어서, '매우'라는 의미를 '조심스럽게'라는 것에 더해 준다. 그 결과 부사구와 동사구가 만들어진다.

---

174. '한 학생이 달리고 있습니다.'

175. '한 학생이 빠르게 달리고 있습니다.'

의사소통을 위해
문장을 올바르게 조합한다는
측면에서는 단어의 의미보다
오히려 그 기능이 훨씬 더 중요하다.

3.4. 구 정복의 핵심 '부정사·분사·동명사'

　　구 정복의 핵심은 부정사·분사·동명사를 정확하게 이해하고 적절하게 활용하는 것이다. 과연 이들 3가지의 공통점은 무엇일까? 정답은 3가지 모두 동사에서 파생되어 만들어진 구라는 것이다. 앞서 동사의 중요성을 '단어 정복의 핵심'이자 '문장 구성의 척추'라는 말로 표현했다. 특히, 각각의 단어가 가지는 고유한 '의미'를 암기하고 문법적 '기능'을 이해하는 것이 동사 공부의 본질이라고 표현했다. 따라서 앞에서는 기능에 초점을 두어 동사를 설명했다.[176] 이에 반해, 부정사·분사·동명사는 원래 동사가 가지고 있는 고유한 의미는 그대로 유지한 채, 원래 동사가 가지고 있던 문법적 기능을 변경하여 다른 단어들과 함께 새로운 구 즉, 명사구·형용사구·부사구를 구성하는 것이다.

---

176. 자세한 내용은 "3.2. 단어 정복의 핵심 '동사'" 참고.

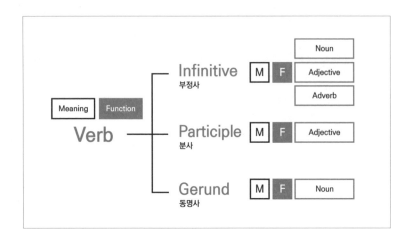

구 정복의 핵심 첫 번째는 부정사이다. '아니다'를 뜻하는 한 자어 '不', '정하다'를 뜻하는 한자어 '定', 그리고 '말씀'을 뜻하는 한자어 '詞'를 한국어로 표기한 '부정사'의 사전적 의미는 "영어 따 위에서, 인칭·수·시제에 대하여 제약을 받지 아니하는 동사형"이 다.[177] 한편, 영어 'Infinitive'는 '일반적으로 To 다음에 오는 동사 의 원형'을 의미한다.[178] 즉, 인칭·수·시제 등에 의해 변형되지 않 은 동사의 원형을 부정사라고 한다. 예컨대, participates 혹은 participated로 변형되기 이전의 원형인 'Participate'가 부정사 이다. 일반적으로 'To'와 함께 사용되기에 'To 부정사'라고 부르기 도 한다. 동사에서 변경된 부정사의 문법적 기능은 다음 3가지로

---

177. 국립국어원 표준국어대사전.

178. The term 'Infinitive' refers to "the basic form of a verb that usually follows "to"". Cambridge Dictionary.

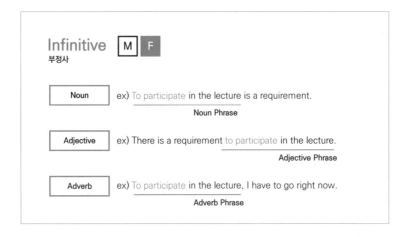

Infinitive M F
부정사

| Noun | ex) To participate in the lecture is a requirement. |
| | Noun Phrase |

| Adjective | ex) There is a requirement to participate in the lecture. |
| | Adjective Phrase |

| Adverb | ex) To participate in the lecture, I have to go right now. |
| | Adverb Phrase |

분류된다.

첫째, 명사구로 사용되는 부정사이다. 예컨대, 'A student participates in the lecture.'[179]라는 문장이 있다. 동사 'Participate' 은 3인칭 현재를 표현하기 위해 'participates'로 변형되었다. 만약 '강연에 참여하는 것이 필수요건이다.'라는 의미를 의사전달하고 싶으면 어떻게 해야 할까? '참여하다'라는 동사의 의미는 그대로 살리면서, 이것의 문법적 기능을 명사구로 변경해야만 새로운 문장의 주어로 사용할 수 있다. 따라서 'To'와 'Participate' 을 합쳐서 'To participate'이라는 부정사를 만들고, 이것을 'To participate in the lecture'라는 명사구로 확대한다. 결국 이 명사구를 주어로 사용하여 'To participate in the lecture is a

---

179. '학생이 강연에 참여합니다.'

requirement.'[180]라는 새로운 문장을 만든다.

둘째, 형용사구로 사용되는 부정사이다. 예컨대, 'There is a requirement.'[181]라는 이미 완전한 문장이 있다. 만약 명사 'Requirement' 즉, 필수요건의 구체적인 내용이 '강연에 참여하는 것'임을 표현하고 싶으면 어떻게 해야 할까? '참여하다'라는 동사의 의미는 그대로 살리면서, 이것의 문법적 기능을 형용사구로 변경해야만 명사 'Requirement'의 내용을 좀더 구체적으로 묘사해 줄 수 있다. 따라서 'To'와 'Participate'을 합쳐서 'to participate'이라는 부정사를 만들고, 이것을 'to participate in the lecture'라는 형용사구로 확대한다. 결국 이 형용사구를 사용하여 'There is a requirement to participate in the lecture.'[182]라는 새로운 문장을 만든다.

셋째, 부사구로 사용되는 부정사이다. 예컨대, 'I have to go right now.'[183]는 이미 완전한 문장이다. 만약 이 문장 전체에 대해 '강연에 참여하기 위해서'라는 의미를 더해 주고 싶으면 어떻게 해야 할까? 물론 문장 혹은 절을 사용할 수도 있다.[184] 다만, 구의 형식

---

180. '강연에 참여하는 것은 필수요건입니다.'

181. '(하나의) 필수요건이 있습니다.'

182. '강연에 참여해야 한다는 필수요건이 있습니다.'

183. '나는 지금 당장 가야합니다.'

184. 문장을 사용하여 'I have to participate in the lecture. So, I have to go right now.'라고 표현할 수도 있다. 한편, 절(Clause)을 사용하여 'I have to go right now, because I have to participate in the lecture.'라고 표현할 수도 있다.

으로 표현하기 위해서는 '참여하다'라는 동사의 의미는 그대로 살리면서, 이것의 문법적 기능을 부사구로 변경해야만 문장 전체에 대해 그러한 의미를 더해 줄 수 있다. 따라서 'To'와 'Participate'을 합쳐서 'To participate'이라는 부정사를 만들고, 이것을 'to participate in the lecture'라는 부사구로 확대한다. 결국 이 부사구를 사용하여 'To participate in the lecture, I have to go right now.'[185]라는 새로운 문장을 만든다.

구 정복의 핵심 두 번째는 분사이다. '나누다'를 뜻하는 한자어 '分'과 '말씀'을 뜻하는 한자어 '詞'를 한국어로 표기한 '분사'의 사전적 의미는 "형용사의 기능을 가지는 동사의 부정형"이다.[186] 아쉽게도 한자어와 한국어 표기 모두 그 뜻을 전달하지 못한다. 한편, '공유하다, 참여하다'를 뜻하는 라틴어 'participium'에서 유래한 영어 'Participle'은 '일반적으로 "ed" 혹은 "ing"로 끝나며 형용사로 사용되는 동사의 한 형태'를 의미한다.[187] 즉, 동사의 의미와 형용사의 기능을 공유한다는 것이 영어 'Participle'의 본래 의미이다.[188] 다만, 분사가 하나의 단어로만 사용될 때, 그것이 원래부터

---

185. '강연에 참여하기 위해, 나는 지금 당장 가야합니다.'

186. 국립국어원 표준국어대사전.

187. The term 'Participle' refers to "the form of a verb that usually ends in "ed" or "ing" and is used as an adjective". Cambridge Dictionary.

188. 이러한 의미를 살려 번역한다면 '나누다'를 뜻하는 '分'이 아니라 '공유하다'를 뜻하는 '共' 혹은 '참여하다'를 뜻하는 '參'을 활용하여, '분사' 대신 '공사' 혹은 '참사'가 더 적절한 용어일지도 모른다. 다만 분명한 것은 이 모든 한자어의 번역체 용어가 오히려 한국 사람들의 영어 공부를 방해할 뿐이라는 것이다. 그냥 'Participle'은 'Participle'일 뿐이다!

Participle M F
분사

Adjective   ex) English is an exciting subject.
                                    Noun Phrase

             ex) I am excited to learn English.
                           Adjective Phrase

             ex) Participating in the lecture, I learned English a lot.
                                Adverb Phrase

             ex) Taught about English, I am so happy.
                           Adverb Phrase

형용사인지 혹은 동사가 그 기능이 변경되어 분사가 된 것인지 여부를 구별하는 것은 의사소통 측면에서 무의미하다.[189]

분사에서 주의할 점은 '능동태'와 '수동태'[190]의 구분이다. 분사의 꾸밈을 받는 '명사'와 분사의 원형인 '동사'의 관계를 검토하여 구분한다. 예컨대, 명사 'Subject'에 대해 동사 'Excite'라는 의미를 더해 줄 때, 이 둘의 관계는 주체와 행동이기에 능동태로 표현한다. 즉, 'English is an exciting subject.'[191]가 된다. 명사구인 'an exciting subject'는 불완전동사 'Be'를 완전하게 해주는 보어

---

189. 예컨대, 분사 'Exciting'과 'Excited'의 어원을 살펴보면 동사 'Excite'에서 변경된 것이 분명하다. 하지만 현재 이 두 단어가 많은 사람들에 의해 그냥 형용사로 인식되고 있다. 특히 분사 한 단어만을 놓고 볼 때, 그것이 분사인지 형용사인지를 구별하는 것은 언어학적으로는 의미가 있을지 모르지만 의사소통이라는 측면에서는 아무런 의미가 없다.

190. '능동태'와 '수동태'는 각각 'Active Voice'와 'Passive Voice'를 번역한 표현이다. 동사의 주체를 주어로 사용하면 능동태이고, 동사의 객체 즉, 목적어를 주어로 사용하면 수동태이다. 예컨대, 'I love you.'는 능동태이고, 'You are loved by me.'는 수동태이다.

191. '영어는 흥미진진한 과목입니다.'

의 기능을 담당한다. 한편, 대명사[192] 'I'에 대해 동사 'Excite'라는 의미를 더해 줄 때, 이 둘의 관계는 객체와 행동이기에 수동태로 표현한다. 즉, 'I am excited to learn English.'[193]가 된다. 형용사구인 'excited to learn English'는 불완전동사 'Be'를 완전하게 해주는 보어의 기능을 담당한다.

분사를 확대해 문장 전체에 의미를 더해 주는 부사구[194]를 만들 수도 있다. 이때는 문장 전체의 '주어'와 분사의 원형인 '동사'의 관계를 검토하여 능동태와 수동태를 구분한다. 예컨대, 'I learned English a lot.'[195]은 완전한 문장이다. 문장 전체에 대해 동사 'Participate'이라는 의미를 더할 때, 문장의 주어 'I'와 동사 'Participate'의 관계는 주체와 행동이기에 능동태로 표현한다. 즉, 문장 앞에 부사구 'Participating in the lecture'를 넣으면 된다. 한편, 'I am so happy.'도 완전한 문장이다. 이 문장 전체에 대해 동사 'Teach'라는 의미를 더할 때, 문장의 주어 'I'와 동사 'Teach'의 관계는 객체와 행동이기에 수동태로 표현한다. 즉, 문장 앞에 부

---

192. '대명사'는 'Pronoun'을 번역한 표현이다. 즉, 명사를 대신해서 쓰는 단어가 대명사이다. 따라서 문법적 기능상 대명사는 명사와 동일하다.

193. '나는 영어를 배우게 되어서 흥분했습니다.'

194. 이러한 부사구를 'Participial Phrase' 즉, '분사구'라고 한다. 분사구를 포함한 문장을 'Participial Construction' 즉, '분사구문'이라고 한다.

195. '나는 영어를 많이 배웠습니다.'

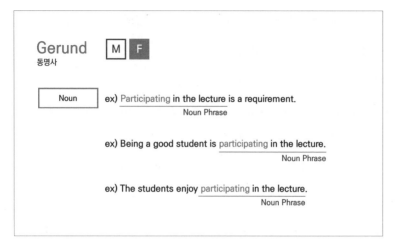

Gerund
동명사
[M] [F]

Noun   ex) Participating in the lecture is a requirement.
                            Noun Phrase

        ex) Being a good student is participating in the lecture.
                                              Noun Phrase

        ex) The students enjoy participating in the lecture.
                                   Noun Phrase

사구 'Taught about English'를 넣으면 된다.[196]

구 정복의 핵심 세 번째는 동명사이다. '움직이다'를 뜻하는 한자어 '動', '이름'을 뜻하는 한자어 '名', '말씀'을 뜻하는 한자어 '詞'를 한국어로 표기한 '동명사'의 사전적 의미는 "영어 따위에서 동사와 명사의 기능을 겸한 품사"이다.[197] 한편, '계속해서 이어지다'를 뜻하는 라틴어 'gerundus'에서 유래한 영어 'Gerund'는 '동사로부터 만들어졌고 명사처럼 사용되는 "ing"로 끝나는 단어'를

---

196. 원래 'Being taught about English'인데, 일반적으로 'Being'을 생략한다. 한편, 시제라는 측면에서 분사의 원형인 '동사'가 행해진 시점이 문장 전체 동사가 행해진 시점보다 더 과거일 경우 'Have + Past Participle'의 형식으로 표현한다. 예컨대, 'Having participated in the lecture, I learned English a lot.' 혹은 'Having been taught about English, I am so happy.'라고 표현한다.

197. 국립국어원 표준국어대사전. 동사의 의미와 명사의 기능이라는 측면에서 '동명사'라는 한자어의 번역과 한국어 표기는 나름 의미가 있다. 물론, 무엇이 의미이고 무엇이 기능인지에 대한 구분 없이 동사와 명사 두 단어를 합쳐 동명사라고 표현한 아쉬움은 여전히 남는다. 한편, 동사의 의미와 형용사의 기능이라는 측면에서 '분사'의 명칭을 '동형사'로 변경하는 것은 어떨까 상상해 본다. 물론 최선의 표현은 그냥 'Participle'이다.

의미한다.[198] 즉, 동사의 의미가 명사의 기능에까지 계속해서 이어진다는 것이 영어 'Gerund' 본래의 뜻이다. 표면적으로 드러나는 동명사의 형태는 동사의 원형에 "ing"를 붙인 것이다. 예컨대, 동사 'Participate'을 동명사 'Participating'으로 표현한다. 이것은 능동태를 표현하는 분사와 표면적 형태가 동일하다.

　　다만, 형용사의 기능을 하는 분사와 달리, 동명사는 명사의 기능을 한다. 따라서 동명사 혹은 동명사구는 문장에서 주어, 보어, 목적어의 역할을 담당한다. 예컨대, 동명사 'Participating'과 'in the lecture'가 합쳐지면 동명사구[199] 'Participating in the lecture'가 된다. 명사의 기능을 하는 동명사구가 'Participating in the lecture is a requirement.'[200]라는 문장에서는 주어가 된다. 동일한 동명사구가 'Being a good student is participating in the lecture.'[201]라는 문장에서는 불완전동사 'Be'를 완전하게 해주는 보어가 된다. 동일한 동명사구가 'The students enjoy participating in the lecture.'[202]라는 문장에서는 목적어가 필요한 동사 'Enjoy'의 목적어가 된다.

---

198. The term 'Gerund' refers to "a word ending in "ing" that is made from a verb and used like a noun". Cambridge Dictionary.

199. '동명사구'는 'Gerund Phrase'를 번역한 표현이다.

200. '강연에 참여하는 것은 필수요건입니다.'

201. '좋은 학생이 된다는 것은 강연에 참여하는 것입니다.'

202. '학생들은 강연에 참여하는 것을 즐겼습니다.'

영어를 외국어로 학습하는
사람들뿐만 아니라
모국어로 습득하는 사람들의 경우에도
문장의 완성을 위해서는
관사와 일치에 대한 정확한
이해가 필요하다.

3.5. 문장의 완성 '관사·일치'

똑똑영어의 일차적 목표는 단어와 구를 넘어 문장 차원에서 영어로 듣기, 읽기, 말하기, 글쓰기 형식의 의사소통을 자유롭게 할 수 있는 것이다. 이러한 목표를 달성하기 위해, 우선 언어습득 측면에서 영어에 노출되는 절대량부터 늘려야 한다. 또한 언어학습 측면에서 명사와 동사를 중심으로 각 단어가 가지고 있는 고유한 의미를 암기하고 문법적 기능을 이해해야 한다. 이에 더해, 형용사·부사 그리고 부정사·분사·동명사에 대한 이해를 바탕으로 구를 만들어 다양하게 활용해야 한다. 이제 문장 차원의 의사소통을 위해 마지막 남은 것이 관사와 일치이다. 영어를 외국어로 학습하는 사람들뿐만 아니라 모국어로 습득하는 사람들의 경우에도 문장의 완성을 위해서는 관사와 일치에 대한 정확한 이해가 필요하다.

문장의 완성 첫 번째는 관사이다. '갓'을 뜻하는 한자어 '冠'과 '말씀'을 뜻하는 한자어 '詞'를 한국어로 표기한 '관사'의 사전적 의

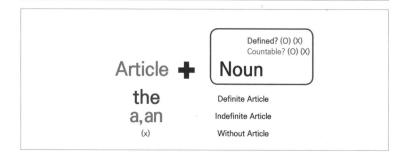

미는 "명사 앞에 놓여 단수, 복수, 성, 격 따위를 나타내는 품사"이다.[203] 한편, '연결하다'를 뜻하는 라틴어 'artus'에서 유래한 영어 'Article'은 "'a", "an", "the' 같은 영어 단어'를 의미한다.[204] 즉, 명사에 연결해서 사용하는 것이 영어 'Article' 본래의 뜻이다.[205] 한국어에는 관사가 없다. 그래서 한국 사람들에게 관사는 쉬운 듯하지만 막상 공부를 하려면 매우 어려운 주제이다. 그렇다면 왜 한국어에는 관사가 없을까? 왜냐하면 영어 'Noun'에 비해 한국어 '명

---

203. 국립국어원 표준국어대사전.

204. The term 'Article' refers to "any of the English words "a", "an", and "the"". Cambridge Dictionary.

205. 한자어 '冠詞'라는 번역 그리고 한국어 '관사'라는 표기를 긍정적으로 해석하면 다음과 같다. 옛날 사람들은 '의관'(衣冠)이라고 해서 반드시 옷과 갓을 함께 착용했다. 즉, 머리에 갓을 쓰지 않고 외출하는 것은 마치 벌거벗고 다니는 것과 같았다. 이를 비유적으로 표현하여, 머리에 해당할 만큼 중요한 '명사'에 반드시 씌워야 하는 갓과 같은 단어가 바로 '관사'라는 것이다.

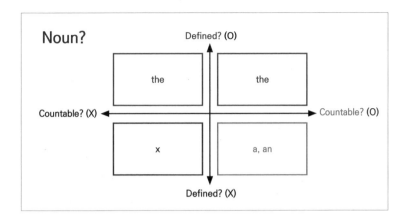

사'는 그 문법적 기능이 덜 분화되고 덜 발전했기 때문이다.[206] 결국 관사에 대한 이해는 명사에서 출발한다.

따라서 관사를 올바르게 활용하려면 관사 뒤에 있는 명사에 대해 다음 2가지 질문을 던져야 한다. 첫째, '한정된 명사인가?' 즉, 명사의 의미가 특별하게 정해졌는지 여부에 관한 질문이다. 만약 이 질문에 대한 답변이 'Yes'라면 명사 앞에 '정관사'를 사용한다.[207] 그러나 만약 이 질문에 대한 대답이 'No'라면 두 번째 질문으로 넘어간다. 둘째, '셀 수 있는 명사인가?' 즉, 명사의 문법적 기능의 핵심인 '셀 수 있는지 여부'에 관한 질문이다. 이 질문에 대한 대답이 'Yes'라면 부정관사를 사용한다.[208] 명사의 발음이 자음 혹은

---

206. 자세한 내용은 "3.1. 단어 정복의 출발 '명사'" 참고.

207. '정관사'는 'Definite Article'을 번역한 표현이다. 명사가 한정되면 즉, 명사의 의미가 특별하게 정해지면 정관사 'the'를 사용한다.

208. '부정관사'는 'Indefinite Article'을 번역한 표현이다. 명사가 한정되지 않으면 즉, 명사의 의미가 특별하게 정해지지 않으면 부정관사 'a' 혹은 'an'을 사용한다.

모음으로 시작되는지 여부에 따라 'a' 혹은 'an'을 사용한다. 복수형의 명사를 쓸 경우에는 부정관사를 생략한다. 만약 대답이 'No'라면 아예 관사를 사용하지 않는다.

예컨대, 명사 'Argument'는 'of Milton Friedman'이라는 형용사구에 의해 그 의미가 한정되었다. 즉, 애덤 스미스도 아니고 케인스도 아니고 오직 밀턴 프리드먼이 했던 바로 그 주장을 의미한다. 따라서 정관사 'the'를 붙인다. 한편, 명사 'Help'는 한정되지 않았다. 그러나 이것은 '구체적으로 어떤 도움이 되는 행동'을 의미하기에 셀 수 있는 명사이다. 따라서 부정관사 'a'를 붙인다. 만약 'excitement'와 같이 모음으로 시작하는 명사라면 'an'을 붙인다. 만약 복수의 명사 'Helps'를 쓴다면 부정관사는 생략된다. 명사 'Responsibility'의 경우 한정되지도 않고 셀 수도 없기에 아예 관

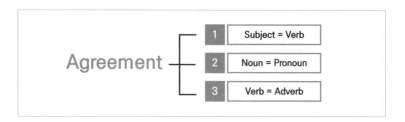

사를 붙이지 않는다. 다만, 'responsibilities'는 셀 수 있는 명사[209]로서 그 의미가 '책임지는 구체적인 행동'이다.[210]

문장의 완성 두 번째는 일치이다. '하나'를 뜻하는 '一'과 '이르다'를 뜻하는 '致'를 한국어로 표기한 '일치'의 사전적 의미는 "비교되는 대상들이 서로 어긋나지 아니하고 같거나 들어맞음"이다.[211] 한편, '기쁘게 하다'를 뜻하는 고대 프랑스어 'agreer'에서 유래한 영어 'Agreement'는 '두 개 단어가 서로 같은 문법적 형태를 가지고 있는 상태'를 의미한다.[212] 일치는 명사, 동사와 같이 특정 단어의 분류를 지칭하는 것이 아니다. 일치란 문장 차원의 의사소통에 있어 특정 단어가 가지고 있는 문법적 기능과 다른 단어가 가지고 있는 문법적 기능 간에 충돌의 문제가 발생하지 않은 상태를 지칭하는 표현이다.[213] 한국어에 비해 영어는 일치의 개념이 매우 엄격하게 적용되기에, 다음 3가지 질문을 던져야 한다.

첫째, '주어와 동사가 일치하는가?' 예컨대, 의미라는 측면에서 'It is corporations that creates quality job opportunities.'

---

209. 명사의 경우 '셀 수 있는지 여부'라는 문법적 기능이 변함에 따라 그 의미도 달라진다. 자세한 내용은 "3.1. 단어 정복의 출발 '명사'" 참고.

210. '책임이라는 측면에서, 밀턴 프리드먼의 주장은 사회적 책임을 회피하려는 재벌의 시도를 제어하는 데 도움이 된다.'

211. 국립국어원 표준국어대사전.

212. The term 'Agreement' refers to "the situation in which two words have the same grammatical form". Cambridge Dictionary.

213. 한편, 문법적 기능이 아닌 '의미' 혹은 '생각'이라는 측면에서 충돌의 문제가 발생하지 않는 것을 'Consistency' 즉, '일관성'이라고 표현한다.

Agreement　1　| Subject = Verb |

ex) It is corporations that creates quality job opportunities.　(X)

It is corporations that create quality job opportunities.　(O)

Agreement　2　| Noun = Pronoun |

ex) The corporate executive is also a person in their own right.　(X)

The corporate executive is also a person in his own right.　(O)

Agreement　3　| Verb = Adverb |

ex) For the past 40 years, Milton Friedman was regarded

as the father of neo-liberalism.　(X)

For the past 40 years, Milton Friedman has been regarded

as the father of neo-liberalism.　(O)

라는 문장은 의사소통에 큰 문제가 없다. 다만, 문법적 기능의 측면에서는 불일치의 문제가 있다. 문장 전체의 주어 'It'과 동사 'is'는 일치한다. 즉, 둘 다 3인칭 단수라는 문법적 기능의 형태를 잘 표현하고 있다. 그러나 문장 안에 'creates'라는 동사가 하나 더 있는데, 이 동사의 주체는 대명사 'It'이 아니라 명사 'corporations'이다. 따라서 복수 형태의 명사 'corporations'와 3인칭 단수 형태의 동사 'creates' 간에는 문법적 기능상 불일치의 문제가 발생한다. 결국, 동사 'creates' 대신 복수를 표현하는 'create'로 수정해야만 문

법적으로 보다 완전한 문장이 된다.[214]

둘째, '명사와 대명사가 일치하는가?' 예컨대, 의미라는 측면에서 'The corporate executive is also a person in their own right.'라는 문장은 의사소통에 큰 문제가 없다. 그러나 문법적 기능의 측면에서는 불일치의 문제가 있다. 문장 전체의 주어 역할을 하는 명사구 'The corporate executive'가 3인칭 단수 형태의 문법적 기능을 표현하고 있음에 반해, 이러한 명사구를 대신해서 사용된 소유격 대명사 'their'는 3인칭 복수 형태의 문법적 기능을 표현한다. 따라서 명사와 대명사 간의 문법적 기능이 서로 충돌한다. 결국, 대명사 'their' 대신 3인칭 단수라는 문법적 기능을 표현하는 'his'[215]로 수정해야만, 한 문장에 사용된 명사와 대명사가 일치하는 보다 완전한 문장이 된다.[216]

셋째, '동사와 부사가 일치하는가?' 예컨대, 의미라는 측면에서 'For the past 40 years, Milton Friedman was regarded as the father of neo-liberalism.'이라는 문장은 의사소통에 큰 문제가 없다. 다만, 시제라는 문법적 기능의 측면에서 동사와 부사 간에

---

214. '양질의 일자리를 만드는 것은 바로 기업들이다.'

215. 남성과 여성 혹은 중성이라는 '성'의 차원에서도 명사와 대명사는 일치해야 한다. 다만, 사람을 나타내는 단수 명사의 성을 표현할 때 그것이 남성인지 여성인지 분명하지 않으면 과거에는 주로 남성 대명사 'He'를 사용했다. 최근에는 소위 'Politically Correct Term' 즉, '정치적으로 올바른 용어'라는 측면에서 대명사 'He'와 'She'를 함께 표기하는 경우가 많다. 한편, 이러한 논란을 회피하기 위해 아예 단수 명사 대신 복수 명사와 그것을 지칭하는 복수 대명사 'They'만을 의도적으로 사용하는 경우도 있다.

216. '자신의 권리라는 측면에서 기업의 최고경영자 또한 한 명의 사람이다.'

큰 충돌이 벌어졌다.[217] 부사구 'For the past 40 years'는 과거 특정 시점에서 현재 시점까지의 지속 즉, 현재완료 시제라는 문법적 기능을 표현한다. 이에 반해, 동사 'was'는 현재 이전의 특정한 지점 즉, 과거 시제를 표현한다. 따라서 동사 'was' 대신 현재완료 시제를 표현하는 'has been'으로 수정해야만, 한 문장에 사용된 시간을 나타내는 부사와 동사 간에 시제라는 문법적 기능이 일치하는 보다 완전한 문장이 된다.[218]

---

217. 시제 관련 자세한 내용은 "3.2. 단어 정복의 핵심 '동사'" 참고.
218. '지난 40년 동안 밀턴 프리드먼은 신자유주의의 아버지로 간주되었다.'

4

— 제4장 —

본질적 실천

4.1. 주관적 '의견'과 객관적 '사실'

똑똑영어의 본질적 실천은 문장을 넘어 문단과 단락 차원에서 듣기, 읽기, 말하기, 글쓰기 형식의 의사소통을 영어로 할 수 있는 것을 목적으로 한다. 문단이란 형식적 측면에서 '두 개 이상의 문장의 조합'이고, 본질적 측면에서 '하나의 생각'을 전달하는 것이다. 단락이란 형식적 측면에서 '두 개 이상의 문단의 조합'이고, 본질적 측면에서 '하나의 생각'을 전달하는 것이다. 문단과 단락을 조합하는 원칙이 바로 논리이다. 심지어 영어를 모국어로 습득한 사람들조차 반드시 인위적인 학습의 과정을 통해서만 문단과 단락 차원의 의사소통이 가능하다. 이 학습의 대상이 바로 연관성 평가, 논증성 평가, 균형성 평가이다. 다만, 학습의 전제조건으로 주관적 '의견'과 객관적 '사실'에 대한 다음 3가지 작업이 필요하다.

첫째, 주관적 '의견'과 객관적 '사실'을 철저하게 분별하라. 의견이란 "어떤 대상 혹은 현상에 대한 자기 나름의 판단"을 일컫는

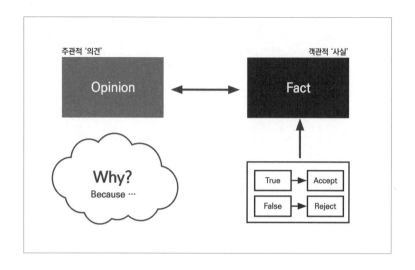

다.[219] 의견은 그저 자신만의 생각일 뿐 다른 사람들이 자신의 의견에 동의할지 여부는 아직 모른다. 따라서 서로 다른 사람들 간에는 의견의 충돌 즉, 논쟁이 벌어지기도 한다. 이에 반해, 사실이란 "실제 있는 혹은 있었던 일"[220] 혹은 "객관적 현실에 부합하고 증거에 의해 참으로 증명될 수 있는 어떤 것"[221]이다. 예컨대, '대한민국은 미국과 자유무역협정FTA을 체결했다.'라는 문장은 이미 벌어졌던 객관적 '사실'을 전달하는 진술이다. 이에 반해, '한미자유무역협정 KORUS FTA은 대한민국 경제에 긍정적인 효과를 미쳤다.'라는 문장은

219. 국립국어원 표준국어대사전. 한편, 영어 'Opinion'은 '무엇 혹은 누군가에 대한 생각 혹은 믿음'(a thought or belief about something or someone)을 의미한다. Cambridge Dictionary.

220. 국립국어원 표준국어대사전. 한편, 영어 'Fact'는 '이미 벌어진 것으로 알려진 혹은 현재 존재하는 그 무엇, 특히 증거가 있거나 혹은 관련 정보가 있는 그 무엇'(something that is known to have happened or to exist, especially something for which proof exists, or about which there is information)을 의미한다. Cambridge Dictionary.

221. "Fact", Wikipedia, accessed January 2024.

주관적 '의견'을 전달하는 진술이다.

둘째, 주관적 '의견'에 대해서는 반드시 '왜?'라는 질문을 던져라. 예컨대, '한미자유무역협정은 대한민국 경제에 긍정적인 효과를 미쳤다.'라는 의견을 듣거나 읽게 되면 반드시 '왜?'라는 질문을 던져야 한다. '왜?'라는 질문에 대한 대답에 따라 이러한 의견의 수용 여부가 결정된다. 만약, 이 의견을 쓰거나 말하는 사람이 '왜냐하면 한미자유무역협정으로 인해 2018년 한국과 미국 간의 교역량이 1,316억불로 전년대비 10.3%나 증가했기 때문이다.'[222]라고 말한다면, 이러한 사실에 근거하여 위 의견을 수용할 수도 있다.[223] 반대로, 자신의 주관적 '의견'을 말 혹은 글의 형식으로 다른 사람에게 전달할 경우 반드시 '왜냐하면'이라는 이유를 담은 객관적 '사실'을 미리 준비해야 한다.

셋째, 객관적 '사실'에 대해서는 반드시 그 진위 여부를 확인하라. 요즘 유행하는 말로 표현하면, 소위 '팩트체크'를 철저하게 해서 '가짜뉴스'를 가려내라는 것이다. 진위 여부의 확인 결과 객관적 '사실'에 관한 진술이 '참'일 경우 수용하고 '거짓'일 경우 거부하면 된다. 예컨대, '2018년 한국과 미국 간의 교역량이 전년에 비

---

222. 2012년 3월 15일 한미자유무역협정이 발효된 이후 한국과 미국 간의 교역량 증감률은 2017년을 제외하고는 한국과 전세계 간의 교역량 증감률보다 항상 높았다. 2018년의 경우 한국과 미국 간의 교역량 증감률은 10.3% 그리고 한국과 전세계 간의 교역량 증감률은 8.4%였다. 산업통상자원부, "한미 FTA 발표 7년차 교역 동향" (March 13, 2019).

223. 논리학이라는 측면에서 보면, '교역량의 증가는 경제에 긍정적인 효과를 미친다.'라는 전제(Premise)가 포함되어야만 좀더 논리적으로 완벽해진다. 다만, 똑똑영어라는 이 책의 주제에 좀더 충실하기 위해 전제에 대한 보다 상세한 설명은 생략한다.

Socratic Method
Socratic Dialogue

Why?
Because …

해 8.4% 증가했다.'라는 객관적 '사실'에 관한 진술을 읽거나 듣게 되면 반드시 그 진위 여부를 확인해야 한다. 확인 결과 교역량 증가 률이 8.4%가 아니라 10.3%이기에[224] 이러한 거짓 진술은 거부해야 한다. 반대로, 자신만의 주관적 '의견'을 뒷받침하기 위해 객관적 '사실'을 담은 진술을 쓰거나 말하는 경우 반드시 그 진위 여부를 사전에 충분히 확인해야 한다.

요컨대, 주관적 '의견'과 객관적 '사실'을 분별하고, 전자에 대해서는 '왜?'라는 질문을 던지고 후자에 대해서는 그 진위 여부를 확인하는 것이 논리의 기초이자 비판적 사고의 핵심이다. 다만, '비판'과 '비난'을 결코 혼동하지 말아야 한다. "어떤 의견에 (일단 무조건) 반대"하는 비난과 달리, "시시비비를 판단"하는 비판은 어떤 의견이 왜 옳고 왜 그른지에 대해 생각하는 것이다.[225] 또한 이것이 끝없는 질문으로 자신의 무지함에 스스로 도달하도록 했던 고대 그

---

224. 산업통상자원부, *supra* note 222.

225. 국립국어원 표준국어대사전.

리스의 철학자 소크라테스의 '소크라테스식 문답법'의 핵심이기도
하다. 누군가의 의견을 의심하고 '왜?'라는 질문을 과감하게 던져
라! 데카르트가 말했듯이, '왜?'라는 의심이 생각과 존재의 시작이
기 때문이다.[226]

　　지금껏 설명한 것을 전제로 연관성 평가, 논증성 평가, 균형
성 평가에 대한 본격적인 공부를 이제 곧 시작하려 한다. 독자 여러
분의 이해를 돕기 위해 '논리적 글쓰기'라는 구체적 예시를 활용하
겠다. 예컨대, '아래 발췌문에 제시된 밀턴 프리드먼의 주장에 대
한 자신의 비판적 의견은 무엇인가?'라는 지시사항이 위와 같이 제
시되었다. 먼저 페이지 164의 발췌문[227]을 꼼꼼하게 읽은 후, 문장
을 넘어 문단과 단락 차원에서 영어 글쓰기를 통해 자신의 비판적
의견을 전달해야 한다. 똑똑영어의 궁극적 목표인 단락 차원의 글
쓰기 5단계 중 (1) 이해하기, (2) 브레인스토밍하기, (3) 개요짜기의

---

226. "*dubito, ergo cogito, ergo sum*" (I doubt. Therefore, I think. Therefore, I am.) 즉, '나는 의심한다. 그러므로
나는 생각한다. 그러므로 나는 존재한다." See Rene Descartes, *supra* note 93.

227. Milton Friedman, "The Social Responsibility of Business is to Increase Its Profits", *The New York Times* (September 13, 1970).

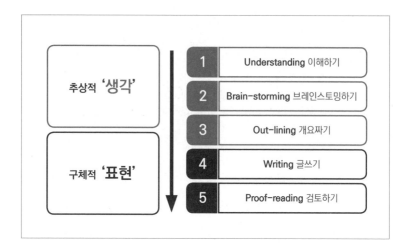

경우 반드시 추상적 '생각'으로 그리고 (4) 글쓰기와 (5) 검토하기는 반드시 구체적 '표현'으로 구별해서 작업해야 한다.[228]

 Excerpt

I hear businessmen speak eloquently about the "social responsibilities of business in a free-enterprise system," ... The businessmen believe that they are defending free enterprise when they declaim that business is not concerned "merely" with profit but also with promoting desirable "social" ends ... Businessmen who talk this way are unwitting puppets of the intellectual forces that have been undermining the basis of a free society these past decades.

---

228. 자세한 내용은 "2.4. 추상적 '생각'과 구체적 '표현'" 참고.

Only people have responsibilities. In a free-enterprise, private-property system, a corporate executive is an employee of the owners of the business. He has direct responsibility to his employers. That responsibility is to conduct the business in accordance with their desires, which generally will be to make as much money as possible while conforming to their basic rules of the society, both those embodied in law and those embodied in ethical custom.

Of course, the corporate executive is also a person in his own right. As a person, he may have many other responsibilities that he recognizes or assumes voluntarily—to his family, his conscience, his feelings of charity, his church, his clubs, his city, his country. He may feel impelled by these responsibilities to devote part of his income to causes he regards as worthy, to refuse to work for particular corporations, even to leave his job, for example, to join his country's armed forces. ... If these are "social responsibilities," they are the social responsibilities of individuals, not business.

📋 발췌문

나는 기업인들이 "자유기업 체제에서의 사회적 책임"에 대해 웅변적으로 말하는 것을 듣는다. …… "단지" 이윤뿐 아니라 바람직한 "사회적" 목표의 증진에도 기업이 관심을 가지고 있다고 열변을 토할 때, 그 기업인들은 자기자신이 자유기업을 수호하고 있다고 믿는다. …… 이런 식으로 말하는 기업인들은 지난 수십 년간 자유사회의 근간을 훼손해온 지식인들의 꼭두각시 노릇을 자기도 모르는 사이 하고 있는 것이다.

단지 사람만이 책임을 진다. 자유기업과 사유재산이 보장된 체제에서 기업 경영자는 기업 소유자의 피고용인이다. 경영자는 자신의 고용인들에 대한 직접적인 책임을 진다. 이 책임은 고용인들의 바람에 따라 기업을 운영하는 것이다. 일반적으로 그 바람은 법과 윤리적 관행에 구체적으로 나타난 사회의 기본규범을 준수하면서 가능한 많은 돈을 버는 것이다.

물론 기업 경영자는 자기자신의 권리로서 또한 한 사람의 인간이다. 한 사람의 인간으로서, 기업 경영자는 자발적으로 인정하거나 혹은 떠안은 또 다른 많은 책임―예컨대, 자신의 가족, 자신의 양심, 남을 돕겠다는 자신의 감정, 자신의 교회, 자신의 모임, 자신의 도시, 자신의 나라 등에 대한 책임―을 질 수도 있다. 예컨대, 이러한 책임으로 인해 자신이 가치있다고 생각하는 대의에 자신의 소득 중 일부를 바치거나, 특정 기업을 위해 일하는 것을 거부하거나, 심지어 자신의 직장을 떠나거나, 혹은 조국의 군대에 입대해야 한다고 느낄 수도 있다. …… 만약 이것들이 "사회적 책임"이라면, 이것은 개인의 사회적 책임이지 기업의 사회적 책임이 아니다.

4.2. 논리를 위한 '연관성 평가'

논리적 글쓰기의 1단계는 이해하기이다. 페이지 164의 발췌문은 1970년 9월 13일자 뉴욕타임즈에 기고된 시카고대학교 밀턴 프리드먼 교수의 글 중 일부이다. 1976년 노벨경제학상 수상자이자 신자유주의의 아버지로 평가받는 밀턴 프리드먼은 애덤 스미스의 자유주의 사상에 기반하여,[229] 당시 주류 경제학이었던 케인스주의가 유행시킨 소위 '기업의 사회적 책임'[230]이라는 개념에 대한 자신의 비판적 의견을 제시했다. 즉, 기업의 목표는 이윤의 확대이기에, 기업에 대해 사회적 가치를 추구하도록 강요하면 안 된다는 것이다. 영어가 불편한 독자들은 한국어 번역본을 참고하라. 구체적 '표현'이 아닌 추상적 '생각'을 활용하여 이슈 파악, 논지 결정, 그

---

229. 이상혁, *supra* note 49, pp. 179-184.

230. 이상혁, 『Dr. LEE의 용어로 풀어보는 글로벌 이슈 제2권』, 2nd Edition (서울: KP Publisher, 2014), pp. 62-70.

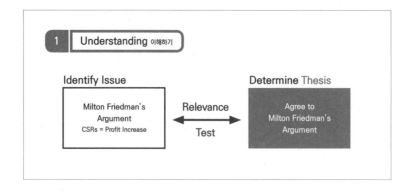

리고 연관성 평가라는 3가지 작업을 수행해야 한다.

첫째, 논쟁의 대상 즉, 이슈를 정확하게 파악하라. 지문에 따르면, 밀턴 프리드먼은 '기업의 사회적 책임은 오로지 이윤의 확대'라고 단언한다. 그 근거로 사회적 책임의 주체는 오로지 사람 즉, 개별 개인들이라고 설명한다. 다시 말해, 기업은 사회적 책임의 주체가 될 수 없다는 것이다. 다만, 발췌문에 제시된 밀턴 프리드먼의 주장은 객관적 '사실'이 아닌 주관적 '의견'에 불과하다. 따라서 누군가는 기업의 사회적 책임에 대한 밀턴 프리드먼의 주장에 동의할 것이고, 누군가는 이에 반대할 것이다. 또 다른 누군가는 부분적으로 동의할 수도 부분적으로 반대할 수도 있다. 이에 '기업의 사회적 책임은 이윤의 확대'라는 밀턴 프리드먼의 주장이 논쟁의 대상 즉, 이슈인 것이다.

둘째, 이슈에 대한 자신의 비판적 의견 즉, 논지를 결정하라. 발췌문에 제시된 '기업의 사회적 책임은 이윤의 확대'라는 밀턴 프리드먼의 주장에 대한 자신의 비판적 의견을 결정해야 한다. 다만,

비판과 비난은 전혀 다른 것이다. "시시비비를 판단"[231]하는 비판은 어떤 의견이 왜 옳고 왜 그른지에 대해 판단하는 것이고, "남의 잘못이나 결점을 책잡아 나쁘게 말하는"[232] 비난은 어떤 의견에 (일단 무조건) 반대하는 것이다. 따라서 '기업의 사회적 책임은 이윤의 확대'라는 밀턴 프리드먼의 주장에 찬성하든, 반대하든, 혹은 제3의 의견을 가지든 상관없이 '왜냐하면'이라는 이유에 근거한 자신만의 비판적 의견 즉, 논지를 결정해야 한다. 예컨대, '밀턴 프리드먼 주장에 동의'라는 논지를 결정했다.

셋째, 이슈와 논지 간의 연관성 평가를 수행하라. 다시 말해, 앞서 결정한 자신의 비판적 의견 즉, 논지가 앞서 파악한 이슈에 대해 얼마나 직접적으로 연관되어 있는지를 평가해야 한다. 예컨대, '기업의 사회적 책임은 이윤의 확대에 동의'보다 '(기업의 사회적 책임은 이윤의 확대라는) 밀턴 프리드먼의 주장에 동의'가 연관성 평가라는 측면에서 좀더 직접적으로 연관된 올바른 논지이다. 달리 표현하면, 주어진 지시사항에 대해 자신의 논지가 얼마나 직접적인 대답이 되는지를 평가해야 한다. 지시사항이 "밀턴 프리드먼의 주장에 대한 자신의 비판적 의견은 무엇인가?"일 경우 '밀턴 프리드먼의 주장에 동의'가 '기업의 사회적 책임은 이윤의 확대에 동의'보다 좀더 직접적인 대답이다.

---

231. 국립국어원 표준국어대사전.
232. 국립국어원 표준국어대사전.

논리적 글쓰기의 2단계는 브레인스토밍하기이다. 세계적 광고회사 BBDO의 공동창립자 알렉스 오스본이 1948년 저술한 책[233]에서 처음으로 제시된 '브레인스토밍'이라는 용어는 '(한 그룹의 사람들이) 보다 신중한 고려에 앞서 많은 생각을 매우 빨리 제안하는 것'[234] 즉, (회사 혹은 팀의) 창의적 아이디어 개발 방식을 의미한다. 한편, 논리적 글쓰기의 2단계 브레인스토밍하기는 '신중한 고려' 즉, 3단계 개요짜기에 앞서 이것저것 최대한 많은 생각을 쏟아내는 과정이다. 물론, 이러한 생각들이 논리적일 수는 없다. 다만, 추상적 '생각'을 활용한 다음 3가지 작업을 통해, 향후 효과적인 3단계 개요짜기를 위한 다양한 소재를 최대한 많이 확보하는 것이 2단계 브레인스토밍하기의 목적이다.

첫째, 브레인스토밍하기 도표를 반드시 사용하라. 만약 무한대의 시간이 주어진다면 아무런 제약 없이 그저 자유롭게 브레인스토밍을 하면 된다. 그러나 의식이 흐르는 대로 자연스럽게 떠오르는 모든 생각을 정리하면, 3단계 개요짜기에서 훨씬 더 많은 시간과 노력이 필요하게 된다. Essay, 논문, 발표문, 책 등 우리가 현실에서 수행하는 대부분의 논리적 글쓰기에는 분명한 시간 제한이 있다. 따라서 페이지 171의 예시와 같이 브레인스토밍하기 도표를

---

233. See Alex Faickney Osborn, *Your Creative Power: How to Use Imagination* (Dell Publishing Company, 1948).

234. The term 'Brain-storm' refers to "(of a group of people) to suggest a lot of ideas for a future activity very quickly before considering some of them more carefully." Cambridge Dictionary.

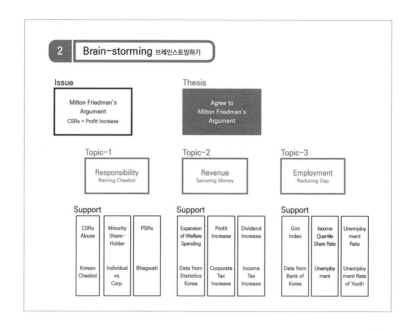

활용하여, 논지, 소주제, 근거 간에 주관성·객관성 기준 최소한의 '논리적 위계질서'를 만들어야 한다. 수없이 떠오르는 많은 생각들을 최소한 '논지'의 이유가 되는 주장인 '소주제'와 그러한 소주제를 뒷받침하는 '근거'로 각각 분류해야 한다.

둘째, 논지의 이유가 되는 주장 즉, 3가지 소주제를 생각하라. 1단계 이해하기를 통해 '밀턴 프리드먼의 주장에 동의'라는 논지를 이미 결정했다. 이제 논지의 '이유가 되는 주장' 즉, 소주제 3가지를 생각해야 한다. 예컨대, '책임 측면, 재벌 제어', '세수 측면, 복지재원 확보', '고용 측면, 양극화 해소'라는 3가지 소주제를 생각했다. 주목해야 할 점은 3가지 소주제에 담긴 각각의 추상적 '생각'이 반드시 논지에 대한 이유가 되어야 한다는 것이다. 예컨대, '책임이라는 측면에서, 밀턴 프리드먼의 주장은 개인의 사회적 책임을 회피하려는 일부 재벌의 시도를 제어하는 데 도움이 된다.'는 '밀턴 프리드먼의 주장에 동의'라는 논지를 뒷받침하는 하나의 이유가 될 수 있다.

셋째, 각각의 소주제를 뒷받침하는 객관적 '사실'에 기반한 충분한 근거를 생각하라. 소주제는 분명 논지에 대한 이유이다. 따라서 객관성이라는 측면에서 소주제는 논지에 비해서는 좀더 객관적 '사실'에 가깝다. 그러나 소주제는 여전히 객관적 '사실'에 의해 추가적으로 논증되어야 하는 주관적 '의견'에 불과하다. 예컨대, '세수 측면, 복지재원 확보'는 '밀턴 프리드먼의 주장에 동의'라는 논지를 뒷받침하는 이유이다. 하지만, '밀턴 프리드먼의 주장이 세수 측면에서 복지재원 확보에 도움'이라는 소주제는 여전히 뒷받침이 필요한 주관적 '의견'이다. 이에 '복지지출확대, 통계청자료, 기업이윤증가, 법인세증가, 배당증가, 소득세증가' 등과 같은 객관적 '사실'에 기반한 근거를 생각해야 한다.

논리적 글쓰기의 3단계는 개요짜기이다. 개요짜기란 1단계 이해하기와 2단계 브레인스토밍하기의 결과 만들어진 수많은 자연적인 생각을 연관성 평가, 논증성 평가, 균형성 평가라는 3가지 검증 도구를 활용하여 논리라는 인위적인 틀에 집어넣는 과정이다. 비유하자면, 자연적이고 비논리적이며 파편적인 '생각'이라는 '구슬'을 연관성 평가, 논증성 평가, 균형성 평가로 이루어진 '논리'라

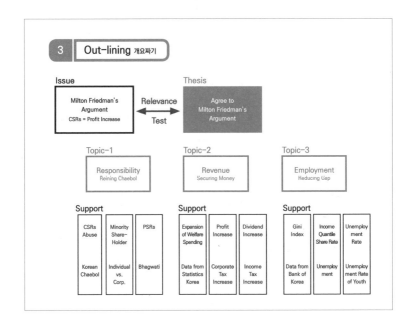

는 '삼색실'에 꿰어 인위적이고 논리적이며 온전한 '글쓰기'라는 '목걸이'를 만드는 것이 개요짜기이다. 즉, 개요짜기는 비논리적인 생각을 논리적으로 전환시키는 '논리적 글쓰기'의 가장 중요한 단계이다. 따라서 다음 3가지 평가에 초점을 맞추어 최대한 많은 시간과 노력을 개요짜기에 쏟아야 한다.

3단계 개요짜기의 첫 번째 작업은 이슈와 논지 간의 연관성 평가이다. 연관성 평가에 문제가 생기면 'Off-Topic' 즉, 주제와 상관없는 엉뚱한 글쓰기를 하게 된다. 연관성 평가는 이미 1단계 이해하기에서 한 차례 수행되었다. 3단계 개요짜기에서는 앞서 수행했던 연관성 평가에 문제가 없었는지 추가적으로 검증하는 것이다. 연관성 평가의 본질은 자신의 논지가 주어진 이슈에 대해 얼마나 직접적으로 연관되어 있는지 혹은 주어진 지시사항에 대해 얼마나 직접적인 대답이 되는지를 검증하는 것이다. 예컨대, '밀턴 프리드먼의 주장에 동의'라는 논지는 "밀턴 프리드먼의 주장에 대한 자신의 비판적 의견은 무엇인가?"라는 지시사항에 대한 직접적인 대답이 되므로 연관성 평가를 통과하는 것으로 판단된다.

과연 연관성 평가를 통과하기 위한 '직접적 대답' 혹은 '직접적 연관성'의 의미는 무엇일까? '직접적'이라는 단어의 사전적 의미는 "중간에 매개물이 없이 바로 연결되는 것"이다.[235] 예컨대, '아침 밥 먹었니?'라는 질문에 대한 '빵 사주세요.'라는 대답은 '직접적' 연관성이 없다. 안타깝게도 이러한 질문과 대답에 문제점[236]을 발견하지 못하는 사람들도 있다. 독자는 오로지 실제로 '표현'된 글만 읽을 뿐, 겉으로 드러나지 않은 당신의 머릿속 '생각'은 전혀 알지 못한다. 이러한 맥락에서 이슈와 논지 간의 직접적 연관성을 검증해야 한다. 예컨대, '기업의 사회적 책임은 이윤의 확대에 동의'보다 '(기업의 사회적 책임은 이윤의 확대라는) 밀턴 프리드먼의 주장에 동의'가 직접적 연관성이 훨씬 더 높다.

요컨대, 연관성 평가는 이슈의 핵심을 파악하고, 이슈에 대한

---

235. 국립국어원 표준국어대사전.

236. 이러한 질문-대답에 문제점을 발견하지 못하는 사람들은 '머릿속 생각'과 '표현된 질문·대답'을 구별하지 못하는 것이다. 즉, 머릿속으로는 '아침 밥 먹었니?' → '아니요.' → '배 고프겠구나.' → '네.' → '뭐라도 먹을래?' → '네.' → '뭐 사줄까?' → '빵 사주세요.'라고 순차적으로 생각했을 것이다. 그래서 '아침 밥 먹었니?' → '빵 사주세요.'가 서로 연결된다고 생각하는 것이다. 그러나 실제 표현된 질문은 '아침 밥 먹었니?'이고, 실제 표현된 대답은 '빵 사주세요.'라는 점에 주목해야 한다. 따라서 6개의 '중간 매개물'이 생략된 이 질문과 대답 간에는 직접적 연관성이 매우 낮다.

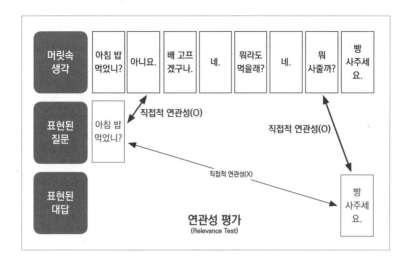

| 머릿속
생각 | 아침 밥
먹었니? | 아니요. | 배 고프
겠구나. | 네. | 뭐라도
먹을래? | 네. | 뭐
사줄까? | 빵
사주세
요. |

연관성 평가
(Relevance Test)

직접적 연관성(O)

직접적 연관성(O)

직접적 연관성(X)

표현된
질문: 아침 밥
먹었니?

표현된
대답: 빵
사주세
요.

자신의 비판적 의견인 논지를 결정하며, 이슈와 논지 간의 직접적 연관성을 검증하는 것이다. 연관성 평가에 문제가 생기면 처음부터 주제와 상관없는 엉뚱한 글쓰기를 하게 된다. 비유하자면, 연관성 평가에 실패한 글은 마치 방향을 잘못 잡고 100미터를 9.0초에 달리는 것과 같다. 비록 속도는 세계 신기록이 될 수 있을 정도로 빨랐지만, 잘못된 방향 때문에 결국 실격될 수밖에 없다. 비록 논증성 평가와 균형성 평가를 통해 100% 논리적인 글을 완성한다고 할지라도 결국 무의미하다. 이렇듯 글 전체의 방향성을 잡아주는 연관성 평가는 논리적 글쓰기의 1단계 이해하기에서 한 차례, 그리고 3단계 개요짜기에서 추가로 진행된다.

문단과 단락을 조합하는
원칙이 논리이다.
심지어 영어를 모국어로 습득한 사람들조차
반드시 인위적인 학습의 과정을 통해서만
문단과 단락 차원에서
의사소통이 가능하다.

4.3. 논리를 위한 '논증성 평가'

3단계 개요짜기의 두 번째 작업은 논지와 소주제, 소주제와 근거 간의 논증성 평가이다. 논지는 이슈에 대한 자신의 주관적 '의견'이다. 따라서 '왜냐하면'이라는 이유 즉, 소주제를 반드시 준비해야 한다. 소주제도 자신의 주관적 '의견'이므로 반드시 '왜냐하면'이라는 이유 즉, 객관적 '사실'에 기반한 근거를 준비해야 한다. 설득의 대표적인 사례가 논리적 글쓰기이고, 논리적 글쓰기의 핵심이자 본질이 3단계 개요짜기에서 진행되는 논증성 평가이다. 논증성 평가를 잘하는 것이 곧 논리적 사고력 혹은 비판적 사고력이 뛰어난 것이다. 다음 3가지에 초점을 맞추어 논지, 소주제, 근거 간에 '왜?'와 '왜냐하면'이라는 논증 관계가 성립하는지를 검증하는 논증성 평가를 수행해야 한다.

첫째, 주관적 '의견'과 객관적 '사실'에 대해 비판적으로 접근하라. 먼저 주관적 '의견'과 객관적 '사실'을 정확하게 분별하고, 전

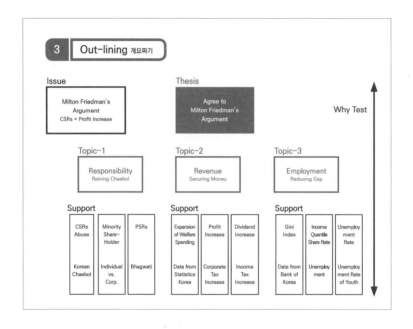

자에 대해서는 '왜?'라는 질문을 던지고 후자에 대해서는 그 '진위 여부'를 꼼꼼하게 확인하는 것이 글쓰기에 필요한 논리의 출발이 자 비판적 접근의 핵심이다. 비판적 접근 혹은 비판적 사고는 어떤 주관적 '의견'에 대해 그것이 왜 옳고 왜 그른지를 끊임없이 '질문' 하고, 객관적 '사실'에 기반한 근거를 활용하여 그 이유를 끊임없이 '대답'하는 것이다. 이러한 '질문과 대답'이 고대 그리스의 철학자 소크라테스의 '소크라테스식 문답법'의 본질이기도 하다. 결국, 주 관적 '의견'과 객관적 '사실'에 대한 비판적 접근이 논증성 평가의 본질이다.

둘째, 논지와 소주제 간의 논증 관계를 검증하라. 논지란 논란 이 있는 주제 혹은 논쟁의 대상인 이슈에 대한 자신의 비판적 의견이다. 따라서, 논지는 지극히 주관적이다. 그러므로 자신의 논지에 대한 독자의 동의를 얻어내기 위해서는 2단계 브레인스토밍하기를 통해 '왜냐하면'이라는 이유 즉, 소주제 3가지를 반드시 준비해야 한다. 그리고 3단계 개요짜기를 통해 논지와 각 소주제 간에 분명한 논증 관계가 존재하는지 꼼꼼하게 검증해야 한다. 예컨대, '밀턴 프리드먼의 주장에 동의'라는 논지에 대해 '고용 측면, 양극화 해소'라는 소주제가 제시되었는데, 이들 논지와 소주제 간에는 논증 관계 즉, '왜?'와 '왜냐하면'의 관계가 성립하는 것으로 판단된다. 즉, 논증성 평가를 통과한다.

셋째, 소주제와 근거 간의 논증 관계를 검증하라. 3가지 소주제는 각각 논지에 대한 이유이다. 그러나 각 소주제 또한 객관적 '사실'이 아니라 추가적 논증이 필요한 주관적 '의견'에 불과하다. 이러한 맥락에서 소주제를 '이유가 되는 주장'이라고 표현하기도 한다. 따라서, '주장' 혹은 주관적 '의견'인 소주제는 반드시 '왜냐하면'이라는 이유 즉, 객관적 '사실'에 기반한 충분한 근거에 의해 추가적으로 뒷받침되어야 한다. 예컨대, '지니계수, 한국은행자료,

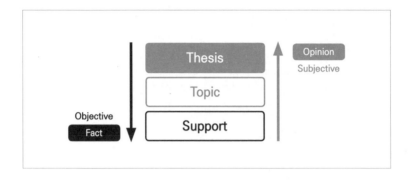

소득 5분위 배율, 실업, 실업률, 청년실업률' 등과 같은 객관적 '사실'에 기반한 근거를 제시했다. 근거의 대표적인 유형으로는 예시, 통계자료, 전문가 의견, 사례분석, 일화, 시각자료, 가상사례, 실험 결과, 문헌자료 등이 있다.

　　요컨대, 논증성 평가는 주관적 '의견'과 객관적 '사실'에 대한 비판적 접근을 통해 논지, 소주제, 근거 간의 논증 관계를 검증하는 것이다. 논증성 평가에 문제가 생기면 그저 '외침', '주장', '떼 쓰기'만 있을 뿐, 결코 상대방의 생각과 행동을 변화시키는 '설득' 즉, 논리적 글쓰기는 불가능하다. 비유하자면, 장차 '논리적 글쓰기'라는 튼튼한 '집'을 지탱할 '기둥'으로 사용될 '논지—소주제—근거'라는 목재를 다듬는 과정이 논증성 평가이다. 논증성 평가에 실패하게 되면 논리적 글쓰기라는 집은 결국 무너지게 된다. 논증성 평가를 올바르게 수행한 논리적 글쓰기에서는 논지, 소주제, 근거 간에 주관성 혹은 객관성이라는 측면에서 위 그림과 같은 논리적 위계질서가 분명하게 드러난다.

4.4. 논리를 위한 '균형성 평가'

3단계 개요짜기의 세 번째 작업은 소주제와 소주제 간의 균형성 평가이다. 한국어 '균형성'은 "어느 한쪽으로 기울거나 치우치지 아니한 성질"을 의미한다.[237] 영어 'Parallelism'은 '동일하게 중요한 생각들을 균형 잡히도록 하기 위해 문장 구조, 구, 혹은 더 긴 부분을 붙여놓는 방식'을 의미한다.[238] 예컨대, 문법과 수사학에서는 '균형잡힌 구조'의 동의어로 '균형성'이라는 용어가 사용된다.[239] 한편, 논리적 글쓰기의 3단계 개요짜기에서 진행되는 균형성 평가는 논증성 평가를 통과한 3가지 소주제가 본질적으로 서로 간에 대등하고 균형적인지 여부를 검증하는 것이다. 이에 더해 만약 근거

---

237. 국립국어원 표준국어대사전.

238. The term 'Parallelism' refers to "the use of matching sentence structure, phrases, or longer parts so as to balance ideas of equal importance". Cambridge Dictionary.

239. '균형잡힌 구조'는 'Parallel Structure' 혹은 'Parallel Construction'을 번역한 표현이다. See Gary Blake and Robert W. Bly, *The Elements of Technical Writing* (Harlow: Longman Publishing Group, 2000), p. 71.

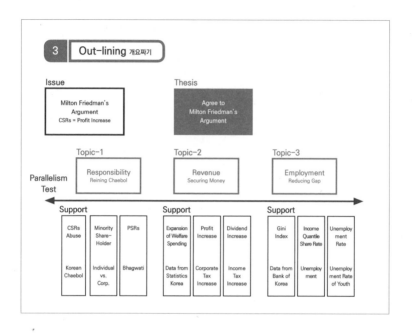

제시 방법의 균형성 또한 추가적으로 고려할 수 있다면 더할 나위 없이 좋다.

　3가지 소주제는 각각 논지에 대해 논증성 평가를 통과하는 이유가 되어야 한다. 동시에 3가지 소주제는 서로 간에 그 내용이 대등하고 균형적이어야 하는데, 이것을 검증하는 것이 균형성 평가이다. 만약 소주제를 '책임', '세수', '재정'이라는 3가지 측면으로 나누었다면, '세금 징수를 통한 정부의 수입'인 '세수'는 '정부의 수입과 정부의 지출'을 의미하는 '재정'에 포함되는 개념이어서,[240] '세수'와 '재정'이라는 소주제 간의 균형성이 무너진다. 이에 반해, '책

---

240. 국립국어원 표준국어대사전.

Parallelism in Grammar & Rhetoric

문법 (Grammar)	·It is necessary to negotiate, to sign, and ratifying an FTA with Canada. (X) ·It is necessary to negotiate, to sign, and to ratify an FTA with Canada. (O)
	·He likes to sing and to go swimming. (X) ·He likes to sing and to swim. (O)
수사학 (Rhetoric)	·The inherent vice of capitalism is the unequal sharing of blessings. Socialism's inherent virtue is to share miseries equally. (X) ·The inherent vice of capitalism is the unequal sharing of blessings. The inherent virtue of Socialism is the equal sharing of miseries. (O)
	·Government of the people, by the people, for persons, shall not perish from the earth. (X) ·Government of the people, by the people, for the people, shall not perish from the earth. (O)

임', '세수', '고용'이라는 소주제는 서로 간의 균형성 평가를 통과한다.[241] 한편, '상호배제 및 전체포괄'을 의미하는 소위 'MECE 원칙'이라는 개념을 활용하여 소주제가 논리적인지 여부를 설명하기도 한다.[242]

논리적 글쓰기의 4단계는 글쓰기이다. 글쓰기란 1단계 이해하기, 2단계 브레인스토밍하기, 그리고 3단계 개요짜기를 통해 완성된 (즉, 논리라는 틀에 담긴) 자신의 추상적 '생각'을 문단과 단락이라는 틀에 맞추어 문장이라는 구체적 '표현'으로 바꾸는 과정 즉,

---

241. 소주제를 좀더 구체화해서 '책임 측면, 재벌 제어', '세수 측면, 복지재원 확보', 그리고 '고용 측면, 양극화 해소'라고 할지라도, 이들 소주제들은 균형성 평가를 통과한다. 한편, 본질적 측면의 균형성 평가 외에 형식적 측면의 균형성 평가도 있다. 각각의 소주제를 담은 본론 문단들의 분량도 동일하게 혹은 비슷하게 유지하는 것이 형식적 측면의 균형성을 지키는 것이다.

242. 'Mutually Exclusive & Completely Exhaustive'의 줄임말인 'MECE 원칙'은 1960년대 후반 경영컨설팅회사 메킨지의 Barbara Minto에 의해 제시된 개념이다. See Barbara Minto, *The Pyramid Principle: Logic in Writing and Thinking* (Minto International Inc., 1987).

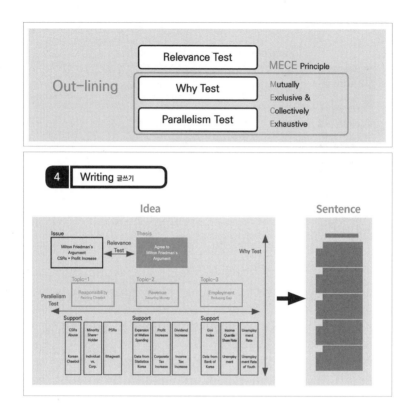

문장쓰기이다. 주목해야 하는 것은 글쓰기의 핵심이 '생각하지 않기'라는 점이다. 즉, 글쓰기는 아무 생각 없이 하는 것이다. 생각하기는 반드시 3단계 개요짜기에서 마무리되어야 한다. 따라서 4단계 글쓰기 과정 중에 아무리 좋은 새로운 생각이 떠오르더라도 그것을 미련 없이 버려야 한다.[243] 결국 논리적 글쓰기의 4단계 글쓰

---

243. 4단계 글쓰기의 과정 중 새로운 생각이 떠오르는 것은 2단계 브레인스토밍하기와 3단계 개요짜기가 제대로 완성되지 못했다는 것이다. 따라서 새로운 생각을 과감하게 버리든지 혹은 원고 마감 시간을 연장해서 2단계와 3단계를 다시 해야 한다. 다만, 모든 논리적 글쓰기에는 시간 제한이 있다는 전제 하에 새로운 생각을 과감하게 버릴 것을 일차적으로 권고한다.

기는 다음과 같이 논지, 소주제, 근거를 구체적인 문장으로 바꾸는 것이다.

첫째, 논지를 논지진술과 결론진술로 변경하라. 이슈에 대한 자신의 비판적 의견 즉, 논지는 서론에서 논지진술로 그리고 결론에서 결론진술로 각각 문장의 형태로 구체화된다. 비록 논지진술과 결론진술에 담긴 추상적 '생각'은 동일하지만, 구체적 '표현'에 있어서는 서로 간에 다소 변화를 주어야 한다. 예컨대, '밀턴 프리드먼의 주장에 동의'라는 논지를 '40년 전 프리드먼의 주장은 신케인스주의 사상이 지배하고 있는 지금의 대한민국에도 여전히 필요한 울림이 큰 외침이다.'라는 논지진술과 '1970년 뉴욕타임즈에 기고된 "기업의 사회적 책임은 기업의 이윤확대이다."라는 밀턴 프리드먼의 주장은 오늘날 우리 사회에도 여전히 유효하다.'라는 결론진술로 각각 구체화할 수 있다.[244]

둘째, 3가지 소주제를 소주제문으로 각각 변경하라. 예컨대, '책임 측면, 재벌 제어'라는 소주제를 '우선, 책임이라는 측면에서, 밀턴 프리드먼의 주장은 개인의 사회적 책임을 회피하려는 일부 재벌의 시도를 제어하는 데 도움이 된다.'라는 소주제문으로 구체화했다. 그리고 '세수 측면, 복지재원 확보'라는 소주제를 '다음으로, 세수라는 측면에서, 밀턴 프리드먼의 주장은 사회복지에 필요한 재

---

244. 추상적 '생각'인 논지는 논지진술과 결론진술 이외에 제목(Title)에서도 구체적으로 표현된다. 다만, 문장으로 구체화되는 논지진술·결론진술과는 달리, 제목의 경우 반드시 명사구(Noun Phrase)의 형식으로 구체화된다.

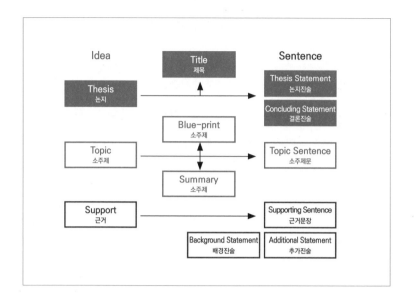

원 확보에 도움이 된다.'라고 구체화했다. 한편, 논지를 뒷받침하는 3가지 소주제를 서론에서는 '책임, 세수, 고용이라는 측면에서'라는 소주제소개[245]로 그리고 결론에서는 '책임, 세수, 그리고 고용이라는 측면에서 앞서 살펴본 바와 같이'라는 소주제요약[246]으로 각각 구체화했다.

셋째, 다양한 근거를 근거문장으로 각각 변경하라. 예컨대, '지니계수'와 '한국은행자료'라는 근거를 '한국은행 자료에 따르면,

---

245. 영어 'Blue-print'의 사전적 의미는 '디자인 계획 혹은 다른 기술적 도면'(design plan or other technical drawing)이다. 예컨대, 실제 건축 공사에 앞서 향후 건축물이 어떻게 지어질지 미리 그린 건축도면이 Blue-print이다. 따라서, 논리적 글쓰기에서 말하는 서론의 소주제소개(Blue-print)란 향후 본론에서 논리 전개가 어떻게 진행될 것인지 글의 전체적인 뼈대와 방향성을 미리 보여주는 것이다.

246. 결론의 소주제요약(Summary)이란 지금까지 본론에서 논리 전개가 어떻게 진행되어 왔었는지 다시 한번 한 눈으로 보여주는 것이다.

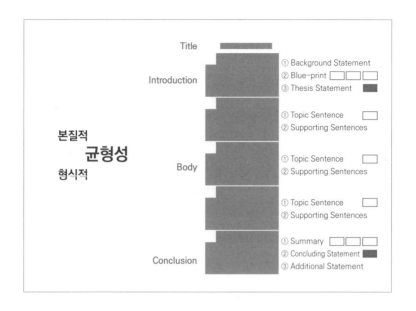

소득기준 지니계수는 2016년 0.402에서 2017년 0.406으로 악화되었다.'라고 구체화했다. 또한 '실업', '실업률' 및 '청년실업률'이라는 근거를 '실업률은 2013년 3.2%에서 2014년 3.6%, 2015년 3.7%, 2016년 3.8%, 2017년 3.8%, 2018년 3.8%로 점차 악화되었다. 청년실업의 경우 2013년 8.0%, 2014년 9.0%, 2015년 9.1%, 2016년 9.8%, 2017년 9.8%로 더욱 심각하다. 양질의 일자리를 창출하는 것은 기업이다. 따라서 기업의 이윤증가는 투자확대 및 고용증대로 이어지고, 결국 양극화의 문제도 개선될 것이다.'라고 구체화했다.

논리적 글쓰기의 4단계 글쓰기는 논지를 논지진술과 결론진술로, 소주제를 소주제문으로, 근거를 근거문장으로 각각 구체화

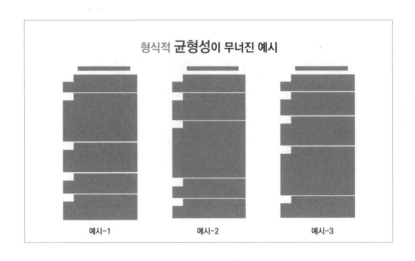

형식적 **균형성**이 무너진 예시

예시-1　　　　　예시-2　　　　　예시-3

하는 과정이다. 즉, 추상적 '생각'을 문장 형식의 구체적 '표현'으로 바꾸는 것이다. 이에 더해, 배경진술을 서론에, 추가진술을 결론에 각각 작성한다. 자신의 논지를 돋보이게 하기 위해 논쟁의 대상 즉, 이슈를 더 잘 드러낼수록 더 좋은 배경진술이 된다. 결국, 논지 제시 전 독자의 관심을 불러일으키는 것이 그 목적이다. 한편, 결론에서 소주제요약과 결론진술을 제시함으로써, 논지를 논리에 담아 전달하는 논리적 글쓰기는 본질적으로 끝난다. 그러나 글의 자연스러운 마무리를 위해 추가진술을 덧붙인다. 다만, 추가진술이 앞서 제시된 자신의 주장을 부정할 수는 없다.

한편, 논리적 글쓰기의 3단계 개요짜기에서 진행했던 균형성 평가는 논증성 평가를 통과한 3가지 소주제가 본질적으로 서로 간에 대등하고 균형적인지 여부를 검증하는 것이었다. 이러한 본질적 측면의 균형성 평가 외에 형식적 측면의 균형성 평가도 필요하다.

즉, 논리적 글쓰기의 4단계 글쓰기 과정을 마치고 나온 글에 드러난 표면적 형식 또한 대등하고 균형적이어야 한다. 즉, 각각의 소주제를 담은 본론 문단들의 분량도 동일하게 혹은 비슷하게 유지하는 것이 형식적 측면에서 균형성을 지키는 것이다. 페이지 188에 제시된 형식적 균형성이 무너진 예시를 보면, 본론 중 특정한 소주제를 진달하는 문단의 길이만 상대적으로 많이 길어서 글 전체의 표면적 균형이 무너졌다.

페이지 192에 제시된 〈Sample Answer〉를 통해서도 형식적 균형성의 의미를 시각적으로 확인할 수 있다. 영어로 작성된 〈Sample Answer〉는 총 5개의 문단으로 구성된 단락 형식의 글이며, 각 문단은 모두 15줄로 구성되어져 있다. 한편, 영어가 불편한 독자들을 위해 한국어로 번역한 〈예시 답변〉의 경우에도 각 문단은 모두 11줄로 구성되어져 있다.[247] 혹시 이 책을 지금 읽고 있는 독자 여러분들 중 책 전체에 걸친 형식적 균형성을 눈치챈 사람이 있는가? 사실 이 책에 사용된 모든 문단은 각각 11줄의 분량으로 그 형식적 균형성이 유지되어 있다. 뒤늦게 이것을 눈치챈 필자의 아내는 소스라치게 놀라며, "11줄의 강박증에 사로 잡힌 변태!"라며

---

247. 논리적 글쓰기의 대표적인 사례인 '5-문단 에세이'의 기본 형식은 다음과 같다. '가운데정렬'된 제목이 있고, 한 줄 띄우고 '좌우정렬'된 5개 문단이 나온다. 각 문단은 '들여쓰기'를 하고, 문단과 문단 간에는 한 줄 띄우기를 하지 않는 것이 원칙이다. 다만, 최근 인터넷 상에 글쓰기가 활발해져서, 들여쓰기를 하지 않는 대신 문단과 문단 간에 한 줄 띄우기를 하는 등 일부 변형이 예외적으로 인정된다. 한편, '5-문단 에세이'와 '들여쓰기'는 각각 '5-Paragraph Essay'와 'Indentation'을 번역한 표현이다.

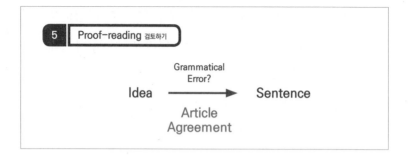

```
5   Proof-reading 검토하기

              Grammatical
                Error?
    Idea    ────────────▶    Sentence
              Article
             Agreement
```

필자에게 소리치기도 했다.[248]

　논리적 글쓰기의 마지막 5단계는 검토하기이다. 검토하기란 자신의 추상적 '생각'을 문장이라는 구체적 '표현'으로 바꾸었던 4단계 글쓰기의 과정 중 발생한 오류를 찾아내어 수정하는 작업이다. 4단계 글쓰기와 마찬가지로 5단계 검토하기의 핵심 또한 '생각하지 않기'이다. 왜냐하면 '생각'에 대한 검토와 수정은 3단계 개요짜기에서 최종적으로 완성되어야 하기 때문이다. 따라서 5단계 검토하기는 원칙적으로 문법이라는 도구를 활용하여 오로지 자신이 쓴 '문장'에 문법적 오류가 있는지 여부만을 검증함으로써, '문장의 문법적 온전함'을 확보하는 것이 목표이다. 특히 제한된 시간 내에 작성해야 하는 글쓰기 시험의 경우 오로지 기계적으로 '관사'와 '일

---

248. 필자는 결코 '변태'가 아니다! 다만, 똑똑영어의 본질적 실천을 위해 필요한 '논리'의 개념을 독자들에게 보다 정확하게 전달하기 위해 이 책의 형식적 균형성을 우직하게 지켰을 따름이다. 참고로 필자는 한국어로 글을 쓸 때 한 문단의 형식적 분량을 11줄로 하는 것을 원칙으로 삼고 있다. 혹시 '무격', '격식', 그리고 '파격'이라는 표현을 들어본 적이 있는가? 이 책의 목적은 똑똑영어라는 '격식'을 가르쳐주는 것이다. 따라서 형식적 균형성이라는 격식을 꼼꼼하게 지키면서 이 책을 쓴 것이다. 그러나 격식을 충분히 익힌 다음에는 그러한 격식으로부터 자유로워지는 '파격'의 단계가 반드시 필요하다. 자세한 내용은 "맺으며" 참고.

치'에 문제가 있는지 여부만 확인하여 수정한다.[249]

　　'논리적 글쓰기'의 5단계를 걸쳐 완성된 〈Sample Answer〉
가 페이지 192에 제시되어 있다. 다만, 이것은 '예시 답변'일 뿐 결코
'모범 답변'이 아니라는 점에 주목해야 한다. '본받아 배울 만한 대상'
을 뜻하는 '모범'은 마치 정답과 비슷한 것이다. 그러나 페이지 192
에 제시된 답안은 결코 정답이 아니다. '논리적 글쓰기'에는 정답이
없다. 좀더 정확하게 표현하면, 문단과 단락 차원의 영어 의사소통
을 위해 '논리'를 검토하는 연관성 평가, 논증성 평가, 균형성 평가
에는 정답이 없다.[250] 다만, 똑똑영어를 위한 논리의 개념을 여러분
에게 좀더 정확하게 전달하기 위해 〈Sample Answer〉를 제시하는
것뿐이다. 특히, 논지와 소주제는 색깔을 구별하여 표시하였으니,[251]
글 전체의 논리적 흐름에 주목하며 꼼꼼하게 읽어보길 바란다.

---

249. 자세한 내용은 "3.5. 문장의 완성 '관사·일치'" 참고.

250. 자세한 내용은 "4.5. '더와 덜'의 게임" 참고.

251. '논지'를 담고 있는 제목, 논지진술, 결론진술은 ▆▆▆ 으로 표시되어 있다. 한편, 각각의 소주제를 담고 있는 소주제문, 소주제소개, 소주제요약은 ▭ 으로 표시되어 있다.

A Still Resonating Voice of Milton Friedman for Korea in the 21st Century
: "The Social Responsibility of Business is to Increase Its Profits"

The term 'Corporate Social Responsibilities' or 'CSRs' may be quite familiar for those who live in the 21st century. Who dare to deny the importance of CSRs? However, it is necessary to be cautious about this question: 'Who should assume CSRs?' Milton Friedman, 1976 Nobel Laurate in economics and economics professor at Chicago University, contributed an extremely controversial article "The Social Responsibility of Business is to Increase Its Profits" to *The New York Times* (September 13, 1970). His argument must be quite provocative, considering the period when the ideas of John Maynard Keynes who was in support of governmental intervention in the market and governmental regulation, were dominant. In terms of responsibility, revenue, and employment, the argument of Milton Friedman more than 40 years ago is still a gravely resonating voice necessary for Korea where Neo-Keynesianism prevails.

Most of all, in terms of responsibility, the argument of Milton Friedman can be a help in reining *Chaebol*'s attempt to evade its social responsibilities. These days, corporate executives manage corporations. They are different from stock-holders, the owners of those corporations. Therefore, the concept of CSRs is likely to be abused. Let's assume that a chairman and 5% stock-holder of a *Chaebol* spent KRW 1 trillion in the name of CSRs. However, the money was not from his pocket but from that of the corporation. In fact, the chairman evaded his own individual social responsibilities. Even worse, it infringed on the rights of many minority stock-holders who disagreed to those contributions. It is not corporations but individuals who should do socially good deeds. In this context, Jagdish Bhagwati, professor of economics at Columbia University, suggested the concept of 'PSRs' (Personal Social Responsibilities) instead of CSRs.

In addition, in terms of revenue, the argument of Milton Friedman can be a help in securing financial resources for social welfare. Year by year, those budgets spent on social welfare have been rapidly increasing. According to the Statistics Korea, the government spent KRW 116 trillion in 2015, 123 trillion in 2016, 129 trillion in 2017, 145 trillion in 2018, and 161 trillion in 2019. The more a corporation makes efforts to increase its profits, the more it will pay taxes to the government. The increase of profits directly leads to that of corporate taxes. For example, corporations paid KRW 45 trillion as corporate taxes in 2015, 52.1 trillion in 2016, 59.2 trillion in 2017, 70.9 trillion in 2018, and 79.3 trillion in 2019. Some of the profits are handed over to stock-holders as dividend. Thus, the increase of profits indirectly leads to that of income taxes. Consequently, the increase of profits contributes to securing those financial resources.

Moreover, in terms of employment, the argument of Milton Friedman can be a help in creating quality job opportunities, consequently reducing economic gap. According to the Bank of Korea, the Gini index got worse from 0.402 in 2016 to 0.406 in 2017. The income quintile share ratio, the ratio of the total income received by the 20% of the highest to that income received by the 20% of the lowest, also became worse from 6.98 in 2016 to 7.00 in 2017. The fundamental cause for economic gap is unemployment. Unemployment rate has been increasing. The rate was 3.2% in 2013, 3.6% in 2014, 3.7% in 2015, 3.8% in 2016, 3.8% in 2017 and 3.8% in 2018. Even worse, unemployment rate of the youth was 8.0% in 2013, 9.0% in 2014, 9.1% in 2015, 9.8% in 2016, and 9.8% in 2017. It is corporations that create quality job opportunities. The increase of profits will lead to investment and employment, consequently improving economic gap.

In conclusion, as discussed in the aspects of responsibility, revenue, and employment, the argument of Milton Friedman, which was clearly asserted in "The Social Responsibility of Business is to Increase Its Profits", *The New York Times* in 1970, is still effective for the current Korean society. Milton Friedman, who was philosophically based on Adam Smith's liberalism, raised its opposition against John Maynard Keynes who led the mainstream economics after World War II. Milton Friedman was seriously concerned that Keynesianism, which emphasized market failure, governmental intervention, regulation etc., would destroy not only capitalism but also democracy. Therefore, during the 1960-1970s, he made efforts to protect a free society of the USA from Keynesianism. Milton Friedman's argument is still desperately needed for Korea where Neo-Keynesianism has prevailed especially since the global financial crisis in 2008.

예시 답변

21세기 대한민국에 필요한 밀턴 프리드먼의 울림 있는 외침
: "기업의 사회적 책임은 이윤확대"

'기업의 사회적 책임' 즉, 'CSRs'이라는 용어는 21세기를 살아가는 우리에게 매우 익숙할 것이다. 감히 누가 사회적 책임의 중요성을 부정할 수 있을까? 그러나, 한가지 주의해야 할 점은 '사회적 책임의 주체가 과연 누구인가?'라는 문제이다. 1976년 노벨경제학상 수상자인 시카고대학교 밀턴 프리드먼 교수는 "기업의 사회적 책임은 기업의 이윤확대이다."라는 매우 논쟁적인 글을 1970년 9월 13일자 뉴욕타임즈에 기고했다. 시장과 기업에 대한 정부의 규제와 간섭을 주창하는 케인스주의 사상이 지배했던 당시의 시대 상황을 고려하면, 프리드먼의 주장은 매우 도발적이었음이 분명하다. 책임, 세수, 고용이라는 측면에서, 40년 전 프리드먼의 주장은 신케인스주의 사상이 지배하고 있는 지금의 대한민국에도 여전히 필요한 울림이 큰 외침이다.

우선, 책임이라는 측면에서, 밀턴 프리드먼의 주장은 개인의 사회적 책임을 회피하려는 일부 재벌의 시도를 제어하는 데 도움이 된다. 기업의 주인인 주주와는 분리된 전문경영인이 경영하는 오늘날 주식회사의 경우 CSRs이라는 개념이 오히려 악용될 가능성이 있다. 예컨대, 모 재벌의 최대주주(5% 지분)인 회장이 CSRs의 일환으로 개인 돈이 아닌 회사 돈 1조원을 기부했다고 가정하자. 이것은 회장이 개인적으로 감당해야 할 개인의 사회적 책임을 회피한 것이다. 또한 이 기부는 이에 동의하지 않는 다수 소액주주들의 이익을 침해한 것이다. 결국 사회적으로 선한 행동을 할 책임은 기업이 아니라 개별 개인에게 있다. 이에 컬럼비아대학교 바그와티 교수는 CSRs이 아닌 '개인의 사회적 책임' 즉, 'PSRs'이라는 개념을 제시하기도 했다.

다음으로, 세수라는 측면에서, 밀턴 프리드먼의 주장은 사회복지에 필요한 재원 확보에 도움이 된다. 한국의 경우 사회복지에 사용되는 재정은 해마다 지속적으로 증가하고 있다. 통계청 자료에 따르면, 2015년 116조원에 달했던 복지지출이 2016년 123조원, 2017년 129조원, 2018년 145조원 그리고 2019년에는 161조원로 증가했다. 한편, 기업이 이윤확대를 위해 노력하면 그만큼 더 많은 세금을 납부하게 된다. 기업의 이윤증가는 직접적으로 법인세 증가로 이어진다. 2015년 법인세가 45조원 걷혔고, 2016년에는 52.1조원, 2017년에는 59.2조원, 2018년에는 70.9조원, 2019년에는 79.3조원으로 증가했다. 또한 기업의 이윤은 배당으로 주주에게 넘어가 간접적으로 소득세의 증가로 이어진다. 이렇듯 기업의 이윤확대는 사회복지에 필요한 재원 확보에 큰 도움이 된다.

이에 더해, 고용이라는 측면에서, 밀턴 프리드먼의 주장은 양질의 일자리 창출을 통한 양극화 문제의 해결에 도움이 된다. 한국은행 자료에 따르면, 소득기준 지니계수는 2016년 0.402에서 2017년 0.406으로 악화되었다. 또한 상위 20% (5분위) 소득을 하위 20% (1분위) 소득으로 나눈 값인 소득 5분위 배율도 2016년 6.98에서 2017년 7.00으로 악화되었다. 이러한 양극화의 근본 원인이 실업이다. 실업률은 2013년 3.2%에서 2014년 3.6%, 2015년 3.7%, 2016년 3.8%, 2017년 3.8%, 2018년 3.8%로 점차 악화되었다. 청년실업의 경우 2013년 8.0%, 2014년 9.0%, 2015년 9.1%, 2016년 9.8%, 2017년 9.8%로 더욱 심각하다. 양질의 일자리를 창출하는 것은 기업이다. 따라서 기업의 이윤증가는 투자

확대 및 고용증대로 이어지고, 결국 양극화의 문제도 개선될 것이다.

요컨대, 책임, 세수, 그리고 고용이라는 측면에서 앞서 살펴본 바와 같이, 1970년 뉴욕타임즈에 기고된 "기업의 사회적 책임은 기업의 이윤확대이다."라는 밀턴 프리드먼의 주장은 오늘날 우리 사회에도 여전히 유효하다. 애덤 스미스의 자유주의 사상에 철학적 기반을 둔 밀턴 프리드먼은 2차 세계대전 이후 주류 경제학의 중심에 서있던 존 메이나드 케인스에게 반기를 들었다. 밀턴 프리드먼은 시장실패, 정부개입, 기업규제 등을 강조하는 케인스주의가 자본주의와 민주주의를 파괴한다고 염려했다. 이에 그는 1960-1970년대 케인스주의로부터 미국이라는 자유사회를 지키고자 노력했다. 밀턴 프리드먼의 주장은 2008년 글로벌 금융 위기 이후 신케인스주의가 지배하고 있는 오늘날 대한민국에 절실하게 필요한 여전히 울림이 큰 외침이다.

4.5. '더와 덜'의 게임

지금까지 똑똑영어의 궁극적 목표 즉, 문장을 넘어 문단과 단락 차원에서 듣기, 읽기, 말하기, 글쓰기 형식의 의사소통을 영어로 자유롭게 하기 위해 필요한 본질적 실천이 무엇인지 설명해 보았다. 결국 그 핵심은 문단과 단락을 조합하는 원칙인 논리를 정확하게 이해하고 활용하는 것이다. 이것을 위해 논리적인지 여부를 검증하는 도구인 연관성 평가, 논증성 평가, 균형성 평가를 제시했다. 특히, 3가지 평가의 개념을 보다 쉽게 설명하기 위해 '논리적 글쓰기'의 예시를 활용해 보았다. 즉, 문단과 단락 차원에서 글의 형식으로 의사소통하는 것이 무엇인지를 구체적으로 설명하기 위해, 논리적 글쓰기의 5단계를 거쳐 〈Sample Answer〉를 작성하는 방법을 자세하게 설명했다.

결국 논리란 외부적 차원에서 '이슈'와 '논지' 간의 연관성 평가, 수직적 차원에서 '논지'와 '소주제'와 '근거' 간의 논증성 평가,

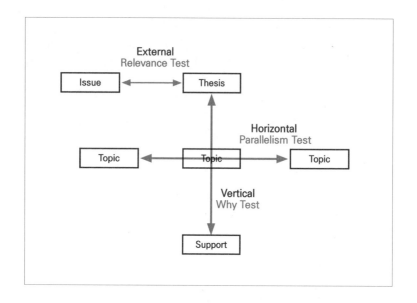

그리고 수평적 차원에서 '소주제'와 '소주제' 간의 균형성 평가를 통해 만들어진다. '논리적 글쓰기'란 논쟁의 대상인 '이슈'에 대한 자신의 비판적 의견 즉, '논지'를 '논리'라는 틀에 집어넣어 '글'이라는 형식으로 표현함으로써, 독자로 하여금 자신의 논지에 '동의'하도록 만드는 것이다. 논리적 글쓰기의 본질적 2요소는 논지와 논리이다.[252] 자신의 논지가 논리라는 틀에 올바르게 담기게 되면 글전체에 '논리적 흐름'[253]이 생기게 된다. 이러한 논리적 흐름이 강하

---

252. '본질적 요소'라 함은 '논지'와 '논리' 중 어느 하나라도 없으면 논리적인 글이 될 수 없다는 의미이다. 따라서, '논지'가 없는 글은 비록 설명문일 수는 있어도 논리적인 글은 아니다. 또한 '논리'가 없는 글은 비록 수필일 수는 있어도 논리적인 글은 아니다.

253. '논리적 흐름'의 영어 표현은 'Logical Flow'이다. 영어 'Flow'라는 단어는 '흐름' 이외에 '몰입'이라는 심리학적 용어로도 번역된다. 실제 논리적 흐름이 매우 강한 글의 경우 독자가 일종의 몰입 상태에 빠져 저자의 주장에 자연스럽게 동의하는 현상이 벌어지기도 한다. See Mihaly Csikszentmihalyi, *Flow: The Psychology of Optimal Experience* (New York, NY: Harper & Row, 1990).

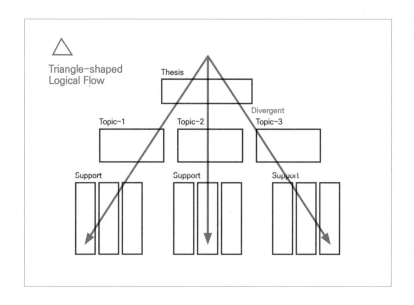

면 강할수록 자신의 논지에 대한 독자의 '동의가능성'[254]이 더 커지고 더욱 좋은 논리적 글쓰기가 완성된다.

　우선, 추상적 '생각'의 단계에서, 논리적 흐름은 '삼각형 모양'이어야 한다. 이를 위해 1단계 이해하기, 2단계 브레인스토밍하기, 3단계 개요짜기에서 '논지 → 소주제 → 근거'로 이어지는 삼각형 모양의 확산적 사고가 필요하다. 즉, 논쟁의 대상(이슈)에 대한 자신의 비판적 의견(논지)을 가장 먼저 결정하고, 이후 논지를 뒷받침할 3가지 소주제를 생각하고, 마지막으로 각각의 소주제를 뒷받침

---

254. '논리적'(Logical)이라는 말을 보다 쉽게 설명하면 '동의가능한'(Agreeable) 혹은 '수용가능한'(Acceptable)이라고 표현할 수 있다. 즉, 글을 읽은 독자가 그 글에 담긴 저자의 비판적 의견인 논지에 대해 '그럴듯한데', '그럴 수도 있겠어', '맞아', '나도 그렇게 생각해', '(말없이 끄덕끄덕)', '100% 공감!' 등과 같은 반응을 보인다면, 그 글은 논리적인 것이다.

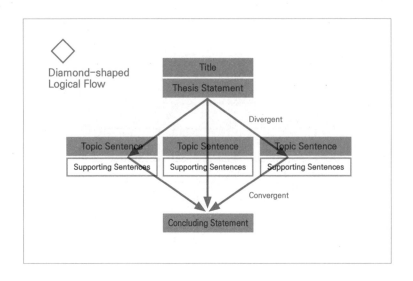

할 충분한 근거를 생각해야 한다. 주목해야 할 점은 논리적 흐름의 방향이 객관적 '사실'에서 출발해서 주관적 '의견'에 도달(예컨대, "…… 그래서 좋아!")하는 것이 아니라, 반드시 주관적 '의견'에서 출발해서 객관적 '사실'에 도달(예컨대, "좋아! 왜냐하면 ……")해야 한다는 것이다.[255]

한편, 구체적 '표현'의 단계에서, 논리적 흐름은 '다이아몬드 모양'이어야 한다. 따라서 논리적 글쓰기의 4단계 글쓰기에서 '제목·논지진술 → 소주제문·근거문장'은 확산적으로 그리고 '소주제문·근거문장 → 결론진술'은 수렴적으로 각각 전개해야 한다. 즉,

---

255. 논리적 흐름의 핵심 키워드는 "…… 그래서 ……"가 아니라 "…… 왜냐하면 ……"이다. 따라서 논리를 이해하고 연습하는 출발점이 주관적 '의견'에 대해 '왜?'라는 질문을 던지고 객관적 '사실'에 기반한 '왜냐하면'이라는 대답을 하는 것이다.

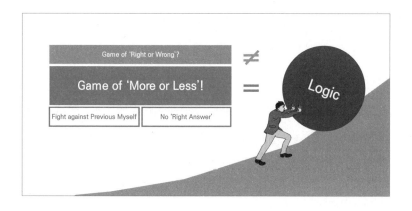

서론에서 논지진술과 소주제소개를 통해 글 전체의 결론과 논리 전
개 방향을 먼저 보여주고, 본론에서 그 이유를 하나씩 풀어내며, 결
론에서 결론진술과 소주제요약을 통해 글 전체를 다시 보여준다.
물론 서론에 앞서 제목이 가장 먼저 논지를 드러내야 한다. 다만,
제목은 문장이 아닌 명사구의 형식으로 표현한다. 결국 다이아몬드
모양의 논리적 흐름은 논지를 (제목은 물론) 서론과 결론에 함께 드
러내는 소위 '양괄식 구조'[256]를 만들어 낸다.

　　다양하고 복잡하며 역동적인 세상을 '흑과 백', '선과 악', '옳
고 그름', '정답과 오답', '적과 동지' 등과 같은 이분법적 사고로 단
순화해서 이해하려는 것은 어찌 보면 자연스러운 인간의 본성이다.
더욱이 아날로그 시대가 끝나고 모든 정보를 '0과 1'이라는 이진수

---

256. 국립국어원 표준국어대사전. 양괄식 구조란 "글의 중심 내용이 앞부분과 끝부분에 반복하여 나타나는 구성
방식"을 일컫는다. 제목, 서론(논지진술), 결론(결론진술)에서는 직접적으로 논지가 제시되고, 본론에서는 논지의
이유인 소주제(소주제문+근거문장)를 통해 간접적으로 논지가 제시된다. 이렇듯 글 전체를 통해 논지가 강조되는 것이
논리적 글쓰기이다.

로 환원하는 이진법에 기반한 디지털 시대의 등장 이후, 이러한 인간의 본성이 점차 강화되고 있는 측면도 있다. 심지어 '논리'를 이해하고 배우는 것에도 '정답과 오답', '맞는 글과 틀린 글', '100점과 0점'과 같은 이분법적 사고로 접근하려는 사람들이 적지 않다. 단언컨대, 논리는 이분법적 사고로 접근하는 'O와 X'의 게임이 아니라 '올바른 방향'으로 한걸음 한걸음 꾸준히 나아가는 '더와 덜'의 게임이다.

따라서, '더와 덜'의 게임인 논리를 위해서는 '이전의 자신'과 끝없이 싸워야 한다. 물론 '올바른 방향' 즉, '논리'가 무엇인지에 대해 정확하게 이해하는 것과 관련해서는 '올바른 이해와 그릇된 이해' 즉, '옳고 그름'이 분명히 있다. 그러나 일단 '올바른 방향'을 잡은 후에는, 오로지 연관성 평가, 논증성 평가, 균형성 평가라는 무기를 들고 '이전의 자신'과 끝없이 싸워야 한다. 즉, 자신이 만든 논지, 소주제, 근거 간의 논리적 흐름을 조금이라도 개선하기 위해 끝없이 노력해야 한다. 따라서 논리에 있어 '완성' 혹은 '완벽'이란 없다. 마치 신들의 노여움을 사 끝없이 바위를 언덕 위로 밀어 올리는 시지프스의 운명처럼,[257] '이전의 자신'이 했던 말 혹은 쓴 글을 끝없이 개선할 뿐이다.

---

257. 시지프스는 제우스 신으로부터 바위를 언덕 위로 올려 놓아야 하는 형벌을 받는다. 낑낑대며 바위를 언덕 위로 밀어 올리면, 어느새 그 바위가 아래로 굴러 떨어진다. 또다시 그 바위를 힘겹게 언덕 위로 밀어 올리면, 어느새 그 바위가 다시 아래로 떨어진다. 이렇듯 영원히 끝나지 않는 인간의 운명을 상징하는 것이 시지프스 신화의 주된 내용이다. "Sisyphus", Wikipedia, accessed January 2024.; and Albert Camus, *The Myth of Sisyphus* (Vintage International, 2018).

또한, '더와 덜'의 게임인 논리를 위해서는 존재하지도 않는 '모범 답변'을 찾으려 하면 안 된다. 만약 '모범 답변'이 존재한다면, 논리의 결과물은 모두 똑같아질 것이다. 그러나 '논리'라는 '올바른 방향'의 유사점에도 불구하고, 모든 논리적인 말과 글은 서로 다르다. 한편, '모범'과 '예시'는 전혀 다른 말이다. 따라서 '논리'를 배울 때 '예시'를 활용할 수는 있다. '이전의 타인'이 했던 말 혹은 글 형식의 '예시 답변'에 대한 비판적 분석을 통해 무엇이 '왜' 잘못되었는지, '어떻게' 수정해야 하는지 등을 고민해 봄으로써, 자신의 말과 글을 좀더 논리적으로 개선할 수 있다. 즉, 보다 중요한 '이전의 자신'과의 싸움에 더해 '이전의 타인'과의 싸움을 추가적인 학습의 도구로 활용할 수 있다.

5

─ 제5장 ─
객관적 검증

5.1. 최선의 검증 수단 TOEFL

지금까지 똑똑영어에 대해 자세하게 설명했다. 제1장과 제2장에서는 똑똑영어가 왜 절박하게 필요한지와 똑똑영어가 과연 무엇인지를 설명했다. 제3장과 제4장에서는 문장 차원의 의사소통이라는 똑똑영어의 일차적 목표를 위한 기초적 실천과 문단·단락 차원의 의사소통이라는 궁극적 목표를 위한 본질적 실천을 설명했다. 결국 똑똑영어란 문장을 넘어 문단과 단락 차원에서 듣기와 읽기는 물론 말하기와 글쓰기까지 자유롭게 할 수 있는 수준의 영어능력을 갖추기 위한 공부이다. 이제 똑똑영어를 정확하게 이해하고 성실하게 실천하는 일은 여러분의 몫이다. 제5장에서는 정확한 이해와 성실한 실천을 통해 장차 향상될 여러분의 영어능력을 객관적으로 검증 받는 방법에 대해 설명하겠다.

혹시 '합리적 의사결정'이라는 표현을 들어보았는가? 합리적 의사결정이란 우리가 쓸 수 있는 자원이 유한하기 때문에 반드시

최소한의 자원을 활용하여 최대한의 결과를 만들어 내는 방향으로 의사결정을 해야 한다는 것이다. 예컨대, 여러분이 똑똑영어를 통한 영어능력의 향상에 사용할 수 있는 시간, 노력, 비용 등은 무한하지 않고 제한적이다. 따라서 동일한 시간, 노력, 비용을 들여 더 좋은 결과를 얻으려면 반드시 '합리적 영어시험선정'을 잘 해야 한다. 즉, 영어능력을 객관적으로 검증하는 다양한 수단 중 과연 어떤 것이 나에게 가장 유리한지를 먼저 결정해야 한다.[258] 나에게 꼭 맞는 합리적 영어시험선정의 3가지 기준은 영어능력 향상, 시험결과 활용, 경제적 비용이다.

우선, 최선의 검증 수단은 TOEFL이다. 첫째, 영어능력 향상의 측면에서 TOEFL은 최선의 수단이다. TOEFL은 영어능력의 발전단계라는 측면에서 문장을 넘어 문단과 단락 차원에서 영어로 의사소통이 가능한지 여부를 검증하는 표준화된 시험이다. 동시에

---

258. 특히, '영어로 대학가기'와 관련하여 다음 3가지의 합리적 의사결정을 내려야 한다. (1) 합리적 전형선택, (2) 합리적 학습순서결정, (3) 합리적 영어시험선정. 자세한 내용은 "6.1. 연대·고대 합격의 지름길 '영어로 대학가기'" 참고. See 이상혁, 『Dr. LEE의 '영어'로 대학가기』 (KP Publisher: 서울, 2010), pp. 110-131.

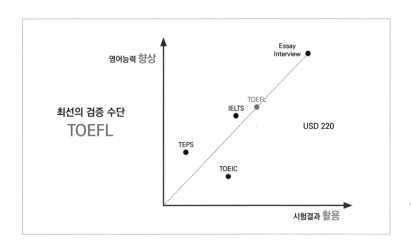

TOEFL은 의사소통의 방법이라는 측면에서 소극적 의사소통인 듣기와 읽기뿐 아니라 적극적 의사소통인 말하기와 글쓰기 형식으로도 영어능력을 검증하는 시험이다.[259] 따라서 TOEFL 시험을 준비하는 과정에서 자연스럽게 문장, 문단, 단락 차원에서 듣기, 읽기, 말하기, 글쓰기 형식으로 의사소통하는 영어능력의 향상이라는 효과를 얻을 수 있다. 즉, TOEFL은 최선의 검증 수단인 동시에 영어능력 향상을 위한 효과적인 학습 수단이기도 하다.[260]

둘째, 영어능력 활용의 측면에서 TOEFL은 여전히 최선의 수단이다. 원래 TOEFL은 영어를 모국어로 사용하지 않는 학생이 미

---

259. TOEFL은 특정 수준의 영어능력이 확인되면 해당되는 점수를 받을 수 있는 시험이다. 만약 문장 차원에서 의사소통이 가능하면 각 영역별 25-26점 내외 그리고 총점 100-105점 내외를 받을 수 있다. 만약 문단 차원에서 의사소통이 가능하면 각 영역별 27-28점 내외 그리고 총점 110-114점 내외를 받을 수 있다. 만약 단락 차원에서 의사소통이 가능하면 각 영역별 29-30점 내외 그리고 총점 117-120점까지도 받을 수 있다. 자세한 내용은 "2.5. 듣기, 읽기, 말하기, 글쓰기" 참고.

260. See ETS, "TOEFL", ets.org/toefl, accessed January 2024.

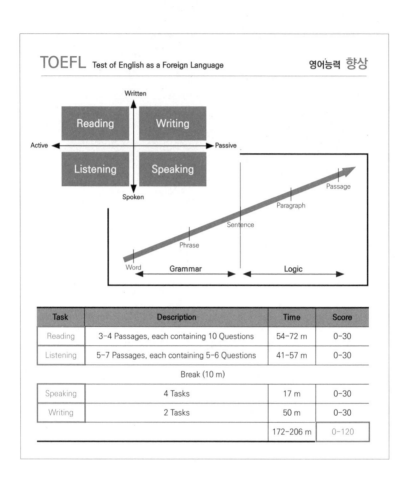

Task	Description	Time	Score
Reading	3-4 Passages, each containing 10 Questions	54-72 m	0-30
Listening	5-7 Passages, each containing 5-6 Questions	41-57 m	0-30
Break (10 m)			
Speaking	4 Tasks	17 m	0-30
Writing	2 Tasks	50 m	0-30
		172-206 m	0-120

국의 대학·대학원으로 진학할 때 요구되는 시험이다. TOEFL 시험
을 주관하는 ETS에 따르면, 현재 130개 이상의 국가에 걸쳐 10,000
개 이상의 대학 및 기타 기관에서 영어능력의 평가에 TOEFL 성적
을 활용하고 있다.[261] 사실상 지원자의 영어능력을 검증하기 위해

---

261. *Id.*

"Used by
more than 10,000 colleges, agencies,
and other institutions in over 130 countries"

영어공인성적을 요구하는 모든 곳에 TOEFL은 활용된다. 셋째, 경제적 비용의 측면에서는 다소 아쉬움이 있다. 2024년 1월 현재 TOEFL의 응시료는 USD 220이다.[262] 응시료가 각각 48,000원과 46,000원인 TOEIC과 TEPS에 비하면 약 5.96배와 6.22배나 비싸기 때문에 부담스러운 점이 있다.

---

262. 환율은 수시로 등락하나 USD 1을 1,300원으로 환산할 경우, 약 286,000원이다.

영어능력을 객관적으로 검증하는
다양한 수단 중 과연 어떤 것이
나에게 가장 유리한지를 먼저 결정해야 한다.
영어능력 향상과
시험결과 활용이라는 측면에서
최선의 검증 수단은 TOEFL이다.

5.2. 취업 준비를 위한 TOEIC

    취업 준비를 위한 차선책은 TOEIC이다. 첫째, 영어능력 향상의 측면에서 TOEIC은 문제가 많다. 우선, TOEIC은 영어능력의 발전단계라는 측면에서 단어와 구를 넘어 문장 차원에서 의사소통이 가능한지 여부만을 검증하는 표준화된 시험이다. 또한, TOEIC은 의사소통의 방법이라는 측면에서 듣기와 읽기 형식으로만 영어능력을 검증한다.[263] 따라서 TOEIC 시험을 준비하는 과정에서 자연스럽게 문장 차원에서 듣기와 읽기 형식으로 의사소통하는 영어능력의 향상이라는 효과는 얻을 수 있다. 그러나 더욱 중요한 문단과 단락의 차원 그리고 더욱 필요한 말하기와 글쓰기 형식의 영어능력 향상에는 전혀 도움이 되지 않는다. 따라서 TOEIC은 오로지 영어능력이 부족한 취업 준비생들을 위한 차선책일 뿐이다.

---

263. See ETS, "TOEIC", ets.org/toeic, accessed January 2024.

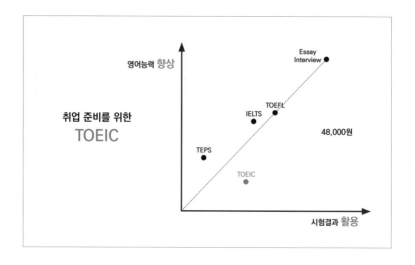

영어능력 향상

취업 준비를 위한
TOEIC

시험결과 활용

Essay Interview

TOEFL
IELTS

TEPS

TOEIC

48,000원

TOEIC의 가장 큰 문제점은 문장을 넘어서는 문단과 단락 차원의 영어능력을 검증하지 못한다는 것이다. 예컨대, 문장을 넘어 문단과 단락의 차원에서 듣기, 읽기, 말하기, 글쓰기 형식으로 영어 의사소통을 할 수 있어서 TOEFL 118점을 받은 D양과, 단지 문장 차원의 영어능력만 가지고 있어서 TOEFL 102점을 받은 E군이 있다고 가정하자. 만약 이 두 학생이 TOEIC 시험을 봤는데 그 결과 D양은 910점을 E군은 980점을 받았다면 어떨까? 충분히 가능한 결과이다. 왜냐하면, TOEIC은 문장 차원에서 듣기와 읽기만 가능하면 누구나 900-990점을 받을 수 있는 시험이기 때문이다.[264] D양과 E군의 점수 차이는 단지 TOEIC의 형식에 맞추어 누가 더 실

---

264. 예컨대, 영어를 사용하는 공간에 2-3년 정도 자연스럽게 노출된 경험을 가진 한국 학생들의 경우 평균 10명 중 4-6명이 문장 차원의 영어 의사소통이 가능하다. 따라서 이러한 조건의 학생들은 어렵지 않게 TOEIC 900점 이상의 점수를 받을 수 있다. 자세한 내용은 "2.1. 영어능력의 발전단계" 참고.

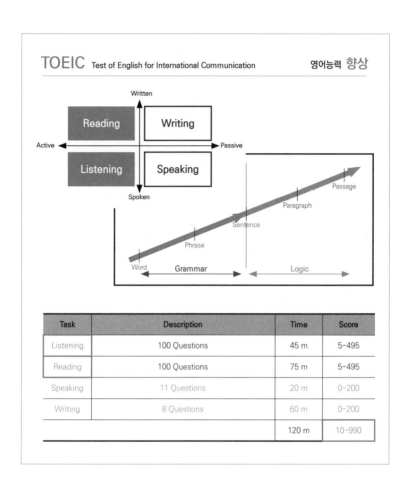

TOEIC Test of English for International Communication   영어능력 향상

Task	Description	Time	Score
Listening	100 Questions	45 m	5-495
Reading	100 Questions	75 m	5-495
Speaking	11 Questions	20 m	0-200
Writing	8 Questions	60 m	0-200
		120 m	10-990

수를 줄이는 연습을 성실하게 했는지 여부이다.

둘째, 시험결과 활용의 측면에서도 TOEIC의 한계는 분명하다. 원래 TOEIC은 한 일본인의 제안에 따라 일본의 기업환경에 필요한 영어능력을 검증할 목적으로 1970년대 말 ETS에 의해 개발된 시험이다. ETS의 공식 홍보자료에 따르면, 현재 160개 이상의 국가에 걸쳐 14,000개 이상의 기관에서 영어능력 평가에 TOEIC

성적을 활용하고 있다고 한다.[265] 그러나 이것은 ETS의 홍보일 뿐 현실과는 많은 차이가 있다. 실제로는 한국과 일본 기업들의 입사 시험에서만 주로 활용되고 있는 상황이다. 그러나 입사 지원자가 비즈니스를 위해 필요한 영어능력을 실제로 갖추었는지 여부를 TOEIC 성적이 전혀 보여주지 못한다는 사실을 기업들은 이미 경험을 통해 잘 알고 있다.[266]

한편, 개인의 입장에서 보면, TOEIC의 문제점은 좀더 심각하다. 예컨대, 중학교·고등학교 시절 학교에서 시키는대로 열심히 공부해서 수능 영어영역에서 1등급을 받았고, 결국 바라던 대학에 입학한 F군이 있다고 가정해 보자.[267] 대학 입학 후 취직을 위해서는 TOIEC 공부를 해야 한다는 선배들의 조언에 따라, F군도 처음

---

265. See ETS, *supra* note 263.

266. 이러한 측면에서 TOEIC 성적이 취업 관련 서류심사에는 일정한 도움이 되지만 최종 합격 여부에는 큰 기여를 하지 못한다는 한국개발연구원의 연구결과는 쉽게 이해될 수 있다. 김희삼, *supra* note 53.

267. "들어가며"에 소개된 실제 사례인 A군도 여기에 해당한다.

TOEIC 시험에 응시하여 730점을 받았다. 대학을 다니는 4년 동안 친구들과 함께 강남역 근처의 대형 TOEIC 학원에 가서 정말 열심히 공부한 결과 4학년 때 930점을 받았다. 마치 수능 영어영역 1등급을 받았을 때처럼, 930점이 적혀 있는 TOEIC 성적표를 받아든 F군은 어깨가 으쓱해졌다. 그러나 F군은 말하기와 글쓰기의 형식으로는 여전히 영어 의사소통을 할 수 없는 상황이다.[268]

셋째, 경제적 비용의 측면에서 TOEIC은 너무나도 장점이 크다. 원래 ETS가 책정한 TOEIC 응시료는 USD 140이다. 여기에 말하기와 글쓰기 시험까지 선택하면 추가로 USD 140를 더 지불해야 한다. 그러나 한국의 경우 ETS의 위탁을 받아 YBM이 주관하는 한국토익위원회에서 대규모로 TOEIC 시험을 시행한다. 그 결과 한국에서의 TOEIC 응시료 표준가격은 48,000원에 불과하다.[269] 듣기와 읽기 시험에 더해 말하기와 글쓰기 시험까지 모두 응시할 경우 가격은 216,000원으로 올라간다. 다만, TOEIC의 경우 개별접수·단체접수, 정기접수·추가접수 등 매우 다양한 기준으로 다양한 가격 정책을 쓰고 있다. 가격이 싸다고 무조건 좋은 것은 아니다. 기억하라! TOEIC은 취업 준비생을 위한 차선책일 뿐이다.

---

268. F군의 경우 영어와 관련하여 무엇을, 어디서부터, 어디까지, 왜, 어떻게 공부해야 하는지에 대해 정확하게 이해하지 못한 채, 그저 열심히 공부하기만 했다. 참으로 안타까운 경우이다. 이 책을 통해 똑똑영어를 정확하게 이해하고 성실하게 실천하는 학생들의 경우 TOEIC 시험을 볼 필요가 없다.

269. See "TOEIC", exam.toeic.co.kr, accessed January 2024.

마치 수능 영어영역 1등급을
받았을 때처럼,
930점이 적혀 있는 TOEIC 성적표를
받아든 F군은 어깨가 으쓱해졌다.
그러나 F군은 말하기와 글쓰기의 형식으로는
여전히 영어 의사소통을
할 수 없는 상황이다.

5.3. 국내파를 위한 TEPS

국내파를 위한 차선책은 TEPS이다. 첫째, 영어능력 향상의 측면에서 TEPS는 문제가 많다. 우선, TEPS는 영어능력의 발전단계라는 측면에서 단어와 구를 넘어 문장 차원에서 의사소통이 가능한지 여부를 검증하는 표준화된 시험이다. 또한, TEPS는 의사소통의 방법이라는 측면에서 듣기와 읽기 형식으로만 영어능력을 검증한다. 독특하게도 TEPS에는 듣기와 읽기 영역 이외에 어휘와 문법을 평가하는 영역이 각각 별도로 있다.[270] TEPS 시험을 준비하는 과정에서 자연스럽게 문장 차원에서 듣기와 읽기 형식으로 의사소통하는 영어능력의 향상이라는 효과는 얻을 수 있다. 그러나 문단과 단락의 차원 그리고 말하기와 글쓰기 형식의 영어능력 향상에는 전혀 도움이 되지 않는다.

---

270. See "TEPS", teps.or.kr, accessed January 2024.

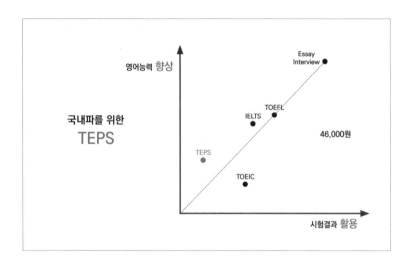

　　TEPS의 가장 큰 문제점은 문단과 단락 차원의 영어능력 검증에 있어 그 결과를 신뢰할 수 없다는 것이다. TEPS 또한 TOEFL과 마찬가지로 문장을 넘어 문단과 단락 차원의 영어능력을 검증하려고 시도한다. 예컨대, 텝스관리위원회가 제시한 페이지 224의 환산표에 따르면 TOEFL 120점, 115-120점, 107-111점이 각각 TEPS 600점, 526-563점, 453-488점에 해당한다.[271] 그러나 이 환산표는 신뢰하기 어렵다. 무엇보다도 TEPS 점수를 TOEFL과 TOEIC 점수 모두로 환산한 것 자체가 이미 모순이다. TOEFL과 TOEIC 모두를 주관하는 ETS는 두 시험 간의 환산표를 전혀 만들지 않는다. 왜 그럴까? 왜냐하면 검증의 대상 즉, 영어능력의 발전 단계상 평가대상이 서로 다르기 때문이다.

---

271. See "Conversion Table", teps.or.kr/InfoBoard/ConvresionTable#, accessed January 2024.

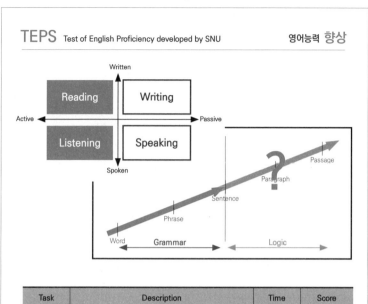

Task	Description	Time	Score
Listening	40 Questions	40 m	0-240
Vocabulary	30 Questions	25 m	0-60
Grammar	30 Questions		0-60
Reading	35 Questions	40 m	0-240
		105 m	0-600

더욱 심각한 문제는 소위 '해외파'와 '국내파' 간에 점수의 편차가 크다는 것이다. 즉, 영어능력의 발전단계라는 측면에서 문장, 문단 혹은 단락과 같이 동일한 차원의 영어능력을 가졌다고 할지라도, 국내에서 열심히 영어를 학습한 학생들의 TEPS 점수가 해외에서 자연스럽게 영어를 습득한 학생들의 TEPS 점수보다 훨씬 더 높게 나온다. 아마도 어휘와 문법이라는 영역에서 실제 영어능력이

TEPS 등급	New TEPS	TOEFL	TOEIC
1+	600	120	990
	526-563	115-120	970-990
1	453-488	107-111	920-945
2+	387-419	99-103	855-885
2	327-355	86-93	755-810
3+	268-297	71-79	625-690
3	212-241	52-63	480-550
4+	163-184	28-42	360-410
4	111-134		
5+	55-83		
5	0-27		

아니라 암기능력을 평가해서 그러한 오차가 벌어진 것이 아닌지 추
정해 본다. 이러한 측면에서 분명 TEPS는 국내파에게 상대적으로
유리한 시험이다. 하지만, 아무리 고득점을 받아도 실제 문장을 넘
어 문단과 단락 차원에서 말하기와 글쓰기 형식의 의사소통을 영어
로 할 수 없다면 무슨 의미가 있는가?

둘째, 시험결과 활용의 측면에서도 TEPS의 한계는 분명하다.
원래 TEPS는 TOEFL과 TOEIC 때문에 해외로 유출되는 외화를 줄
일 목적으로 정부의 재정이 투입되어 만들어졌고, 1999년 1월에
정식으로 시행되었다.[272] 이후 정부의 주도 하에 서울대학교와 정부

---

272. 재미있는 사실은 TOEFL과 TOEIC을 대체한다는 동일한 이유로 2009년 '국가영어능력평가시험' 즉,
'NEAT'(National English Ability Test)가 만들어졌다. 유일한 차이점은 운영주체인데, TEPS의 경우 서울대학교이고
NEAT의 경우 교육과학기술부 산하 국립국제교육원과 한국교육과정평가원이었다. 즉, 기존에 이미 정부의 재정이
투입되어 만들어진 TEPS가 있음에도 불구하고, 별도의 재정을 다시 투입해서 NEAT를 만들겠다는 것이었다. 그
이유가 무엇일까? 어쩌면 당시 정책 결정권자들조차도 TEPS에 대해 신뢰하지 않았던 것이 아닌지 추측해 본다.
여하튼, 막대한 시민의 세금을 낭비한 채 NEAT라는 '수입대체상품'의 개발은 대실패로 끝났다.

TEPS Test of English Proficiency developed by SNU   시험결과 활용

"Used by … "   서울대? 정부?

"Only in Korea"   수능영어?

?

부처의 영어능력 평가에 TEPS를 활용하기 시작했다. 텝스관리위원회의 홍보자료에 따르면, 여러 대학의 입학·편입, 대학원 입학, 대학졸업 인증 등에 TEPS 성적이 활용되고 있다.[273] 그럼에도 불구하고 활용 측면에서 TEPS의 가장 큰 단점은 오로지 국내에서만 인정되는 영어공인시험이라는 것이다. 셋째, 경제적 비용의 측면에서 TEPS는 너무나도 장점이 크다. 46,000원인 TEPS 응시료는 다른 영어공인시험에 비해 가장 저렴하다.

한편, TEPS 관련 심각한 염려가 있다. 비록 최근 그 수가 줄어들기는 했지만, 여전히 많은 중·고등학교 학생들이 TEPS를 공부하고 있다. 혹자는 TEPS가 수능 영어영역에 도움이 되기 때문이라고 설명한다. 그런 이유라면 그냥 수능 영어를 공부하면 된다. 사실 수능 영어를 가르치는 분들이 가장 쉽게 접근할 수 있는 영어공인

---

273. "활용현황", teps.or.kr/Use/School, accessed January 2024.

시험이 TEPS이다. 그래서 학생의 입장이 아닌 선생님의 입장에서 유리한 TEPS를 가르치려는 것이 아닌지 걱정이다. TEPS는 지금 당장 영어능력을 검증 받아야 하는데 그 능력이 부족한 국내파 학생들이 선택할 수 있는 차선책일 수는 있다. 하지만 똑똑한 영어 공부를 통해 장차 영어실력을 향상시켜야 하는 중·고등 학생들에게 TEPS를 가르치는 것은 결코 바람직하지 않다.

5.4. 새로운 대안 IELTS

새로운 대안은 IELTS이다. 첫째, 영어능력 향상의 측면에서 IELTS는 TOEFL에 버금가는 새로운 대안이다. IELTS는 영어능력의 발전단계라는 측면에서 문장을 넘어 문단과 단락 차원에서 영어로 의사소통이 가능한지 여부를 검증하는 표준화된 시험이다. 동시에 IELTS는 의사소통의 방법이라는 측면에서 소극적 의사소통인 듣기와 읽기뿐 아니라 적극적 의사소통인 말하기와 글쓰기 형식으

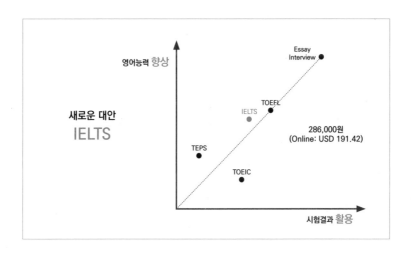

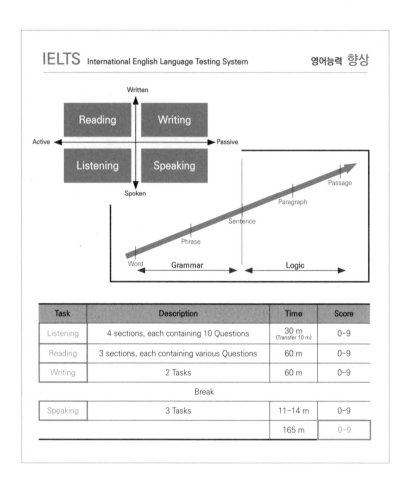

IELTS International English Language Testing System   영어능력 향상

Task	Description	Time	Score
Listening	4 sections, each containing 10 Questions	30 m (Transfer 10 m)	0-9
Reading	3 sections, each containing various Questions	60 m	0-9
Writing	2 Tasks	60 m	0-9
Break			
Speaking	3 Tasks	11-14 m	0-9
		165 m	0-9

로도 영어능력을 검증하는 시험이다. 따라서 IELTS 시험을 준비하는 과정에서 자연스럽게 문장, 문단, 단락 차원에서 듣기, 읽기, 말하기, 글쓰기 형식으로 의사소통하는 영어능력의 향상이라는 효과를 얻을 수 있다. 즉, IELTS는 신뢰성 있는 검증 수단인 동시에 영어능력 향상을 위한 효과적인 학습 수단이기도 하다.

IELTS는 총 3개의 모듈로 구분되는데, 응시자의 필요에 따라

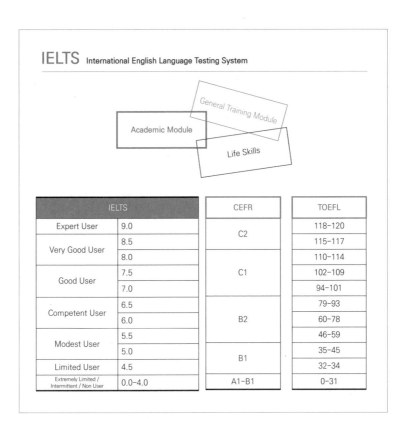

IELTS International English Language Testing System

General Training Module

Academic Module

Life Skills

IELTS		CEFR	TOEFL
Expert User	9.0	C2	118–120
Very Good User	8.5		115–117
	8.0		110–114
Good User	7.5	C1	102–109
	7.0		94–101
Competent User	6.5	B2	79–93
	6.0		60–78
Modest User	5.5		46–59
	5.0	B1	35–45
Limited User	4.5		32–34
Extremely Limited / Intermittent / Non User	0.0–4.0	A1–B1	0–31

그 중 하나를 선택하여 시험을 본다. 예컨대, 대학·대학원 진학을 위한 'Academic Module', 취업·이민을 위한 'General Training Module', 영어 학습을 위한 'Life Skills'가 있다. 이중 TOEFL에 직접적으로 비교될 수 있는 것은 'Academic Module'이다.[274] 만약 문장 차원에서 듣기, 읽기, 말하기, 글쓰기 형식의 의사소통이 영어로 가능하면 각 영역별 7점 내외 그리고 총점 7점 내외를 받을

---

274. See IELTS, "IELTS", ielts.org, accessed January 2024.

수 있다. 만약, 문단 차원에서 의사소통이 가능하면 각 영역별 8점 내외 그리고 총점 8점 내외를 받을 수 있다. 만약 단락 차원에서 의사소통이 가능하면 각 영역별 8.5-9점 그리고 총점 8.5-9점을 받을 수 있다.[275]

　둘째, 영어능력 활용의 측면에서 IELTS는 TOEFL에 버금가는 최선의 수단이다. 원래 IELTS는 영국과 캐나다, 호주, 뉴질랜드 등 과거 영연방 국가들의 대학·대학원 진학 혹은 이들 국가로의 취업·이민에 요구되는 영어능력을 검증하는 시험이었다. IELTS 공식 홍보자료에 따르면, 현재 140개 이상의 국가에 걸쳐 10,000개 이상의 대학 및 기타 기관에서 영어능력의 평가에 IETLS 성적을 활용

---

275. IELTS가 제시하는 TOEFL 점수와의 환산표는 어느 정도 신뢰할 수 있는 것으로 판단된다. 예컨대, 대부분의 미국 대학·대학원에서 이 환산표에 근거하여 TOEFL 대신 IELTS 점수를 받아주고 있다. 한편, 'Common European Framework of Reference for Language'의 약자인 'CEFR'은 2000년 유럽평의회(Council of Europe)에서 도입한 비영어권 사람들의 영어능력을 평가하는 기준이다. 가장 낮은 단계인 A1부터 가장 높은 단계인 C2까지 총 6단계로 구분된다.

하고 있다.[276] 최근에는 일부 최상위의 로스쿨과 비즈니스스쿨을 제외한 대부분의 미국 대학·대학원에서도 IELTS를 TOEFL과 동일하게 인정한다. 셋째, 경제적 비용의 측면에서는 아쉬움이 매우 크다. 2024년 1월 현재 IELTS의 응시료는 한국에서 286,000원이다. 다만, 온라인으로 응시할 경우 USD 191.42이다.[277]

---

276. See IELTS, *supra* note 274.

277. See "IELTS", ieltskorea.org, accessed January 2024. 다만, 'USD 1 = 1,300원' 기준으로 비교하면, IELTS와 TOEFL의 가격은 동일하다. 다만, IELTS는 환율에 상관없이 286,000원이고, TOEFL은 환율에 따라 원화 표시 가격이 변동한다.

학생의 입장이 아닌
선생님의 입장에서 유리한
TEPS를 가르치려는 것이 아닌지 걱정이다.
똑똑한 영어 공부를 통해 장차 영어실력을
향상시켜야 하는 중·고등 학생들에게
TEPS를 가르치는 것은
결코 바람직하지 않다.

5.5. 좀더 정확한 검증 Essay·Interview

　　지금까지 똑똑영어를 통해 장차 향상될 여러분의 영어능력을 객관적으로 검증하는 영어공인시험에 대해 설명했다. 최선의 검증 수단인 TOEFL, 취업 준비를 위한 차선책인 TOEIC, 국내파를 위한 차선책인 TEPS, 그리고 새로운 대안인 IELTS가 대표적인 사례이다. 지금 당장 영어능력을 검증 받아야 하는데 그 능력이 부족한 경우에 한해 TOEIC과 TEPS를 차선책으로 활용할 수는 있다. 하지만 장기적인 안목으로 똑똑한 영어 공부를 통해 영어실력을 체계적으로 향상시키고자 하는 학생들은 가급적 TOEFL을 최선책으로 선택하고 경우에 따라 IELTS를 대안으로 활용해야 한다. 물론 TOEFL이 영어공인시험 중 최선의 수단이기는 하지만, 표준화된 객관식 시험이 가지는 한계를 부정할 수는 없다.[278]

---

278. TOEFL의 읽기 영역은 10개의 객관식 문항이 달려 있는 단락 3-4개로, 그리고 듣기 영역은 5개의 객관식 문항이 달려 있는 대화 2-3개와 6개의 객관식 문항이 달려 있는 강의 5-7개로 구성되어 있다. 물론 TOEFL의 말하기와 글쓰기 영역은 객관식 시험이 아니다. 자세한 내용은 "5.1. 최선의 검증 수단 TOEFL" 참고.

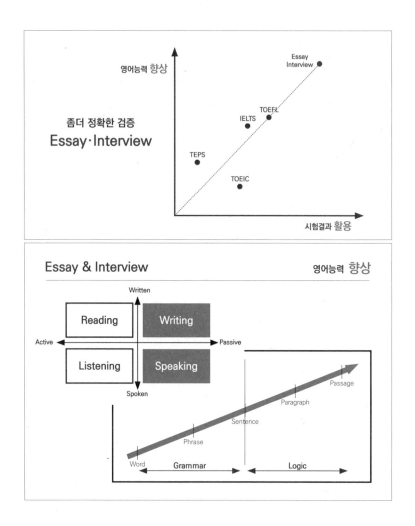

이러한 한계를 극복한 좀더 정확한 검증 수단이 바로 Essay와 Interview이다. Essay와 Interview는 영어능력의 발전단계라는 측면에서 문장을 넘어 문단과 단락 차원에서 영어로 의사소통이 가능한지 여부를 보다 정확하게 검증하는 시험이다. 동시에 의사소통의 방법이라는 측면에서 적극적 의사소통인 말하기와 글쓰기 형식

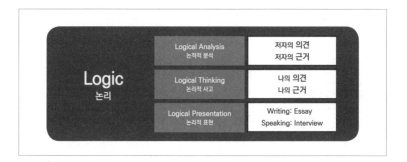

으로 영어능력을 검증하는 시험이다. 따라서 Essay와 Interview를 준비하는 과정에서 자연스럽게 문장, 문단, 단락 차원에서 듣기, 읽기, 말하기, 글쓰기 형식으로 의사소통하는 영어능력의 향상이라는 효과를 얻을 수 있다. Essay와 Interview는 입시, 취업 등 매우 다양한 영역에서 문장을 넘어 문단과 단락 차원의 영어능력을 검증하는 수단으로 활용되고 있다.

그렇다면 Essay와 Interview의 공통점은 무엇일까? 바로 그 본질이 논리라는 점이다.[279] 영어능력의 발전단계라는 측면에서 논리란 자신의 추상적 '생각'을 문단과 단락이라는 구체적 '표현'의 형식에 담을 때,[280] 그것을 전달받는 상대방이 자신의 생각에 동의할 수밖에 없도록 만드는 '문단과 단락의 조합 원칙'이다. 현실적으로 논리능력은 논리적 분석, 논리적 사고, 논리적 표현이라는 3단계를 거쳐 드러난다. 즉, 주어진 상황 혹은 문제를 논리적으로 분석

---

279. 자세한 내용은 "2.3. 문단과 단락의 구성원칙 '논리'" 참고.

280. 자세한 내용은 "2.4. 추상적 '생각'과 구체적 '표현'" 참고.

Essay vs. 에세이

	형식 유무	글의 내용	전개 방식
에세이	일정한 형식 없이	일상의 느낌과 체험	생각나는 대로
Essay	특정한 형식에 맞추어	이슈에 대한 논지Thesis	논리Logic적으로

하고, 그 분석의 결과를 토대로 자신의 생각을 논리적으로 정리하고, 그 생각을 말과 글의 형식에 맞추어 논리적으로 표현하는 것이다. 이때 논리적 표현이 글의 형식으로 이루어지면 Essay가 되고, 말의 형식으로 이루어지면 Interview가 된다.

우선, Essay는 논란이 있는 주제에 대한 자신의 비판적 의견을 논리라는 틀에 담아 전달해서 독자로 하여금 자신의 생각에 동의하도록 만드는 글쓰기이다. 즉, 논쟁의 대상인 이슈에 대한 논지를 논리라는 틀에 담는 논리적 글쓰기가 바로 Essay이다. 이에 반해, 한국어 '에세이'의 사전적 의미는 "일정한 형식을 따르지 않고 인생이나 자연 또는 일상생활에서의 느낌이나 체험을 생각나는 대로 쓴 산문 형식의 글"[281]이다. 즉, '에세이'는 '형식이 없고' 그저 '생각나는 대로'[282] 쓰는 수필[283]이다. 이렇듯 수필을 의미하는 한국

---

281. 국립국어원 표준국어대사전.

282. 자연스러운 인간의 생각은 결코 논리적이지 않다. 따라서 자연스러운 인간의 생각을 '논리'라는 인위적인 틀에 담기 위해 개요짜기 즉, (1) 연관성 평가, (2) 논증성 평가, (3) 균형성 평가를 수행하는 것이다.

283. '수필'의 사전적 의미는 "일정한 형식을 따르지 않고 인생이나 자연 또는 일상생활에서의 느낌이나 체험을 생각나는 대로 쓴 산문 형식의 글"이다. 즉, 에세이와 수필의 정의가 동일하다. 국립국어원 표준국어대사전.

어 '에세이'와 영어 Essay는 전혀 다른 것이다.[284] 다만, 이러한 잘 못된 표현이 한국 사람들의 논리적 글쓰기에 심각한 걸림돌이 되고 있는 현실이 안타까울 따름이다.

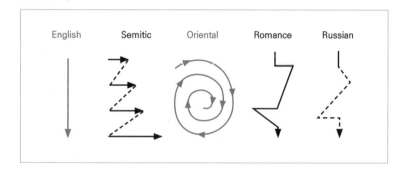

English   Semitic   Oriental   Romance   Russian

Essay의 형식적 출발점은 '서본결' 구조의 '5-문단 Essay'이 다.[285] '서론(1문단)-본론(3문단)-결론(1문단)'으로 구성된 '5-문단 Essay'의 형식은 논지를 논리에 담는 논리적 글쓰기에 매우 유용하 다. 위 그림과 같이, '직선적 사고패턴'을 가지고 있는 영어를 모국 어로 사용하는 사람들과 달리, '결론을 먼저 그리고 직접적으로 말 하기' 혹은 '자신의 의견을 분명하게 제시하기'에 익숙하지 않은 전

---

284. 한국문학평론가협회에 따르면, 에세이의 종류를 에세이와 미셀러니(Miscellany), 혹은 공식적(Formal) 에세이와 비공식적(Informal) 에세이로 나누고, 전자는 지적·객관적·논리적이며 후자는 감성적·주관적·개인적이라고 설명한다. 다만, 이러한 설명이 논리적 글쓰기라는 측면에서 한국어 '에세이'라는 표현이 만들어 낸 혼란을 제거하지는 못한다. 따라서 '논리적 글쓰기'라는 측면에서만 보면, '에세이'라는 표현을 버리고 오직 '수필' 혹은 '미셀러니'라고 표현하는 것이 바람직하다. 네이버 문학비평용어사전.

285. '5-문단 Essay'(Five Paragraph Essay)는 그 구조적 특징 때문에 '햄버거 에세이'(Hamburger Essay), '1-3-1 에세이'(One Three One Essay), '3 단계 에세이'(Three-tier Essay) 등으로 불리기도 한다. '5-문단 에세이'에 대한 보다 일반적인 이해를 위해서는 Edward Alcott-White, *The Five-Paragraph Essay: Instructions and Exercises for Mastering Essay Writing* (Scholar's Shelf Press, 2018) 참고.

통적인 동양인(특히, 한국인)[286]에게 '5-문단 Essay'의 형식은 논리를 이해하고 연습하기에 효과적인 도구이다. 즉, 서론에서 논지진술과 소주제소개로 글 전체의 결론과 흐름을 먼저 보여주고, 본론에서 그 이유를 하나씩 풀어내고, 결론에서 결론진술과 소주제요약으로 글 전체를 다시 보여준다.[287]

물론 '5-문단 Essay'에 대한 여러 가지 문제 제기가 있는 것 또한 사실이다. 누군가는 '5-문단 Essay'가 너무 단순하고 기계적이어서 현실에서 사용하기에 부적절한 형식이라고 비난하고,[288] 또 다른 누군가는 그 나름의 장점은 인정하지만 이제 글쓰기의 새로운 대안을 찾아야 한다고 비판한다.[289] 논리적 글쓰기라는 측면에서 이미 '5-문단 Essay'의 효용을 충분히 누린 사람들이 주로 이러한 비난과 비판을 제기한다. 아무런 형식 즉, '격'을 갖추지 못한 '무격'의 상태에서 출발해 이제 충분히 '격' 혹은 '격식'을 갖추었으니, 그

---

286. Robert B. Kaplan, "Cultural Thought Patterns in Inter-cultural Education", *Language Learning*, Vol. 16 (1-2) (1966), pp. 1-20. 예컨대, 영어와 한국어의 문장구조 차이를 살펴보면 이러한 사고패턴의 차이를 보다 쉽게 이해할 수 있다. 영어의 경우 결론/의견이 담기는 동사(Verb)가 주어(Subject) 바로 다음에 나오고 그 후에 설명이 뒤따른다. 이에 반해, 한국어의 경우 주어가 먼저 나오고 나머지 모든 설명이 붙은 후 제일 마지막에 결론/의견이 담긴 동사가 위치한다. 따라서 영어를 모국어로 사용하는 사람들은 결론이 나오고 이유/설명이 뒤따른 것(예컨대, 좋아! 왜냐하면 …)을, 그리고 한국어를 모국어로 사용하는 사람들은 이유/설명이 먼저 나오고 결론이 제일 마지막에 나오는 것(예컨대, …… 그래서 좋아!)을 각각 조금 더 편안하고 자연스럽게 받아들인다.

287. "제4장 본질적 실천" 부분에서 Essay 즉, '논리적 글쓰기'의 구체적 예시를 이미 제시했다. 특히, 〈Sample Answer〉와 그 번역본인 〈예시 답변〉을 참고하면 된다. 자세한 내용은 "4.4. 논리를 위한 '균형성 평가'" 참고.

288. See Wayne C. Booth and *et al.*, *The Craft of Research*, 4th Edition (Chicago Guides to Writing, Editing, and Publishing), (Chicago, IL: Univers247ity of Chicago Press, 2016).

289. See Kimberly Hill Campbell and Kristi Latimer, *Beyond the Five Paragraph Essay* (Portland, ME: Stenhouse Publishers, 2012).

격을 뛰어넘는 '파격'을 주장하는 것이다.[290] 다만, 논리적 말하기와 글쓰기의 '격식'을 설명하고자 하는 이 책의 목적상 '파격'에 대한 논의는 일단 뒤로 미루도록 하겠다.

한편, Interview는 논란이 있는 주제에 대한 자신의 비판적 의견을 논리라는 틀에 담아 전달해서 청자로 하여금 자신의 생각에 동의하도록 만드는 말하기이다. 즉, 논지를 논리라는 틀에 담는 논리적 말하기가 바로 Interview이다. 따라서, Essay의 기본 틀과 형식을 면접에 응용하면 된다. 우선, 개요짜기를 단순화해야 한다. 말하기라는 표현 방법의 특징과 시간의 제약으로 인해 Interview의 5단계는 Essay의 5단계와 차이가 있다. 물론 시간이 허락하는 범위 내에서 1단계 이해하기 및 2단계 브레인스토밍하기는 가급적 Essay와 동일하게 진행한다. 그러나 3단계에서는 논지의 이유인 소주제를 2가지만 준비하고 각각의 소주제를 뒷받침하는 근거도 좀더 간소화하는 '단순화된 개요짜기'를 진행한다.

다음으로, 질문을 유도하고 대답을 준비해야 한다. Essay와 달리, Interview에서는 직접대면이라는 특징 때문에 면접자가 피면접자에게 추가 질문을 던질 가능성이 매우 크다. 따라서 피면접

---

290. 비유하자면, 서구 사회가 '전근대사회'(Pre-modern Society)를 지나 철저한 '근대화'(Modernization)를 통해 '근대사회'(Modern Society)의 극단에 도달하게 되자, 근대를 뛰어넘는 '탈근대주의'(Post-modernism) 혹은 '해체주의'(Deconstructionism)의 주장이 제기되었다. 문제는 아직 근대화도 제대로 완성하지 못한 상태에서 탈근대화와 근대의 해체를 주장하는 것은 논쟁의 맥락을 전혀 이해하지 못했다는 것이다. 따라서, 아직 논리적 말하기와 글쓰기의 기본적인 '틀', '형식' 혹은 '격'도 갖추지 못한 상황에서 '틀의 해체', '형식의 해체' 혹은 '파격'을 주장하는 것은 결코 바람직하지 않다.

자는 '자신이 잘 대답할 수 있는 것'을 면접자가 질문할 수밖에 없도록 적극적으로 유도하고, 그 유도된 질문에 대한 대답을 미리 준비해야 한다. 이를 위해 4단계 '질문 유도 및 대답 준비'에서는 자신이 개요짜기한 내용 중 주요 개념을 전달하는 용어(예컨대, 세수, PSRs, 케인스주의)를 3-5개 정도 선정하여, 각 용어에 대해 '개념정의', '논쟁', '근거', '나의 의견', '나의 근거'를 준비한다. 아무리 시간이 부족해도, 최소한 반대개념과 예시를 중심으로 각 용어의 '개념정의'는 꼭 준비해야 한다.

이에 더해, 말하기의 특징에 맞춰 표현해야 한다. 3단계 '단순화된 개요짜기'를 통과한 추상적 '생각'을 5단계 '말하기'에서 구체적 '표현'으로 바꾼 것이 페이지 242에 제시된 〈Sample Interview〉이다.[291] Interview에서도 문단과 단락의 논리적 구분은 분명하게 있다. 다만, 그러한 구분이 눈에 보이지는 않는다. Interview에는 논지를 보여주는 제목도 없다. 따라서 논리적 흐름을 보여주는 연결어의 사용이 반드시 필요하다. 논지를 제시할 때는 1인칭 주어를 분명하게 사용한다. 한편, Interview에서는 논지, 소주제, 근거의 전달이라는 언어적 의사소통을 통한 논리적 설득도

---

291. Essay와 달리 Interview에서는 '검토하기'의 단계가 없다. 즉, 한번 내뱉은 말을 수정할 기회가 없다. 따라서 1단계 이해하기, 2단계 브레인스토밍하기, 3단계 단순화된 개요짜기의 과정을 더욱 꼼꼼하게 진행해야 하며, 특히 5단계 말하기 과정 중에도 실수를 줄이기 위해 충분히 생각하면서 말해야 한다. 원칙적으로, 말하는 속도(Speed)에 비해 생각하는 속도가 3배 이상 빠른 것이 바람직하다. 장기적으로는 생각하는 연습을 통해 생각하는 속도를 높여야 한다. 다만, Interview라는 긴장된 상황 속에서 말하는 속도는 다소 빨라지는 경향이 있다. 따라서 자신이 느끼기에 적당한 속도보다 3배 이상 천천히 말한다는 마음가짐으로 해야만 실수를 줄일 수 있다.

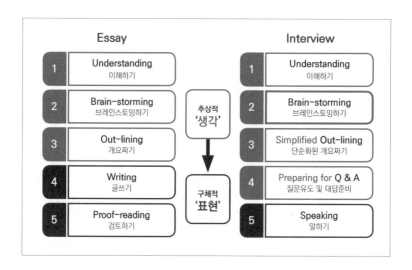

중요하지만, 음성,[292] 표정,[293] 자세[294]와 같은 비언어적 의사소통을 통한 정서적 유대 즉, 공감을 얻는 것이 매우 중요하다.[295]

---

292. 음성(Voice)과 관련해 가장 중요한 것이 목소리의 크기(Volume)인데, 자신이 생각하기에 적절한 목소리 크기보다 3배 이상 크게 발성하는 것이 바람직하다. 왜냐하면 피면접자의 입에서 귀까지의 거리보다 피면접자의 입에서 면접자의 귀까지의 거리가 훨씬 더 멀기 때문이다. 또한 자신이 발성하기에 편안한 음(Tone)보다 한 옥타브 더 높은 음(이상적으로는 '솔')을 중심으로 잡고 억양(Intonation)을 살려서 발성하는 것이 바람직하다. 왜냐하면 높은 음을 내는 피면접자는 불편하지만 그것을 듣는 면접자는 경쾌하고 긍정적인 느낌을 갖게 될 확률이 높기 때문이다.

293. 비언어적 의사소통(Non-verbal Communication)의 가장 중요한 부분이 표정(Facial Expression)이다. 면접자로부터 정서적 유대 즉, 공감을 얻어내기 위해서는 반드시 미소짓기(Smiling)와 시선맞추기(Eye-Contacting)를 동시에 해야 한다.

294. 자세(Posturing) 또한 면접자에게 전달되는 피면접자의 전체적인 느낌을 형성하는데 아주 중요한 역할을 한다. 좀더 밝고 긍정적인 느낌을 전달하기 위해서는 '몸 전체를 똑바로 세운 채 약 10도 정도 앞으로 기울이는 자세'(Forward Posture)가 좋다. 또한, 팔, 손가락 등의 관절은 살짝 오무리는 것이 자연스럽다. 남자의 경우 양 무릎 간격을 주먹 하나가 들어갈 정도로 띄우며 두 발의 간격도 무릎과 동일하게 유지한다. 여자의 경우 양 무릎과 두 발 모두 붙이는 것이 좀더 자연스럽다.

295. Interview에서 언어적 의사소통은 이성(Logos)에 호소하는 논리적 설득 그리고 비언어적 의사소통은 감성(Pathos)에 호소하는 감성적 설득과 좀더 연관되어 있다. 한편, 이성과 감성 이외에 인격(Ethos) 즉, 말하는 사람의 인격에 대한 신뢰에 호소하는 설득도 있다. See Aristotle, supra note 92.

Milton Friedman, 1976 Nobel Laurate in economics and professor at Chicago University, contributed an extremely controversial article "The Social Responsibility of Business is to Increase Its Profits" to *The New York Times* in 1970. His argument must be quite provocative, considering the period dominated by Keynesianism. In terms of the following 2 aspects, I believe the argument of Milton Friedman more than 40 years ago is still a gravely resonating voice necessary for Korea where Neo-Keynesianism prevails.

First, in terms of responsibility, the argument of Milton Friedman can be a help in reining *Chaebol*'s attempt to evade its social responsibilities. Let's assume that a chairman and 5% stock-holder of a *Chaebol* spent KRW 1 trillion in the name of CSRs. However, the money was not from his pocket but from that of the corporation. In fact, the chairman evaded his own individual social responsibilities. Even worse, it infringed on the rights of many minority stock-holders who disagreed to those contributions. In this context, Jagdish Bhagwati, professor at Columbia University, suggested the concept of PSRs instead of CSRs.

Second, in terms of revenue, the argument of Milton Friedman can be a help in securing financial resources for social welfare. The more a corporation makes efforts to increase its profits, the more it will pay taxes to the government. According to the Statistics Korea, corporations paid 52.1 trillion in 2016, 59.2 trillion in 2017, 70.9 trillion in 2018, and 79.3 trillion in 2019. Some of the profits are handed over to stock-holders as dividend. Thus, the increase of profits indirectly leads to that of income taxes. Consequently, the increase of profits contributes to securing those financial resources.

In conclusion, as discussed in the aspects of responsibility and revenue, I believe the argument of Milton Friedman, "The Social Responsibility of Business is to Increase Its Profits", is still effective for our society.

 예시 Interview

1976년 노벨경제학상 수상자인 밀턴 프리드먼 시카고대학교 교수는 "기업의 사회적 책임은 이윤확대"라는 매우 논쟁적인 글을 1970년 뉴욕타임즈에 기고했습니다. 케인스주의가 지배했던 당시 상황을 고려하면, 이러한 주장은 매우 도발적이었습니다. 저는 다음 2가지 측면에서, 40년 전 프리드먼의 주장이 신케인스주의 사상이 지배하고 있는 지금의 대한민국에도 여전히 필요한 울림이 큰 외침이라고 생각합니다.

첫째, 책임 측면에서, 밀턴 프리드먼의 주장은 개인의 책임을 회피하려는 일부 재벌의 시도를 제어하는 데 도움이 됩니다. 예컨대, 5% 지분을 보유한 모 재벌의 최대주주인 회장이 CSRs의 일환으로 개인 돈이 아닌 회사 돈 1조원을 기부했다고 가정해 봅시다. 이것은 개인적으로 감당해야 할 사회적 책임을 회피한 것이며, 나아가 이에 동의하지 않는 다수 소액주주들의 이익을 침해한 것입니다. 이러한 맥락에서, 컬럼비아대학교 바그와티 교수는 CSRs이 아닌 'PSRs' 즉, '개인의 사회적 책임'이라는 새로운 개념을 제시하기도 했습니다.

둘째, 세수 측면에서, 밀턴 프리드먼의 주장은 사회복지에 필요한 재원 확보에 도움이 됩니다. 기업이 이윤확대를 위해 노력하면 그만큼 더 많은 세금을 납부하게 됩니다. 기업의 이윤증가는 직접적으로 법인세 증가로 이어집니다. 통계청 자료에 따르면, 2016년 52.1조원, 2017년 59.2조원, 2018년 70.9조원, 2019년 79.3조원으로 정부의 법인세 수입이 증가했습니다. 또한 기업의 이윤은 배당으로 주주에게 넘어가 간접적으로 소득세의 증가로 이어집니다. 이렇듯 기업의 이윤확대는 사회복지에 필요한 재원 확보에 큰 도움이 됩니다.

결론적으로, 앞서 책임과 세수 측면에서 설명드린 바와 같이, 저는 "기업의 사회적 책임은 이윤확대"라는 밀턴 프리드먼의 주장이 오늘날 우리 사회에도 여전히 유효하다고 생각합니다.

6

─── 제6장 ───

다양한 활용

6.1. 연대·고대 합격의 지름길
'영어로 대학가기'

똑똑영어란 '일차적으로 단어와 구를 넘어 문장 차원에서 그리고 궁극적으로는 문단과 단락 차원에서 듣기와 읽기는 물론 말하기와 글쓰기까지 자유롭게 할 수 있는 수준의 영어능력을 갖추기 위한 공부'이다. 문법을 중심으로 기초적 실천을, 논리를 중심으로 본질적 실천을 정확하고 성실하게 수행한다면 누구나 문장은 물론 문단과 단락 차원에서 영어로 자유롭게 의사소통할 수 있다. 이에 더해, 자신의 영어능력에 대한 객관적 검증까지 정확하고 성실하게 수행한다면, 독자 여러분 모두가 더할 나위 없이 뛰어난 영어능력을 가질 수 있다. 똑똑영어는 지극히 예외적인 소수의 천재들을 위한 공부 방법이 결코 아니다. 똑바로 이해하고 똑바로 실천하는 바로 당신을 위한 공부 방법이 똑똑영어이다.

똑똑영어를 정확하고 성실하게 수행한 사람들은 유치원, 초등학교, 중학교, 고등학교, 대학교, 대학원, 직장 등 평생에 걸쳐 영어를 정말 잘하는 사람들만이 가질 수 있는 다양한 기회와 혜택을 누릴 수 있다. 대표적인 사례가 바로 영어로 대학가기이다. 영어로 대학가기란 '문장 차원 이상의 영어능력을 가진 영어특기자 학생들이 대학자체시험, 고교내신, 영어공인성적, 기타서류 등의 평가요소를 준비해서, 영어특기자전형, 학생부종합전형, 재외국민특례전형을 통해 국내 대학 혹은 해외 대학에 진학하는 것'을 말한다. 즉, 똑똑영어를 통해 문장을 넘어 문단과 단락 차원의 영어능력이 있는 학생들이 연세대학교, 고려대학교 등 명문대학에 가장 쉽게 합격할 수 있는 지름길이 바로 영어로 대학가기이다.[296]

국내는 물론 해외 대학의 입시에 필요한 평가요소는 크게 4가지로 분류할 수 있다. 첫째, 대학자체시험이다. 대학 교수들이 직접 학생의 학업능력을 말과 글의 형식으로 검증하는 것이다.[297] 결국 그 본질은 논리 혹은 논증능력의 평가이다. 둘째, 고교내신이다. 학생의 기본 성실성 및 학업 성취도를 확인할 수 있는 자료이다.[298] 셋째, 영어공인성적이다. 해외 대학에 지원할 경우 반드시 제출해야 하는 자료이다. 다만, 국내 대학의 경우 최근에는 제출할 수 없

---

296. 이상혁, *supra* note 258, pp. 18-54.

297. 대학자체시험이 한국어로 진행되면 심층면접, 논술이라고 표현하고, 영어로 진행되면 Essay, Interview라고 한다.

298. 국내 고교 졸업자의 경우 원칙적으로 등급으로 표시된 내신으로만 평가받는다. 다만, 현실적으로는 각 고등학교의 서로 다른 실제 수준을 고려하여 그 내신의 의미를 추가로 반영하기도 한다. 한편, 해외 고교 졸업자의 경우 학교에서 받은 GPA에 더해 AP, IB 등의 표준화된 성적을 추가적으로 반영한다. 자세한 내용은 "6.2. 유학 준비의 기본 SAT" 참고.

영어로 대학가기

Who?	문장 차원 이상의 **영어능력**을 가진 **영어특기자** 학생들이				
How?	대학자체시험	고교내신	영어공인성적	기타서류	**평가요소**를 준비해서
Where?	영어특기자	학생부종합	재외국민특례	해외대학	**전형유형**을 통해 대학에 진학

다.[299] 중요한 것은 영어공인성적 자체가 아니고 그 성적으로 확인할 수 있는 학생의 영어능력이다.[300] 넷째, 기타서류이다. 수상실적, 봉사활동, 취미활동, 독서활동 등 기타 학생의 관심과 능력을 보여줄 수 있는 모든 자료이다.[301]

혹시 대학 입학 방법 즉, 입시 전형의 수가 몇 개나 있는지 알고 있는가? '정시전형'은 물론 다양한 성격과 이름의 '수시전형'을 모두 합치면 국내에만 약 3,000개 내외의 전형이 있다. 만약 해외대학에도 관심이 있다면, 전형의 수는 훨씬 더 늘어난다. 심각한 문

---

299. 과거에는 영어공인성적을 제출할 수 있었고, 그것이 합격 여부에 직접적인 영향을 미쳤었다. 예컨대, TOEFL 성적이 전체 전형의 배점 중 40-60%를 차지하는 경우도 있었다. 그러나 현재는 정부가 대학 입시에 영어공인성적 제출을 금지하고 있다. 이러한 정부의 정책은 '영어 사교육 축소'라는 측면에서는 일견 타당하다. 그러나 '영어능력의 향상'이라는 교육 목표의 측면에서 보자면, 이것은 매우 잘못된 정책이다. 만약 이러한 정책을 유지하려면, 반드시 '고등학교 영어교육과 수능 영어영역을 열심히 공부하는 것만으로 최소한 문장 차원에서 듣기, 읽기, 말하기, 글쓰기 형식의 영어 의사소통이 가능해야 한다.'라는 전제조건이 충족되어야 한다.

300. 영어공인성적으로 확인할 수 있는 것보다 훨씬 더 정확하게 학생의 영어능력을 검증할 수 있는 수단이 Essay와 Interview 형식의 대학자체시험이다. 자세한 내용은 "5.5. 좀더 정확한 검증 Essay·Interview" 참고.

301. 대학별 혹은 전형별로 사용되는 '서류'의 의미가 서로 다른 경우가 많다. 어떤 경우는 '기타서류'만을, 어떤 경우는 '기타서류와 영어공인성적'을, 어떤 경우는 '기타서류, 영어공인성적, 고교내신'을 의미하기도 한다.

합리적 의사결정	합리적 전형선택
합리적 학습순서결정	합리적 영어시험선정

제는 이 전형들의 세부적인 내용이 해마다 변경된다는 것이다. 더욱 심각한 문제는 학생과 학부모는 물론 선생님과 학교도 이 모든 전형을 정확하게 이해하지 못한다는 것이다. 가장 심각한 문제는 수많은 전형들 중 여러분 혹은 여러분의 자녀에게 가장 유리한 전형이 무엇인지를 아무도 대신해서 결정해 주지 않는다는 것이다. 이제 더 이상 남들이 하는 대로 따라하거나 학교에서 시키는 대로 열심히만 해서는 결코 좋은 결과를 얻을 수 없다.

따라서 대학 입시에서 최선의 결과를 얻기 위해서는 합리적 의사결정을 올바르게 해야 한다.[302] 먼저, '문장 차원 이상의 영어 능력을 가진 영어특기자 학생'의 관점에서는 3,000개 내외의 국내 대학 입시 전형을 '영어특기자전형', '학생부종합전형', '재외국민 특례전형', '기타 수시전형', '정시전형'으로 분류할 수 있다. 결론적으로 똑똑영어를 정확하게 이해하고 성실하게 실천하는 학생의 경우 영어능력이 합격 여부에 가장 큰 영향을 미치는 영어특기자전

---

302. 이상혁, *supra* note 258, pp. 117-131.

형에 지원하는 것이 가장 유리하다. 만약 고교내신이 좋은 편이라면 일부 학생부종합전형에도 지원할 수 있다. 만약 지원자격이 된다면, 재외국민특례전형에도 지원해야 한다. 영어특기자의 경우 해외 대학에도 어렵지 않게 지원할 수 있다.[303]

영어능력을 갖춘 학생에게 왜 영어특기자전형이 가장 유리한 '합리적 전형선택'인지를 설명해 보겠다. 자신에게 꼭 맞는 합리적 전형선택을 위해서는 (1) 모집인원, (2) 지원인원, (3) 미래진로라는 3가지 요소를 검토해야 한다. 첫째, 모집인원의 측면에서 해마다 약 600-700명 내외의 인원을 영어특기자전형에서 선발한다. 예컨대, 2024학년도 입시에서 최상위권 대학에서만 총 487명의 영어특기자를 선발했다. 즉, 연세대학교와 고려대학교가 각각 449명과

---

303. 자세한 내용은 "6.2. 유학 준비의 기본 SAT" 참고.

38명을 선발했다.[304] 여기에 이화여자대학교, 한양대학교, 경희대학교, 한국외국어대학교, 국민대학교 등 중상위권 대학[305]의 인원을 합치면 총 644명의 영어특기자 학생들이 2024학년도 입시에서 중상위권 이상의 명문대학에 선발되었다.[306]

둘째, 지원인원의 측면을 고려하면 영어특기자전형은 객관적으로 가장 유리한 전형이다. 즉, 모집인원 대비 지원인원의 비율이 다른 전형들에 비해 매우 낮은 편이다. 예컨대, 2024학년도 연세대학교의 전형별 경쟁률을 살펴보면, 수시전형 전체의 경쟁률이 14.62:1이다. 아무런 조건 없이 누구나 지원할 수 있는 논술전형의 경우 42.17:1로 경쟁률이 가장 높다. 이에 반해, 영어특기자가 주로 지원하는 학생부종합전형(국제형_국내)의 경우 경쟁률이 14.10:1이다. 특히, 학생부종합전형(국제형_해외/검정)과 특기자전형(국제인재)의 경우 경쟁률이 각각 5.10:1과 6.56:1로 매우 낮은 편이다. 동아시아국제학부와 글로벌엘리트학부에 입학할 학생들

---

304. '명칭'이 아닌 '성격'을 기준으로 입시전형을 분류해야 한다. 예컨대, 영어로 수업이 진행되는 언더우드국제대학과 글로벌인재대학에 입학할 학생들을 선발하는 연세대학교 학생부종합전형(국제형_국내)과 학생부종합전형(국제형_해외/검정)은 그 성격상 영어특기자가 지원하는 전형이다. 동일한 맥락에서, 국제학부와 글로벌한국융합학부에 입학할 학생들을 선발하는 고려대학교 학생부종합전형(계열적합형, 21명)과 학생부종합전형(학업우수자전형, 17명)도 그 성격상 주로 영어특기자가 지원하는 전형이다. 문장 수준 이상의 영어능력을 갖추지 못한 학생들의 경우 설령 예외적으로 합격한다고 해도 영어로 진행되는 수업에 정상적으로 참여하는 것이 사실상 불가능하다.

305. 영어로 수업이 진행되는 국제학부에 입학할 학생들을 선발하는 한양대학교 학생부종합전형(일반, 40명)도 그 성격상 주로 영어특기자가 지원하는 전형이다. 동일한 맥락에서, 국제학부, Language&Diplomacy학부, Language&Trade학부에 입학할 학생들을 선발하는 한국외국어대학교 학생부종합전형(면접형, 14명)과 국제대학에 입학할 학생들을 선발하는 경희대학교 학생부종합전형(네오르네상스전형, 46명)도 그 성격상 주로 영어특기자가 지원하는 전형이다.

306. 각 대학 입학처의 수시전형 입시요강 참고.

영어로 대학가기: 영어특기자 + 학생부종합

2024학년도	전형명칭	모집인원	전형방법	비고
서울대	학생부종합 (일반전형)	1,394	1단계: 서류 100 (2배수 이내) 2단계: 1단계성적 50 + 면접 50	국내고, 해외고, 검정고시 출제문항 기반 면접
연세대	특기자전형 (국제인재)	124	1단계: 서류 100 2단계: 1단계성적 60 + 면접 40	국내고, 수능최저 X 영어제시문 기반 영어구술면접
	학생부종합 (국제형)	274		국내고: 수능최저 O 해외고, 검정고시: 수능최저 X 제시문 기반 영어구술면접
	학생부종합 (활동우수형)	568		국내고, 해외고, 검정고시 제시문 기반 면접 수능최저 O
	[미래] 학생부종합 (글로벌인재)	51	1단계: 서류 100 2단계: 1단계성적 70 + 면접 30	국내고, 해외고 영어제시문 기반 영어구술면접 수능최저 X
	[미래] 학생부종합 (학교생활우수자)	281		국내고 수능최저 X
고려대	학생부종합전형(학업우수형)	970	1단계: 서류 100 (5배수) 2단계: 1단계성적 70 + 면접 30	국내고, 해외고, 검정고시 제시문 기반 면접 수능최저 O
	학생부종합 (사이버국방)	5	1단계: 서류 100 (6배수) 2단계: 서류60+면접20+기타20	국내고, 해외고, 검정고시 제시문 기반 면접 수능최저 O, 군 신원조회
	학생부종합 (계열적합형)	593	1단계: 서류 100 (5배수) 2단계: 1단계성적 50 + 면접 50	국내고, 해외고, 검정고시 제시문 기반 면접 수능최저 X
성균관대	학생부종합(계열모집)	441	1단계: 서류 100 (5배수/3배수) 2단계: 1단계성적 70 + 면접 30	국내고, 해외고, 검정고시 제시문 기반 면접 수능최저 X
	학생부종합 (학과모집)	429		
	학생부종합 (과학인재전형)	110	1단계: 서류 100 (7배수) 2단계: 1단계성적 70 + 면접 30	
이화여대	특기자전형(어학)	16	1단계: 서류 100 (4배수) 2단계: 1단계성적 70 + 면접 30	국내고, 해외고, 검정고시 어학우수자 수능최저 X
	특기자전형(국제학부)	54		국내고, 해외고, 검정고시 영어강의 수강가능자 수능최저 X
중앙대	학생부종합 (CAU 융합인재)	513	1단계: 서류 100 (3.5배수) 2단계: 1단계성적 70 + 면접 30	국내고, 해외고, 검정고시 수능최저 X
한국외대	학생부종합 (면접형)	468	1단계: 서류 100 (3배수) 2단계: 1단계성적 50 + 면접 50	국내고, 해외고, 검정고시 개별 블라인드 면접 수능최저 X
	학생부종합 (SW인재)	34		
경희대	학생부종합 (네오르네상스전형)	1,090	1단계: 서류 100 (3배수 내외) 2단계: 1단계성적 70 + 면접 30	국내고, 해외고, 검정고시 수능최저 X
	학생부종합 (네오르_국제대학)	46		
서울시립대	학생부종합I (면접형)	370	1단계: 서류 100 (3배수 내외) 2단계: 1단계성적 60 + 면접 40	국내고, 해외고, 검정고시 수능최저 X
건국대	학생부종합 (KU자기추천전형)	830	1단계: 서류 100 (3배수) 2단계: 1단계성적 70 + 면접 30	국내고, 해외고, 검정고시 수능최저 X
국민대	학생부종합 (국민프론티어)	483	1단계: 서류 100 (3배수) 2단계: 1단계성적 70 + 면접 30	국내고, 해외고, 검정고시 제시문 기반 면접 수능최저 X
	어학특기자	41	1단계: 어학성적 100 (8배수) 2단계: 어학20+학생부30+면접50	
동국대	학생부종합 (Do Dream)	564	1단계: 서류 100 (3.5~4배수) 2단계: 1단계성적 70 + 면접 30	국내고, 해외고, 검정고시 수능최저 X
숙명여대	학생부종합 (숙명인재-면접형)	284	1단계: 서류 100 (3배수) 2단계: 1단계성적 60 + 면접 40	국내고, 해외고, 검정고시 수능최저 X
	소계	644 + 9,343		

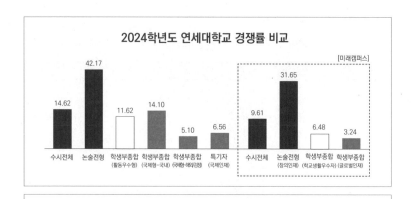

2024학년도 연세대학교 경쟁률 비교

[미래캠퍼스]

- 수시전체: 14.62
- 논술전형: 42.17
- 학생부종합(활동우수형): 11.62
- 학생부종합(국제형-국내): 14.10
- 학생부종합(국제형-해외/검정): 5.10
- 특기자(국제인재): 6.56
- 수시전체: 9.61
- 논술전형(창의인재): 31.65
- 학생부종합(학교생활우수자): 6.48
- 학생부종합(글로벌인재): 3.24

2024학년도 연세대학교 세부 경쟁률 비교

전형명칭	대학	모집단위	모집인원	지원인원	경쟁률
학생부종합전형 (국제형_국내)	언더우드 국제대학	아시아학전공	20	212	10.6:1
		융합인문사회과학부(HASS)	107	1,279	11.95:1
		융합과학공학부(ISE)	51	1,018	19.96:1
		소계	178	2,509	14.10:1
학생부종합전형 (국제형_해외/검정)	언더우드 국제대학	언더우드학부(인문·사회)	30	130	4.33:1
		언더우드학부(생명과학공학)	6	35	5.83:1
		융합인문사회과학부(HASS)	30	130	4.33:1
		융합과학공학부	20	109	5.45:1
	글로벌인재대학	글로벌인재학부	10	86	8.60:1
		소계	96	490	5.10:1
특기자전형 (국제인재)	언더우드 국제대학	언더우드학부(인문·사회)	114	714	6.25:1
		언더우드학부(생명과학공학)	10	100	10.00:1
		소계	124	814	6.56:1

을 선발하는 학생부종합전형(글로벌인재)의 경쟁률은 3.24:1밖에

되지 않는다 [307]

---

307. See 연세대학교 입학처, "2024학년도 수시모집 최종 지원 현황", https://admission.yonsei.ac.kr/seoul/
admission/html/rolling/guide.asp, accessed January 2024.

모집인원과 지원인원 즉, 경쟁률만 살펴보면 객관적으로 영어특기자전형보다 학생에게 더 유리한 전형은 없다. 그러면 지금 이 책을 읽고서 혹은 다른 경로를 통해 이러한 사실을 알게 된 모든 학생들이 경쟁률이 가장 낮은 영어특기자전형에 도전하고 싶지 않을까? 혹시 내년에는 너무 많은 지원자가 몰려서 경쟁률이 폭발적으로 높아지지 않을까? 참고로 영어특기자전형이 처음으로 시행된 2000년대 초반 이후 지금까지 경쟁률에는 큰 차이가 없다. 왜 그럴까? 만약 고3학생이 이제 와서 '와! 나도 영어특기자전형에 도전해야지!'라고 결심한다면, 이미 늦었다. 왜냐하면 '문장 차원 이상의 영어능력을 가진 영어특기자'가 되기 위해서는 일정 기간 이상의 언어습득과 언어학습의 과정이 필요하기 때문이다.

셋째, 미래진로의 측면을 고려하면, 영어특기자전형은 더욱 더 유리한 전형이다. 보통의 학생이라면 어떤 전형을 선택하든 원하는 대학에 합격하기 위해서 열심히 공부할 것이다. 이왕 공부할 바에야 그 공부하는 내용이 대학 입시에만 도움이 되는 것이 아니라, 대학 공부와 대학 졸업 이후 미래진로에도 도움이 되는 것이라면 더할 나위 없이 좋을 것이다. 영어특기자전형의 핵심이 바로 문장을 넘어 문단과 단락 차원에서 듣기, 읽기, 말하기, 글쓰기 형식의 영어 의사소통을 할 수 있는지 여부를 검증하는 것이다. 다시 말해, 문제해결능력, 학업능력 등으로 표현될 수 있는 논리 혹은 논증능력을 21세기 세계어인 영어로 검증하는 것이 영어특기자전형에

서 합격 여부를 판가름하는 핵심이다.[308]

2017년 5월 10일 중앙일보에 흥미로운 기사가 하나 실렸다. 기사 내용의 핵심 중 하나는 '영어 사교육 축소'라는 정책 목표를 위해 정부가 각 대학에서 시행 중인 영어특기자전형의 폐지를 요구했는데[309] 연세대학교와 고려대학교가 그 요구를 거부하여 정부의 관련 지원금 사업에서 동반 탈락했다는 것이다.[310] 그러면 도대체 왜 연세대학교와 고려대학교는 정부의 지원금을 포기했을까? 혹시 두 학교가 돈이 너무 많았기 때문일까? 결코 그렇치는 않을 것이다. 아마도 지난 20여년 동안 영어특기자전형을 통해 연세대학교와 고려대학교에 입학한 수많은 영어특기자 학생들이 그 누구보다도 대학에서 공부를 더 잘했고, 졸업 후 대학원 진학 및 취업에서도

---

308. "제6장 다양한 활용" 전체가 영어특기자전형이 왜 미래진로의 측면에서 가장 유리한 전형인지를 잘 설명해준다.

309. 2000년대 초반 이화여자대학교 국제학부전형에서 시작된 영어특기자전형은 시행 첫 해부터 '폐지해야 한다'라는 비난과 '폐지될 것이다'라는 루머에 시달렸다. 똑똑하지 못한 정부의 잘못된 정책에도 불구하고 똑똑한 대학들의 현명한 결정 때문에 영어특기자전형은 여전히 유지되고 있다.

310. 남윤서, "교육부, 고려·연세대 입시전형에 '낙제점'", 중앙일보 (2017년 5월 10일), https://news.joins.com/article/21559452, accessed January 2024.

더 좋은 성과를 보여주었기 때문은 아닐까?

　　합리적 전형선택이 성공적으로 끝났다면, 이제 '합리적 학습 순서결정'을 해야 한다. 첫째, '더 중요한 것'과 '덜 중요한 것'을 구분해서, 자신이 활용할 수 있는 제한된 시간과 노력을 '더 중요한 것'에 먼저 사용해야 한다. 예컨대, 덜 중요한 봉사활동을 하기 위해 더 중요한 고교내신에 소홀하면 안 된다. 굳이 기말고사 기간에 봉사활동을 하겠다면 칭찬 받아 마땅한 '착한 사람'이기는 하지만 결코 영어로 대학가기에 성공할 가능성이 큰 '똑똑한 학생'은 아니다. 또한 오로지 덜 중요한 고교내신에만 모든 시간과 노력을 사용해서, 보다 근본적인 영어능력의 향상과 그것을 기반으로 한 대학 자체시험에 대한 준비가 제대로 되어 있지 않다면, 이것 또한 매우 비합리적인 행동이다.

　　둘째, '변화시킬 수 있는 것'과 '변화시킬 수 없는 것'을 구분해서, 전자는 노력해서 변화시키고 후자는 받아들여야 한다. 예컨대, 아직 초등학생·중학생이라면 얼마든지 영어능력을 향상시킬 수 있으니, 똑똑영어를 정확하게 이해하고 성실하게 실천하는 것만으로도 충분하다. 어짜피 초등학교와 중학교의 내신성적은 대학입시에 들어가지도 않는다. 만약 고1·2학생이라면 현재 다소 부족한 고교내신을 얼마든지 변화시킬 수 있기에 최선을 다해 공부해야 한다. 만약 고교내신이 나쁜 고3학생이라면 이미 변화시킬 수 없는 고교내신에 대해서는 편안한 마음으로 체념하고,[311] 아직 변화시킬 수 있는 영어능력의 향상과 대학자체시험의 준비, 그리고 기타서류를 준비하는 것에 시간과 노력을 사용해야 한다.

셋째, 영어능력의 발전단계에 따른 학습순서를 이해하고, 그 순서에 따라 공부해야 한다. 예컨대, 문장 차원의 영어 의사소통이 불가능하여 TOEFL 84점을 받은 학생이 있다고 가정하자. 이 학생의 경우 무엇보다 먼저 자신의 영어능력을 최소한 문장 차원까지 끌어올리는 공부부터 해야 한다. 만약 급한 마음에 SAT, AP, IB 등의 공부를 시작한다면 시간과 노력을 낭비할 뿐이다. 원래 SAT, AP, IB는 영어를 모국어로 사용하는 학생들을 전제로 설계된 시험이다.[312] 즉, 문장 차원의 영어 의사소통이 전혀 문제없다는 것이 전

---

311. 미국의 신학자이자 국제정치학자인 라인홀드 니부어의 유명한 시 "평온의 기도"의 한 대목이다. "하나님! 저에게 변화시킬 수 없는 것을 받아들일 수 있는 평온함을, 변화시킬 수 있는 것을 변화시키는 용기를, 그리고 그 둘의 차이를 분별할 수 있는 지혜를 허락하소서." 합리적 학습순서결정을 고민하는 학생들에게 너무나도 유익한 교훈이라 판단된다.

312. 문장 차원의 영어능력이 부족해도 수리능력을 검증하는 SAT, AP, IB의 관련 영역 및 과목에서는 높은 점수를 받을 수 있다. 다만, 이 경우에도 총점은 당연히 낮을 수밖에 없다. 최소한 문장 차원의 영어능력이 확인되는 TOEFL 100-105점 이상일 때 SAT, AP, IB 공부를 시작하는 것이 합리적이다. 물론, SAT, AP, IB에서 고득점을 얻고자 한다면 문장을 넘어 최소한 문단 차원의 능력을 확보한 이후에 관련 공부를 시작하는 것이 바람직하다. 자세한 내용은 "6.2. 유학 준비의 기본 SAT" 참고.

제된 시험이다. 만약 한국어로 문장 차원의 의사소통이 불가능한 베트남 출신 학생이 수능 국어영역 문제를 풀고 있다면 어떻겠는가? 결코 좋은 성적을 받을 수 없을 것이다.

요컨대, 영어로 대학가기는 연대·고대 합격의 지름길이다. 똑똑영어를 정확하게 이해하고 성실하게 실천하는 학생들이 누릴 수 있는 대표적인 기회와 혜택이 바로 영어로 대학가기를 통한 주요 명문대학 입학이다. 모집인원, 지원인원, 미래진로의 측면을 검토해 보면, '최소한 문장 차원 이상의 영어능력을 가진 영어특기자' 학생들의 경우 영어특기자전형에 우선적으로 지원하는 것이 가장 유리한 합리적 전형선택이다. 물론 각자의 조건에 따라 학생부종합전형, 재외국민특례전형, 해외대학 등을 추가적으로 고려할 수 있다. 또한, 제한된 시간과 노력을 활용하여 최대한의 효과를 얻기 위해서는 합리적 학습순서결정과 합리적 영어시험선정[313]도 올바르게 해야 한다.

---

313. 자세한 내용은 "5.1. 최선의 검증 수단 TOEFL"과 "5.4. 새로운 대안 IELTS" 참고.

영어능력의 발전단계에 따른
학습순서를 이해하고,
그 순서에 따라 공부해야 한다.

6.2. 유학 준비의 기본 SAT

똑똑영어를 정확하고 성실하게 수행한 사람들이 누릴 수 있는 또 다른 기회는 해외 대학으로의 유학이다. 영어능력을 기반으로 도전해 볼 수 있는 전통적인 유학 선호지는 미국의 주요 명문 대학이다. 최근에는 영국, 캐나다, 호주, 뉴질랜드와 같은 영어권 국가 소재 대학들은 물론 유사한 입시 제도를 운영하는 홍콩과 싱가포르의 대학들도 많은 관심을 받고 있다. 2000년대 초반부터 한국의 영어특기자전형과 유사한 입시 제도를 운영하고 있는 일본의 주요 명문 대학에도 한국 학생들이 진학하고 있다. 특히, 한국의 연세대학교 언더우드국제대학처럼, 일본의 최고 명문 사학인 와세다대학교 SILS[314]에서 가장 많은 영어특기자를 선발하고 있다. 또한 인

---

314. 'SILS'는 'School of International Liberal Studies'의 줄임말이다. 일본어로는 '國際教養學部' 즉, '국제교양학부'라고 표기한다. See, Waseda SILS, https://www.waseda.jp/fire/sils/en/applicants/admission/, accessed January 2024.

미국유학 평가요소

		Essay	Interview
SAT	GPA	기타서류	영어공인성적
ACT	AP	IB	TOEFL	IELTS

천글로벌캠퍼스에도 일부 해외대학 분교가 운영 중이다.³¹⁵

　해외 대학으로의 유학에 필요한 평가요소는 크게 5가지로 분류된다. 첫째, SAT이다. 학업능력을 검증하는 표준화된 시험이다. 둘째, GPA이다. 학생의 기본 성실성 및 학업 성취도를 확인할 수 있는 고교내신이다. 셋째, 기타서류이다. 수상실적, 봉사활동, 취미활동, 독서활동 등 기타 학생의 관심과 능력을 보여줄 수 있는 모든 자료이다. 넷째, Essay와 Interview이다. 대학에서 학생의 학업능력을 직접 검증하는 것이다. 다섯째, 영어공인성적이다. 영어로 진행되는 수업에 참여할 수 있는 최소한의 영어능력이 있는지 여부를 검증하는 것이다. 한국 학생의 경우 일정 점수 이상의 영어공인성적 제출을 요구 받는다. 원칙적으로 TOEFL 성적을 제출하고, 경우

315. 인천경제자유구역 내에 위치한 인천글로벌캠퍼스(IGC)에는 한국뉴욕주립대학교, 한국조지메이슨대학교, 겐트대학교 글로벌캠퍼스, 유타대학교 아시아캠퍼스가 입주해 있다. See IGC, igc.or.kr, accessed January 2024.

SAT	**Scholastic Assessment Test** / Reasoning Test		
	Scholastic Aptitude Test / SAT I / SAT **Reasoning** Test		

Task	Description	Time	Score
Reading	52 Questions	65 m	200-800
Writing and Language	44 Questions	35 m	
Mathematics (no calculator)	20 Questions	25 m	200-800
Mathematics (calculator allowed)	38 Questions	55 m	
		180 m	400-1600

에 따라 IELTS를 대안으로 선택할 수 있다.

우선, 유학 준비의 기본은 SAT이다. 1926년 칼리지보드가 개발한 SAT의 본래 말 뜻은 '학업능력[316]을 평가하는 시험'이었다. 이후 그 명칭이 '학업측정평가', 'SAT1', '논증 평가', 'SAT 논증 평가' 등으로 변경되었다가, 지금은 그냥 'SAT'라고 부른다. 결국 SAT의 본질은 대학에 입학해서 공부를 잘 할 수 있는 능력[317]이 어느 정도 되는지를 평가하는 표준화된 시험이다. SAT는 한국의 '대입학력고사' 혹은 '대학수학능력시험'과는 그 성격이 완전히 다르다. 즉, SAT는 'What?'이라는 질문을 중심으로 암기능력을 검증하는 것이 아니고, 'Why?', 'How?', 'What If?'를 중심으로 '언어'와

---

316. 간단하게 표현하면, 영어 기반의 '언어능력'과 '수리능력'이다. 특히, 영어 기반의 '언어능력' 즉, 영어능력의 핵심은 논리 혹은 논증능력이다.

317. 자세한 내용은 "6.4. 대학·대학원에서 공부 잘하는 비법 Thesis" 참고.

SAT Scholastic Assessment Test

Percentiles for Total Scores (2024)

SAT Score	SAT User	Nationally Representative Sample
1600	99+	99+
1550	99+	99+
1500	98	99
1450	96	99
1400	94	97
1350	91	94
1300	86	91
1250	81	86
1200	74	81
1150	67	74
1100	58	67

SAT Score	SAT User	Nationally Representative Sample
1050	49	58
1000	40	48
950	31	38
900	23	29
850	16	21
800	10	14
750	5	8
700	2	4
650	1	1
640–400	<1	<1

'수리' 측면의 논리 혹은 논증능력을 검증하는 시험이다.[318] 결국 유학 준비의 기본도 영어능력이다.

객관식으로 출제되는 SAT의 만점은 1600점이다. 영어능력을 검증하는 'Reading'과 'Writing and Language' 영역에 800점 그리고 수리능력을 검증하는 2개의 'Mathematics' 영역에 800점이 할당된다.[319] 문장 차원에서 영어로 의사소통이 가능한 평범한 고등

---

318. 1981년부터 1992년까지 시행되었던 '대입학력고사'가 폐지되고 1993년 '대학수학능력시험'이 도입되어 현재까지 유지되고 있다. 수능이라는 명칭에서 알 수 있듯이, 원래 수능은 미국 SAT를 모델로 설계되었다. 수능의 원래 목적은 'What?'이라는 질문을 중심으로 암기능력을 검증하는 것이 아니라 'Why?', 'How?', 'What if?'를 중심으로 논리 혹은 논증능력을 검증하는 것이었다. 그러나 아쉽게도 여러 가지 원인으로 인해 여전히 현재의 수능은 상당 부분 학생의 암기능력을 검증하고 있다. 이것이 똑똑하지 못한 정부의 또 다른 정책 실패의 대표적인 사례이다. 자세한 내용은 "1.2. 개인의 능력 = 콘텐츠 × 의사소통능력"과 "1.3. 인공지능 시대의 교육혁명 4Cs" 참고.

319. 흥미롭게도 'Mathematics' 2개 영역 중 하나는 계산기를 사용할 수 있다. 평가의 본질이 단순 계산능력이 아니라 수리능력의 평가라는 것이다. 즉, 수학적으로 사고할 수 있는 능력이 있는지 여부가 평가의 본질이다.

ACT American College Testing

Task	Description	Time	Score
English	75 Questions	45 m	1-36
Math	60 Questions	60 m	1-36
Reading	40 Questions	35 m	1-36
Science	40 Questions	35 m	1-36
(Optional) Writing	1 Prompt	40 m	2-12
		215 m	1-36

학생이 성실하게 공부하면 약 1200-1250점 내외를 얻을 수 있다. 미국 최상위권 대학에 합격하기 위해서는 상위 1% 내외에 해당하는 1500점 이상의 고득점을 얻어야 한다.[320] 이러한 고득점을 위해서는 최소한 문장을 넘어 문단과 단락 차원에서 의사소통이 가능한 영어능력이 전제되어야 한다. 특히, 한국 학생들의 경우 현재 자신의 영어능력이 어떠한 수준인지에 대한 정확한 평가를 먼저 한 후, SAT 공부 시점을 정하는 것이 바람직하다.

최근에는 SAT 대신 ACT를 선택하는 경우도 적지 않다. '미국대학시험'이라는 말의 줄임말인 ACT는 4개 영역 총 36점 만점을 기준으로 학생의 학업능력을 평가하는 표준화된 시험이다. 아직 SAT에 비해서는 그 활용도가 다소 떨어지기는 하지만, ACT를 받

---

320. See College Board, "SAT", collegereadiness.collegeboard.org/sat, accessed January 2024.

아주는 대학의 수가 점점 늘어나고 있는 추세이다. SAT와 마찬가지로 영어능력을 검증하는 'English'와 'Reading' 영역, 수리능역을 검증하는 'Math' 영역이 있다. SAT와는 달리 ACT에는 35분 동안 객관식 40문항을 풀이하는 'Science' 영역도 있다. 이에 더해, 선택 시험인 'Writing' 즉, Essay도 있는데, 40분 동안 1편을 작성해야 한다.[321] 명문 대학에 입학고자 하는 학생들은 반드시 Essay 시험을 선택하고 좋은 점수를 받아야 한다.

한편, 해외 대학 입시에서 고교내신 즉, GPA[322]를 평가하는 방법은 다음과 같다. 국내 고교 졸업자의 경우 성적증명서 영문사본을 제출하면 된다. 국내 입시에서 활용되는 내신등급이 아닌 GPA 형식의 성적증명서를 학교에 요청하면 된다. 자신이 졸업한 학교의 학업 수준이 높은 경우라면 그것을 증명할 수 있는 각종 자료를 기타서류의 형식으로 첨부하는 것이 좋다. 한편, 미국 고교 졸업자의 경우 GPA 형식의 성적증명서를 제출하면 된다. 고교평준화정책[323]을 시행 중인 한국과 달리, 미국의 경우 학교 간 수준의 차이가 매우 크다. 똑같은 GPA 3.9를 받은 두 명의 학생이 있다고 할지라도, 두 학생이 각각 졸업한 학교의 수준에 따라 동일한 GPA 3.9의 의

---

321. See ACT, "ACT", act.org, accessed January 2024.

322. 'GPA'는 'Grade Point Average' 즉, '평균점수'의 줄임말이다.

323. 한국은 공식적으로 고교평준화정책을 시행 중이다. 그러나 현실적으로는 이미 고교평준화정책이 유명무실하다는 의견이 많다. 예컨대, 고등학교 간에 엄연히 존재하는 수준의 차이를 인정하고 각 학교별 고교내신을 차등적으로 평가하고 있는 수시전형의 수가 이미 상당하다.

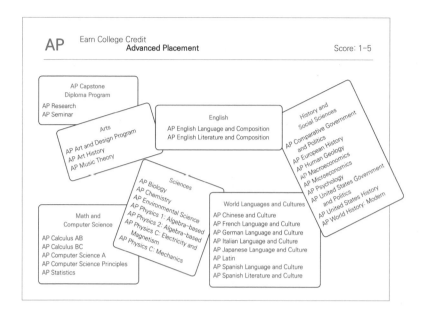

AP | Earn College Credit
Advanced Placement | Score: 1-5

AP Capstone
Diploma Program
AP Research
AP Seminar

Arts
AP Art and Design Program
AP Art History
AP Music Theory

English
AP English Language and Composition
AP English Literature and Composition

History and
Social Sciences
AP Comparative Government
and Politics
AP European History
AP Human Geology
AP Macroeconomics
AP Microeconomics
AP Psychology
AP United States Government
and Politics
AP United States History
AP World History: Modern

Sciences
AP Biology
AP Chemistry
AP Environmental Science
AP Physics 1: Algebra-based
AP Physics 2: Algebra-based
AP Physics C: Electricity and
Magnetism
AP Physics C: Mechanics

World Languages and Cultures
AP Chinese and Culture
AP French Language and Culture
AP German Language and Culture
AP Italian Language and Culture
AP Japanese Language and Culture
AP Latin
AP Spanish Language and Culture
AP Spanish Literature and Culture

Math and
Computer Science
AP Calculus AB
AP Calculus BC
AP Computer Science A
AP Computer Science Principles
AP Statistics

미는 전혀 다르다.[324]

　이 문제의 해결책 중 하나가 AP이다. 칼리지보드가 개발한 AP는 대학 수준의 교과과정 및 시험을 고등학생들에게 제공하는 교육 프로그램이다. 즉, 고등학교 과정 중 학업 성취도가 뛰어난 학생들에게 대학 수준의 선행 학습 기회를 제공해 주고, 이후 대학에서 관련 과목의 학점 이수로 인정해 주는 프로그램이다. 한편, 대학 입시라는 측면에서는 개별 학교에서 평가한 GPA에 더해 AP 과목을 이수하고 받은 전국적으로 표준화된 점수를 추가적으로 고려

---

324. '서로 다른 것을 다르게 대해 주는 것', 이것이 바로 미국 사회가 기반하고 있는 자유주의의 핵심 가치 중 하나이다. 이것을 '정의'의 관념으로 설명한 사람이 자유주의 철학자 존 롤스이다. See John Rawls, *A Theory of Justice* (Harvard University Press, 1971), pp. 54-117.

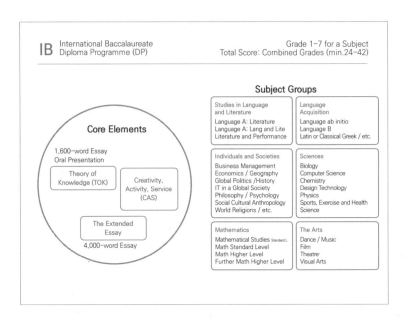

함으로써, 좀더 객관적이고 정확하게 학생의 기본 성실성 및 학업 성취도를 검증할 수 있다. 예술, 영어, 수학·컴퓨터, 과학, 세계 언어와 문화, 역사와 사회과학 등 6개 영역에 걸친 다양한 AP 과목이 있다. 과목별로 5점 만점의 시험이 치러진다.[325]

한편, 일부 국제학교의 경우 AP 대신 IB 과정을 운영하기도 한다. 대학 입시라는 측면에서는 여러 IB 프로그램 중 'IB 디플로마 프로그램' 즉, IBDP가 AP와 비슷한 역할을 담당한다. 1,600 단어 분량의 구두 발표로 진행되는 '지식이론', 4,000 단어 분량의 '확대 에세이', 그리고 '창의·활동·봉사'가 IBDP의 필수과목이다. 특히,

---

325. See College Board, "AP", apstudents.collegeboard.org, accessed January 2024.

앞의 두 과목은 문장을 넘어 문단과 단락 차원에서 말하기와 글쓰기 형식의 의사소통을 영어로 할 수 있는 능력 즉, 논리 혹은 논증 능력을 가르치고 평가하는 과목이다. 이에 더해, 언어와 문학, 언어 습득, 개인과 사회, 과학, 수학, 예술 등의 영역에 걸친 다양한 선택 과목이 있다. IBDP 과정을 모두 이수하면 42점 만점 기준으로 평가되어 대학 입시에 활용된다.[326]

---

326. See IBO, "IBDP", ibo.org, accessed January 2024.

SAT의 본질은 대학에 입학해서
공부를 잘할 수 있는 능력
즉, 언어와 수리 측면의
논리 혹은 논증능력을 검증하는 시험이다.
결국 유학 준비의 기본도
영어능력이다.

6.3. 대학원 입학의 핵심
GRE·LSAT·GMAT·MCAT

똑똑영어를 정확하고 성실하게 수행한 사람들이 누릴 수 있는 또 다른 기회는 해외 대학원으로의 유학 및 국내 대학원 입학이다. 전통적인 유학 선호지인 미국의 주요 명문 대학원으로의 유학에 필요한 평가요소는 크게 5가지로 분류된다. 첫째, GRE·LSAT·GMAT·MCAT와 같은 학업능력을 검증하는 표준화된 시험이다. 둘째, GPA이다. 학생의 기본 성실성 및 학업 성취도를 확인할 수 있는 대학성적이다.[327] 셋째, 기타서류이다. 수상실적, 봉사활동, 취미활동, 독서활동 등 기타 학생의 관심과 능력을 보여줄 수 있는 모든 자료이다. 넷째, Essay와 Interview이다. 대학원에서 학생의 학업능력을 직접 검증하는 것이다. 다섯째, 수업에 참여할 수 있는 최소한의 영어능력을 검증하는 영어공인성적이다.

---

327. 똑똑영어를 정확하게 이해하고 성실하게 실천하는 학생은 GPA 즉, 대학성적이 좋을 수밖에 없다. 자세한 내용은 "6.4. 대학·대학원에서 공부 잘하는 비법 Thesis" 참고.

우선, 대학원 유학 준비의 핵심은 GRE이다. 미국과 캐나다 소재 일반대학원 석사 및 박사 과정에 입학하기 위해서는 'GRE 일반시험' 성적표를 제출해야 한다. '졸업기록시험'이라는 말의 줄임말인 GRE는 대학 졸업자에게 요구되는 언어 및 수리 측면의 논리 혹은 논증능력을 검증하는 시험이다. 즉, 영어능력과 수리능력을 검증하는 표준화된 시험이다. GRE 일반시험의 경우 언어 측면의 논증능력을 검증하는 'Verbal Reasoning'과 수리 측면의 논증능력을 검증하는 'Quantitative Reasoning'이라는 두 영역의 객관식 시험이 있다. 각각 40 문항 170점 만점을 기준으로 평가된다. 또한 2개의 작업을 통해 분석적 글쓰기 능력을 검증하는 'Analytical Writing'이 있다. 6점 만점을 기준으로 평가된다.[328]

---

328. See ETS, "GRE", ets.org/gre, accessed January 2024.

GRE General Test
Graduate Record Examinations

Task	Description	Time	Score
Analytical Writing	1 Task	30 m	130–170
Verbal Reasoning	Section 1: 12 Questions Section 2: 15 Questions	18 m 23 m	130–170
Quantitative Reasoning	Section 1: 12 Questions Section 2: 15 Questions	21 m 26 m	0–6
		118 m	

GRE Subject Tests

Physics	Mathematics	Psychology

결국 GRE의 본질은 대학원에 입학해서 공부를 잘할 수 있는 능력이 어느 정도 되는지를 평가하는 표준화된 시험이다. 즉, GRE는 'What?'이라는 질문을 중심으로 암기능력을 검증하는 것이 아니고, 'Why?', 'How?', 'What If?'를 중심으로 언어와 수리 측면의 논리 혹은 논증능력을 검증하는 시험이다. 결국 대학원 유학 준비의 기본도 영어능력이다. GRE에서 고득점을 얻기 위해서는 최소한 문장을 넘어 문단과 단락 차원에서 의사소통이 가능한 영어능력이 전제되어야 한다. 따라서 한국 학생들의 경우 GRE 공부에 앞서 자신의 영어능력에 대한 객관적 검증을 먼저 해야 한다. 한편, 화학, 수학, 물리학, 심리학 등 개별 과목의 학업 성취도를 평가하

LSAT Law School Admission Test

Task	Description	Time	Score
Reading Comprehension	4 Sets, each with 5-8	35 m	
Analytical Reasoning	23-24 Questions	35 m	
Logical Reasoning	24-26 Questions	35 m	
Logical Reasoning	24-26 Questions	35 m	
LSAT Writing	1 Task	35 m	Unscored
(Unscored Variable Section: 35 m)		210 m	120-180

는 'GRE 과목 시험'도 있다.[329]

로스쿨 유학 준비의 핵심은 LSAT이다. '로스쿨 입학시험'의 줄임말인 LSAT는 로스쿨에 입학해서 공부를 잘할 수 있는 능력이 어느 정도 되는지를 평가하는 표준화된 시험이다. 로스쿨 교육의 궁극적 목적은 'Think Like a Lawyer!' 즉, '법률가처럼 생각하기'를 훈련시키는 것이다. 수없이 많은 법조문을 무작정 암기하는 것이 아니라, 주어진 현실의 구체적인 상황에 대해 법률적 관점의 논리적 분석, 논리적 사고, 논리적 표현을 할 수 있는 훌륭한 법률가를 양성하는 것이 그 목적이다. 따라서 LSAT 또한 'What?'이라는 질문을 중심으로 암기능력을 검증하는 것이 아니고, 'Why?', 'How?', 'What If?'를 중심으로 언어 측면의 논리 혹은 논증능력을 검증하는 시험이다.

---

329. *Id.*

GRE와 비교하여, LSAT가 가지고 있는 독특한 특징이 하나 있다. GRE에는 영어능력을 검증하는 2개의 영역에 더해 수리능력을 검증하는 'Quantitative Reasoning'이라는 영역이 있다. 그러나 LSAT에는 수리능력을 검증하는 영역이 없다. 객관식 문항으로 구성된 'Reading Comprehension', 'Analytical Reasoning', 그리고 2개의 'Logical Reasoning' 영역은 모두 영어능력만을 검증한다. 4개 영역으로 구성된 LSAT는 180점 만점을 기준으로 평가된다. 또한 35분 동안 1편의 글을 완성하는 'LSAT Writing' 영역이 있다.[330] 비록 점수로 채점되지는 않지만, 학생이 쓴 글이 로스쿨 측에 직접 전달된다.[331] 결국 법률가가 되기 위한 로스쿨 유학 준비의 기본은 영어능력이다.[332]

비즈니스스쿨 유학 준비의 핵심은 GMAT이다. '대학졸업자를 위한 경영 입학시험'이라는 말뜻의 GMAT는 비즈니스스쿨에 입학해서 공부를 잘할 수 있는 능력이 어느 정도 되는지를 평가하는 표준화된 시험이다. 비즈니스스쿨 교육의 궁극적 목적은 'Think

---

330. See LSAC, "LSAT", lsac.org/lsat, accessed January 2024.

331. 로스쿨 측에서는 Essay와 Interview에 더해 LSAT Writing에 근거하여 지원자의 학업능력 즉, 논리 혹은 논증능력을 직접 검증한다.

332. 일반적으로 '로스쿨 입학'은 미국 변호사가 되기 위한 'Juris Doctor' 즉, JD 과정에 입학하는 것을 말한다. JD 과정에 입학하기 위해서는 반드시 LSAT 성적이 필요하다. 한편, JD라는 학위는 우리가 흔히 사용하는 'Ph.D. in Law' 즉, 법학박사와는 전혀 다른 개념이다! 한국의 법학전문대학원 교육과정은 미국 로스쿨의 JD 과정을 모델로 만든 것이다. 미국 JD에 해당하는 한국 법학전문대학원 졸업시 받는 학위를 '법학전문석사'라고 한다. 즉, 비록 'Doctor'라는 단어가 들어가지만, JD를 '박사'라고 표기하는 것에는 문제가 있다. JD를 '미국 법률학박사'라고 번역하는 경우도 일부 있지만, 이것 또한 문제가 있는 표현이다. 따라서 그냥 'JD'가 최선의 표현이다. 굳이 한국어로 번역해야 한다면 '법학전문석사'가 적절한 표현이라 판단된다. 미국 로스쿨에는 한국의 석사에 해당하는 LLM 그리고 박사에 해당하는 SJD 과정이 별도로 있는데, 이 두 과정에 입학할 때는 LSAT 성적이 필요없다.

GMAT Graduate Management Admission Test

Task	Description	Time	Score
Quantitative Reasoning	31 Questions	62 m	6–51
Verbal Reasoning	36 Questions	65 m	6–51
Integrated Reasoning	12 Questions	30 m	1–8
Analytical Writing Assessment	1 Task	30 m	0–6
		187 m	200–800

Like a CEO!' 즉, '최고경영자처럼 생각하기'를 훈련시키는 것이다. 수없이 많은 자료를 무작정 암기하는 것이 아니라, 주어진 현실의 구체적인 상황에 대해 경영적 관점의 논리적 분석, 논리적 사고, 논리적 표현을 할 수 있는 훌륭한 경영자를 양성하는 것이 그 목적이다. 따라서 GMAT 또한 'What?'이라는 질문을 중심으로 암기능력을 검증하는 것이 아니고, 'Why?', 'How?', 'What If?'를 중심으로 논리 혹은 논증능력을 검증하는 시험이다.

GMAT는 '언어'와 '수리' 양 측면을 모두 검증한다. 즉, 수리능력을 검증하는 'Quantitative Reasoning'과 영어능력을 검증하는 'Verbal Reasoning'이 있다. GMAT의 가장 중요한 특징 중 하나는 수리능력과 영어능력을 통합해서 검증하는 'Integrated Reasoning' 영역이다. 정량적 평가와 정성적 평가[333]를 근거로 끊

---

333. '정량적 평가'와 '정성적 평가'는 각각 'Quantitative Assessment'와 'Qualitative Assessment'를 번역한 표현이다.

임없이 의사결정을 해야 하는 경영자의 역할을 반영한 것이다. 객관식 문항으로 구성된 이들 3개 영역은 800점 만점을 기준으로 평가된다. 또한 30분 동안 1편의 글을 완성해야 하는 'Analytical Writing Assessment' 영역이 있다.[334] 6점 만점을 기준으로 채점된 글이 비즈니스스쿨 측에 직접 전달된다.[335] 결국 경영자가 되기 위한 비즈니스스쿨 유학 준비의 기본도 영어능력이다.[336]

메디컬스쿨 유학 준비의 핵심은 MCAT이다. '의과대학입학시험'의 줄임말인 MCAT는 메디컬스쿨에 입학해서 공부를 잘할 수 있는 능력이 어느 정도 되는지를 평가하는 표준화된 시험이다. MCAT는 기본적으로 의학 공부에 필요한 사전 과학 지식을 얼마나 갖추고 있는지를 평가한다. 전체 4개 영역 중 3개가 과학 지식을 평가하는 부분이다. 그러나 한 가지 주목할 점이 있다. 바로 90분 동안 53개의 문항을 풀이하는 'Critical Analysis and Reasoning Skills' 영역이다.[337] 이것은 GRE와 GMAT의 'Verbal Reasoning'과 유사한 유형의 시험이다. 즉, 주어진 지문을 비판적으로 분석할

---

334. See GMAC, "GMAT", www.mba.com, accessed January 2024.

335. 비즈니스스쿨 측에서는 Essay와 Interview에 더해 Analytical Writing Assessment에 근거하여 지원자의 논리 혹은 논증능력을 직접 검증한다.

336. 일반적으로 '비즈니스스쿨 입학'은 경영자가 되기 위한 'Master of Business Administration' 즉, MBA 과정에 입학하는 것을 말한다. MBA 과정에 입학하기 위해서는 GMAT 성적이 필요하다. 최근에는 일부 MBA 과정에서 GMAT 대신 GRE 성적을 받아 주는 경우도 있다. 한편, 일반 경영학 석사 및 박사 과정에 입학할 때도 GMAT 성적을 제출할 수 있다.

337. See AAMC, "MCAT", students-residents.aamc.org/applying-medical-school/taking-mcat-exam, accessed January 2024.

MCAT Medical College Admission Test

Task	Description	Time	Score
Chemical and Physical Foundations of Biological Systems	59 Questions	95 m	118-132
Critical Analysis and Reasoning Skills (CARS)	53 Questions	90 m	118-132
Biological and Biochemical Foundations of Living Systems	59 Questions	95 m	118-132
Psychological, Social and Biological Foundations of Behavior	59 Questions	95 m	118-132
		375 m	472-528

수 있는지 그리고 그것을 근거로 논증할 수 있는지를 중심으로 지원자의 영어능력을 검증하는 것이다.

한편, 국내 대학원의 석사 및 박사 과정에 입학할 경우 미국의 GRE와 같은 표준화된 시험은 없다. 따라서 각 대학원에서 요구하는 형식에 맞추어 입학 시험을 준비해야 한다. 다만, 미국의 로스쿨을 모델로 만들어진 한국의 법학전문대학원에 입학하기 위해서는 LEET 즉, 법학적성시험의 성적이 필요하다. 미국의 LSAT를 모델로 만들어진 LEET는 '언어이해', '추리논증', '논술'이라는 3개 영역을 통해 지원자의 논리 혹은 논증능력을 검증하는 시험이다.[338] 미국의 LSAT와 마찬가지로 수리능력은 검증하지 않고 오직 언어능력만을 검증한다. 똑똑영어를 통해 문장을 넘어 문단과 단락 차

---

338. See LEET, "법학적성시험", leet.or.kr, accessed January 2024.

LEET 법학적성시험 / 한국판 LSAT
Legal Education Eligibility Test

Task	Description	Time	Score
언어이해	30 문제	70 분	표준점수 환산 및 백분위 표시
추리논증	40 문제	125 분	표준점수 환산 및 백분위 표시
논술	2 문제	110 분	표준점수 환산 및 백분위 표시
		305 분	

원의 영어능력을 갖춘 학생들은 동일한 내용을 한국어로 평가하는 LEET에서도 어렵지 않게 좋은 점수를 받을 수 있다.[339]

---

339. 한편, 미국 MCAT을 모델로 만들어진 시험이 MDEET 즉, '의치의학교육입문검사'이다. 의학전문대학원과 치의학전문대학원에 입학하기 위해서는 MDEET 성적이 필요하다. MDEET에는 '언어추론' 영역이 있었는데, 2013학년도부터 KBS 한국어능력시험 혹은 TOKL 점수로 대체되었다. See MDEET, "의·치의학교육 입문검사", mdeet.org, accessed January 2024.

문장을 넘어 문단과 단락 차원에서
영어로 의사소통할 수 있는 학생들은
논문을 잘 쓸 수 있다.
따라서 똑똑영어를 정확하게 이해하고
성실하게 실천하는 학생들은
대학과 대학원에서
공부를 잘할 수밖에 없다.

6.4 대학·대학원에서 공부 잘하는 비법 Thesis

똑똑영어를 정확하고 성실하게 수행한 사람들은 국내는 물론 해외 명문 대학 및 대학원 입학에서 다양한 기회와 혜택을 누릴 수 있다. 심지어 입학 후 대학·대학원에서 공부를 잘한다고 평가 받을 가능성이 매우 높다. 왜 그럴까? 역지사지易地思之 즉, 입장을 바꾸어 생각해 보면 아주 쉽게 그 해답을 찾을 수 있다. 과연 교수의 눈에 어떤 대학생과 대학원생이 똑똑해 보일까? 기본적으로 수업과 관련하여 진행되는 과제발표, 시험답안, 리포트, 토론 등에서 뛰어난 능력을 보여주는 학생이 똑똑해 보일 것이다. 그렇다면 이러한 활동의 공통점은 무엇일까? 바로 학생의 논리 혹은 논증능력을 교수에게 보여주고 평가 받는 것이다. 즉, 논리적 분석, 논리적 사고, 논리적 표현이라는 학습 활동이다.

예컨대, '『넛지』라는 책을 읽고, 그 책에 제시된 저자들의 주장에 대한 자신의 비판적 의견을 제시하시오.'라는 과제 혹은 시험

교수의 눈에
어떤
대학(원)생이
똑똑해 보일까?

리포트 시험답안 토론
Logic
과제발표 논문

이 학생들에게 주어졌다고 가정해 보자. 시카고대학교의 경제학자 리처드 세일러와 하버드대학교의 법학자 캐스 선스타인은 자신들의 추상적 '생각'을 문장, 문단, 단락을 넘어 『넛지』[340]라는 한 권의 책에 담아 구체적으로 표현했다. 책을 읽는 학생의 입장에서는 겉으로 드러난 '현상적 이슈'인 이 책을 논리적으로 분석한 후 그 속에 담겨 있는 보다 근본적인 '학문적 이슈'[341]를 찾아내야 한다. 그러한 분석을 바탕으로 자신의 생각을 논리적으로 정리하고, 정리된 생각을 말 혹은 글의 형식으로 교수에게 논리적으로 표현해야 한다. 즉, 다음과 같은 3단계를 따른다.

첫째, 논리적 분석 즉, 비판적 독서이다. 먼저 『넛지』라는 책을 통해 리처드 세일러와 캐스 선스타인이 전달하고자 하는 주관적 '의견'이 무엇인지 그리고 어떠한 객관적 '사실'에 기반한 근거

---

340. See Richard H. Thaler and Cass R. Sunstein, *Nudge: Improving Decisions about Health, Wealth, and Happiness* (New Haven, CT: Yale University Press, 2008).

341. '현상적 이슈'와 '학문적 이슈'는 각각 'Current Issue'와 'Academic Issue'를 번역한 표현이다.

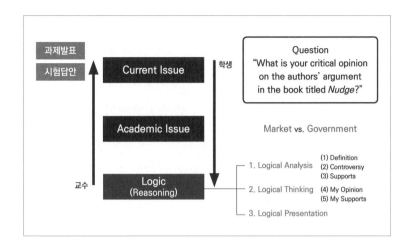

를 제시하는지 찾아야 한다. 두 저자는 "시민·시장의 '선택의 자유'를 침해하지 않으면서도, 국가·정부가 시민·시장의 선택을 예측 가능한 방향으로 변화시킬 수 있는 선택설계의 방법으로 개입·규제해야 한다."라는 소위 '자유방임적 국가개입주의'[342]를 주장한다. 다만, 이것을 일반 대중의 논높이에 맞추어 '넛지'[343] 즉, '(팔꿈치로 살짝) 쿡 찌르기'라는 말로 좀더 친숙하게 표현했다. 이러한 국가·정부 개입의 근거로 시민·시장의 비합리성을 내세우며, 책 전반을 통해 그러한 비합리성의 구체적인 사례를 제시했다.[344]

---

342. '자유방임적 국가개입주의'는 'Libertarian Paternalism'을 번역한 표현이다. 한편, '자유방임주의'와 '국가개입주의'는 각각 'Libertarianism'과 'Paternalism'을 번역한 표현이다. 책의 저자들은 시민·시장에 모든 것을 맡기는 자유방임주의도 틀렸고, 국가·정부가 모든 것을 결정하는 국가개입주의도 틀렸다고 주장한다.

343. The term 'Nudge' refers to "to push something or someone gently, especially to push someone with your elbow to attract the person's attention." Cambridge Dictionary.

344. 이상혁, *supra* note 49, pp. 191-196.

둘째, 논리적 사고 즉, 비판적 사고이다. 이제 『넛지』라는 책을 통해 제시된 '자유방임적 국가개입주의'를 지지하는 두 저자의 주장에 대한 나의 의견을 결정하고 그것을 뒷받침하는 나의 근거를 생각해야 한다. 예컨대, "나는 '넛지'로 상징되는 자유방임적 국가개입주의가 주장하는 시민·시장에 대한 국가·정부의 개입에 동의하지 않는다."라는 나의 의견을 결정한다. 그리고 그 근거로 시민·시장의 합리성 즉, 시장에 참여하는 모든 시민들은 자신의 이익을 극대화하는 최선의 선택을 한다는 것을 보여주는 구체적 사례를 제시한다. 참고로, 이러한 의견은 인간의 합리성과 그로 인한 시장의 온전함을 신뢰했던 애덤 스미스의 자유주의 혹은 고전주의 경제이론과 연결된다.[345]

셋째, 논리적 표현이다. 『넛지』라는 책에 제시된 '자유방임적 국가개입주의'를 지지하는 두 저자의 주장에 대한 논리적 분석과 논리적 사고의 결과 완성된 자신의 생각을 이제 교수에게 표현해야 한다. 논리적 표현이 말의 형식을 따르면 과제발표, 토론 등과 같은 '논리적 말하기'가 되고, 글의 형식을 따르면 시험답안, 리포트 등과 같은 '논리적 글쓰기'가 된다. 물론 말하기와 글쓰기는 그 구체적인 형식과 방법에 있어 다소 차이가 있다. 그러나 논리적 표현이

---

345. 자유주의 혹은 고전주의 경제학자인 애덤 스미스는 자신의 이익을 극대화하는 합리적 의사결정의 주체인 '경제적 인간'(*homo economicus*)을 가정한다. 이에 반해, 행동주의 경제학자인 리처드 세일러는 때로는 합리적이지만 때로는 비합리적으로 행동하는 현실 속의 인간은 '경제적 인간'이 아니라 그저 '호모 사피엔스'(*homo sapiens*)에 불과하다라고 반론을 제기한다.

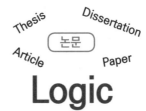

교수의 눈에
어떤
대학(원)생이
진~짜
똑똑해 보일까?

Thesis   Dissertation
논문
Article   Paper
Logic

라는 본질적인 측면에서는 과제발표, 시험답안, 토론, 리포트 등은
모두 동일하다. 즉, 영어능력의 발전단계라는 측면에서 문장을 넘
어 문단과 단락 차원에서 말하기와 글쓰기 형식의 적극적 의사소통
을 21세기 세계어인 영어로 한다는 것이다.

　　일반적으로 교수는 다음의 절차에 따라 과제 혹은 시험을 만
든다. 우선, 학생이 정말 똑똑한지 여부를 검증해야 한다는 목표를
설정한다. 다음으로, 자신이 연구하고 있는 분야의 어떤 근본적인
'학문적 이슈'를 선정한다. 이후 '학문적 이슈'를 보여줄 수 있는 현
실 속 구체적 사실관계 즉, '현상적 이슈'를 선정한다. 결국, '학문
적 이슈'와 '현상적 이슈'를 활용하여 학생의 논리 혹은 논증능력
을 검증하는 것이다. 한편, 학생은 교수와 반대 방향으로 접근한다.
즉, 제시된 '현상적 이슈'를 분석해서 '학문적 이슈'를 찾고, 그것을
활용하여 자신의 논리 혹은 논증능력을 교수에게 보여주는 것이다.
따라서 똑똑영어를 정확하게 이해하고 성실하게 실천하는 학생들
은 대학과 대학원에서 공부를 잘할 수밖에 없다.

혹시 교수와 교사의 본질적 차이를 아는가? 공통점은 교수와 교사 모두 학생을 가르친다는 'Teaching'의 역할이다. 그런데, 교사와 달리 교수에게는 본질적인 역할이 하나 더 요구된다. 바로 자신이 연구하는 분야에서 보다 좋은 논문을 보다 많이 발표해야 한다는 'Researching'의 역할이다.[346] 이러한 교수의 역할을 상징적으로 보여주는 표현이 'Publish or Perish'[347]이다. '누가 더 훌륭한 교수인가?'라는 질문에 답변할 때, 전자보다 후자의 역할이 좀더 중요하다는 것을 부정하기는 어렵다. 예컨대, 노벨상의 영예는 뛰어나게 잘 가르치는 교수가 아니라 탁월한 연구 업적을 쌓은 교수에게 돌아간다. 그렇다면, 교수의 눈에 어떤 대학생과 대학원생이 진짜 똑똑해 보일까?[348] 바로 논문을 잘 쓰는 학생이다.

논문이란 "서론, 본론, 결론의 세 단계를 갖추고, 어떤 것에 관하여 체계적으로 자기 의견이나 주장을 적은 글"이다.[349] 영어 'Thesis'는 "(특히, 학위를 위한) 특정 주제에 대한 (독창적 연구

---

346. 교사는 정부가 정한 교육과정에 의해 결정된 내용만을 가르쳐야 하지만, 교수는 자신이 연구한 내용을 자유롭게 가르칠 수도 있다. 심지어 학계에서 수용되지 않는 소수 의견이라고 할지라도 교수는 자신의 연구 결과를 근거로 학생을 가르칠 수 있다.

347. 원래 영어가 품고 있는 라임의 맛을 그대로 살리기 위해서 일단 한국어로 번역하지 않고 영어 표현을 그대로 본문에 넣었다. 그 의미를 풀이하면, '(논문을) 출간하든 아니면 (교수직으로부터) 사라져라!'라는 말이다.

348. 만약 중학교 수학 교사가 늦은 오후 운동장에서 홀로 야구 공을 던지고 있는 초등학생을 보면 어떤 생각이 들까? 아마도 '저 녀석! 빨리 집에 가서 수학 공부라도 해야지. 저러다가 대학이라도 제대로 가려나?'라고 걱정할 수도 있다. 만약 미국 메이저리그에서 활약 중인 투수 류현진 선수가 똑같은 모습을 보았다면 어떨까? 만약 그 초등학생의 투구 속도가 시속 150km라면 어떨까? 류현진 선수의 눈에는 '수학 못하는 문제애'가 아니라 '장차 엄청난 투수가 될 수도 있는 괴물'이 보일 것이다. 축구 잘하는 손흥민의 눈에는 누가 훌륭해 보일까? 스케이트 잘 타는 김연아의 눈에는 누가 훌륭해 보일까? 그렇다면 교수의 눈에는 과연 누가 훌륭해 보일까?

349. 국립국어원 표준국어대사전.

결과인) 긴 글"을 지칭하는 표현이다.[350] 예컨대, 박사학위 논문을 'Doctoral Thesis'[351]라고 한다.[352] 결국, 영어능력의 발전단계라는 측면에서 보면, 논문의 본질은 문장을 넘어 문단과 단락 차원에서 글쓰기라는 적극적 의사소통을 통해 자신의 생각을 전달하는 것이다. 똑똑영어를 정확하게 이해하고 성실하게 실천하는 사람들은 어렵지 않게 논문을 쓸 수 있다. 논문의 주제, 각 장의 주제, 소제목 및 그 내용을 어떻게 결정하는지 필자의 박사학위 논문[353]을 구체적 예시로 들어 설명해 보겠다.

첫째, 연관성 평가를 통과하는 논지 즉, 논문의 주제를 결정한다. '학문적 연구 가치가 있고, (이전에 연구된 적이 없는) 독창적 주제인가?'라는 이슈에 대해 연관성 평가를 통과하는 논문 주제를 결정해야 한다. 예컨대, '무역과 환경' 즉, 세계무역기구WTO를 중심으로 한 '무역규범'과 기후변화협약[354]을 중심으로 한 '환경규범'의 충

---

350. The term 'Thesis' refers to "a long piece of writing (involving original study) on a particular subject, especially one that is done for a higher college or university degree." Cambridge Dictionary.

351. 좀더 정확하게는 'Thesis for the Degree of Ph.D.'라고 표현한다.

352. 박사학위 논문을 'Dissertation'이라고 표현하기도 한다. Thesis를 학사·석사학위 논문으로 그리고 Dissertation을 박사학위 논문으로 구별하는 의견도 있다. 한편, 특정 주제에 대해 전문가가 작성해서 책 또는 저널의 형식으로 출판하거나 혹은 학회에서 낭독하는 글을 'Paper'라고 표현한다. Cambridge Dictionary.

353. 박사학위 논문의 구체적이고 세세한 형식은 학문 분야별로 다소 차이가 있다. 필자의 졸저는 법학 특히, 국제(경제)법 분야의 박사학위 논문이다. 이 책에서는 오로지 '논리적 글쓰기의 응용'을 설명하기 위해 필요한 범위 내에서 필자가 작성한 논문의 '논리 구조'를 예시로 활용하겠다. See Sanghyuck LEE, "A Legal Reasoning on Eco-Taxes in the WTO: Searching for Solutions to Address Not-Environment-Friendly PPMs" (Ph.D. diss., Korea University, 2006).

354. 'UN기후변화골격협약' 혹은 '기후변화협약'(UNFCCC 혹은 United Nations Framework Convention on Climate Change)은 지구온난화와 같은 기후변화를 막기 위해 1992년 브라질 리우에서 UN이 개최했던 지구정상회담(Earth Summit)에서 채택된 국제조약이다.

돌 문제는 2006년 당시 국제법의 중요한 관심 대상이었다. 특히, 기후변화를 막기 위해 탄소와 같은 온실가스의 배출에 부과하는 환경세[355]의 도입이 WTO 관련 협정을 위반하는지 여부에 대한 국제법적 분석이 필요했다. 이에 '생산제조공정이 일으키는 환경오염[356] 문제의 해결책으로서 환경세가 WTO에서 수용가능함을 법적으로 논증'하는 논문의 주제를 결정했다.

둘째, 논증성 평가와 균형성 평가를 통과하는 소주제 즉, 각 장Chapter의 주제를 결정한다. 예컨대, '환경세가 WTO에서 수용가능함을 보여주는 법적 논증'이라는 논지를 뒷받침하기 위해서 논증성 평가를 통과하는 4가지 소주제를 결정했다. 즉, WTO에서 전반적인 '환경보호체계'가 어떠한지, '생산제조공정'은 어떤 법적 지위를 가지는지, '환경세'에 대한 법적 판단은 무엇이지, 교토의정서에서 예정된 탄소세를 부과하면 어떤 법적 판단이 내려질지(즉, '사례분석') 등에 대해 순차적으로 분석함으로써, 논문의 주제를 논증한다. 물론 4가지 소주제는 서로 간의 균형성 평가를 통과해야 한다. 페이지 288의 예시와 같이, 4가지 소주제는 각각 본론에 해당하는 제2장에서 제5장의 주제가 된다.

---

355. 환경보호를 목적으로 부과되는 세금을 통칭하여 '환경세'(Eco-Taxes 혹은 Green Taxes)라고 한다. 환경세 중 온실가스의 배출을 규제하기 위해 부과되는 것을 '온실가스세'(GHGs Taxes) 그리고 특히 탄소의 배출을 규제하기 위해 부과되는 것을 '탄소세'(Carbon Taxes)라고 한다.

356. 상품 자체가 일으키는 환경 오염의 문제는 이미 법적으로 규제할 수 있다. 다만, 상품이 아닌 그 상품의 '생산제조공정'(PPMs 혹은 Processes and Production Methods)이 환경오염을 일으킨다고 해서 과연 그 상품에 무역규제를 부과할 수 있는가와 관련해서는 2006년 당시 새로운 법적 논의가 필요한 상황이었다.

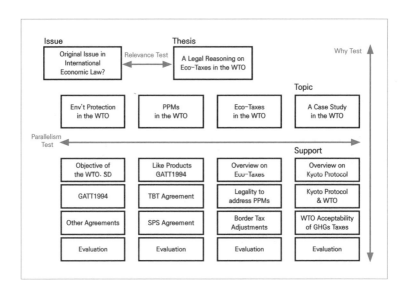

셋째, 논증성 평가를 통과하는 근거 즉, 소제목 및 그 내용을 결정한다. 페이지 289의 예시에서는 제4장의 제목인 'Eco-Taxes in the WTO'라는 소주제를 뒷받침하기 위해 논증성 평가를 통과하는 4가지 근거를 소제목(예컨대, 4.2.)으로 결정했다. 그리고 각각의 소제목 또한 그것을 뒷받침하기 위해 논증성 평가를 통과하는 '소소제목'(예컨대, 4.2.1.과 4.2.2.)으로 구체화했다.[357] 경우에 따라서 이 '소소제목'도 논증성 평가를 통과한다는 전제 하에서 더욱 구체화될 수 있다. 주목할 것은 '4.2.2.2.2.'와 같이 제목이 붙어 있는 최소 단위가 '2개 이상의 문단으로 구성'이라는 형식적 특징과 '(문단보다 더 큰) 하나의 생각을 전달'이라는 본질적 특징을 갖춘 단락

---

357. 이러한 경우 '소소제목' 간의 관계는 균형성 평가를 통과해야 한다.

이라는 점이다.

요컨대, "제4장 본질적 실천" 부분에서 익힌 기본 틀과 형식을 응용하여 논문의 주제, 각 장의 주제, 소제목 및 그 내용을 결정함으로써, 논문의 전체적인 논리 구조를 완성할 수 있다. 이후, 서론과 결론을 추가해야 한다. 특히, 논문의 서론에는 연구의 배경, 연구의 목적 및 범위, 연구의 방법 등의 내용이 반드시 포함되어야 한다. 또한 페이지 289의 예시와 같이, 서론에 앞서 초록, 목차 요약, 목차, 도표, 줄임말 등에 대한 내용을, 그리고 결론 이후에 부

A Legal Reasoning on Eco-Taxes in the WTO
: Searching for Solutions to Address Not-Environment-Friendly PPMs

---

A Legal Reasoning on Eco-Taxes in the WTO
: Searching for Solutions to Address Not-Environment-Friendly PPMs

Abstract
Table of Contents—Summary
Table of Contents
Box, Figure, Picture & Table
Acronym and Abbreviation

Annex I. Negotiations on
  "Environmental Goods"
Annex II. Eco-Taxes to Address
  Climate Change
Bibliography

록, 참고문헌 등의 내용을 추가해야 한다. 결국 문장을 넘어 문단과 단락 차원에서 영어로 의사소통할 수 있는 학생들은 논문을 잘 쓸 수 있다. 따라서 똑똑영어를 정확하게 이해하고 성실하게 실천하는 학생들은 대학과 대학원에서 공부를 잘할 수밖에 없다.[358]

---

358. 한편, 논문의 구체적이고 세세한 형식은 학문 분야, 학교, 학회, 저널 등에 따라서 다소 차이가 있다. 영어 논문의 형식 관련 자세한 내용은 MLA, *supra* note 4; and Columba Law Review and *et al., supra* note 5 참고.

6.5. 취업·직장에서 성공 비결 '문제해결능력'

똑똑영어를 정확하고 성실하게 수행한 사람들은 취업 시험과 직장 업무에서도 다양한 기회와 혜택을 누릴 수 있다. 고등학교, 대학교, 혹은 대학원을 졸업 한 후 각자의 관심에 따라 여러 경로를 통해 다양한 분야에서 직업을 가지게 된다. 취업 시험과 직장 업무에서 성공하기 위해서는 당연히 각 분야마다 요구되는 특정한 지식과 기술을 정확하게 습득하고 적절하게 활용할 수 있어야 한다. 이에 더해, 특정 분야를 넘어 모든 직장인에게 공통적으로 요구되는 능력이 하나 있다. 과연 그것이 무엇일까? 역지사지易地思之 즉, 입장을 바꾸어 생각해 보면 아주 쉽게 그 해답을 찾을 수 있다. 과연 대표이사의 눈에 어떤 취업 준비생 혹은 직원이 똑똑해 보일까? 바로 문제해결능력이 있는 사람이다.

예컨대, 여러분이 다음과 같은 상황에 직면한 L전자의 대표이사라고 가정해 보자. 지난 5년간 L전자 총 매출의 80-90%를 차지

대표이사의 눈에
어떤
직원이
똑똑해 보일까?

Logic
문제해결능력
Problem-Solving Capability

했던 스마트폰의 판매 실적이 올해 들어 급속하게 악화되고 있다. 전년 대비 올해 전반기 판매 실적이 50% 감소했다. 경영실적 악화로 여러분이 L전자의 대표이사에서 해임될 수도 있고 심지어 지금껏 잘 나가던 L전자가 부도를 맞을 수도 있다는 소문이 돌고 있다. 이런 상황에서 L전자 대표이사인 여러분에게 가장 똑똑해 보이는 직원은 누구일까? 지금 여러분에게는 어떤 직원이 가장 필요할까? 혹시 L전자 전체 임직원의 이름과 전화번호를 모두 암기하고 있는 사람이 똑똑해 보일까? 아니면 가장 먼저 출근하고 가장 늦게까지 일하는 성실한 사람이 필요한 걸까?

결코 그렇지 않다. L전자 대표이사에게 필요한 똑똑한 직원은 문제해결능력이 있는 사람이다. 우선, '전년 대비 매출 50% 급감'이라는 L전자가 직면한 문제 즉, '현상적 이슈'를 논리적으로 분석하여 그러한 문제가 발생한 원인 즉, '근본적 이슈'를 찾아내야 한다. 다음으로 그러한 원인을 제거할 수 있는 해결책을 논리적으로 생각해 내고, 그 해결책과 근거를 말과 글의 형식으로 L전자 대표

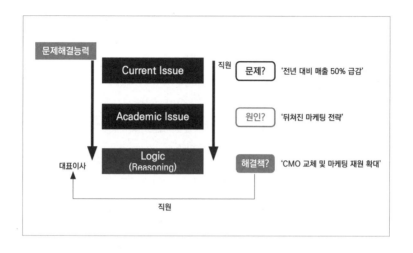

이사에게 논리적으로 전달해야 한다. 예컨대, 각종 데이터를 분석한 결과 매출 감소의 원인이 '뒤쳐진 마케팅 전략'이라고 판단하고, '최고마케팅책임자 교체 및 마케팅 재원 확대'를 그 해결책으로 제시하는 것이다. 물론 분석과 해결책을 뒷받침하는 충분한 근거 또한 함께 제시해야 한다.

결국 취업·직장에서 성공 비결은 문제해결능력이다. 문제해결능력의 본질은 논리 혹은 논증능력이다. 즉, 논리적 분석, 논리적사고, 논리적 표현을 잘 해야 취업 시험과 직장 업무에서 성공할 수 있다. 일부 기업의 경우 공채시험에서 문제해결능력을 직접적으로 검증한다. 예컨대, '삼성직무적성검사'에서는 수리논리와 추리를 중심으로 지원자의 문제해결능력을 검증한다. 심지어 공무원을 채용할 때 활용되는 '공직적격성평가'에서도 언어논리, 자료해석, 상

PSAT Public Service Aptitude Test　　　　　　　　공직적격성평가

주관: 인사혁신처 / 국회사무처
활용: 5급 공개경쟁채용시험, 외교관후보자 선발시험, 지역인재 7급 수습직원 선발시험, 입법고시(국회공무원
　　5급 채용시험), 국가공무원 민간경력자 일괄채용시험

Task	Description	Time	Score
헌법	25 문항	25 분	100점 만점
언어논리	40 문항	90 분	100점 만점
자료해석	40 문항	90 분	100점 만점
상황판단	40 문항	90 분	100점 만점
		295 분	

황판단의 영역에서 지원자의 문제해결능력을 검증한다.[359] 만약 자신의 문제해결능력을 한국어뿐만 아니라 21세기 세계어인 영어로 뽐낼 수 있다면 훨씬 더 많은 기회와 혜택을 누릴 수 있다. 실제 대부분의 글로벌기업은 영어 면접의 형식을 통해 지원자를 평가한다.

　　똑똑영어를 정확하게 이해하고 성실하게 실천하는 사람들은 취직 시험 및 직장 업무에서 성공할 가능성이 매우 높다. 왜냐하면 똑똑영어를 통해 얻게 될 '문장을 넘어 문단과 단락 차원에서 영어로 듣기, 읽기, 말하기, 글쓰기 형식의 의사소통을 영어로 할 수 있는 능력'의 본질이 문제해결능력 즉, 논리 혹은 논증능력이기 때문이다. 한편, 똑똑영어를 정확하고 성실하게 수행한 사람들은 사업에서 성공할 가능성도 매우 높다. '엘리베이터 피치'라는 표현을 들

---

359. "공직적격성평가", Wikipedia, accessed January 2024.

Elevator Pitch
: a brief speech that outlines an idea for a product, service or project

Background Statement	(showing the pictures) Do you want to save those turtles before too late?
Thesis Statement	If you invest only $10 million in the 'Turtle Alive' project of my own company,
Topic Sentence	you can reduce 60% of plastics within 5 years, and
	make 900% of profits within 7 years.

어보았는가? 엘리베이터를 함께 타는 약 30초의 짧은 시간 동안 어떤 상품, 서비스 혹은 프로젝트에 대해 간단하게 설명하는 말하기를 엘리베이터 피치라고 한다. 흔히 스타트업 창업자가 투자자에게 거액의 투자를 설득할 때 활용하는 말하기이다.[360]

이 경우에도 "제4장 본질적 실천" 부분에서 익힌 기본 틀과 형식을 응용하면 된다. 투자자의 주목을 끄는 '배경진술', 얼마의 투자금을 달라는 '논지', 그러한 투자의 효과인 2가지 '소주제'를 엘리베이터 피치로 제시하고, 투자자의 추가 질문을 유도하면 된다. 만약 투자자가 관심을 보인다면 미리 준비한 구체적인 수치와 자료를 '근거'로 제시한다. 예컨대, 플라스틱으로 오염된 바다와 그

---

360. The term 'Elevator Pitch' refers to "a short description of a product or business idea, especially one given to a possible investor." Cambridge Dictionary.

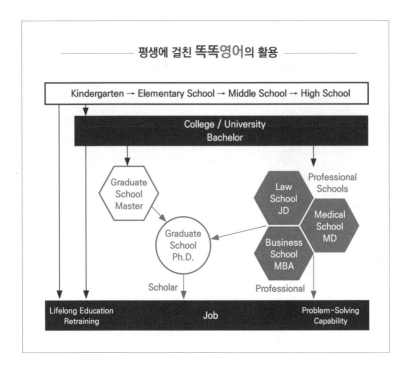

평생에 걸친 **똑똑영어**의 활용

Kindergarten → Elementary School → Middle School → High School

College / University
Bachelor

Graduate
School
Master

Graduate
School
Ph.D.

Law
School
JD

Professional
Schools

Medical
School
MD

Business
School
MBA

Scholar

Professional

Lifelong Education
Retraining

Job

Problem-Solving
Capability

로 인해 죽어가는 바다 거북이의 사진을 보여주며,[361] "너무 늦기 전에 이 바다 거북이를 살리고 싶지 않습니까? 만약 당신이 저희 회사가 진행 중인 'Turtle Alive' 프로젝트에 $ 10 Million를 투자하신다면, 5년 내에 플라스틱 배출량의 60%를 감소키시고 7년 내에 900%의 이익을 얻을 수 있습니다."라고 말한다.

요컨대, 똑똑영어를 정확하고 성실하게 수행한 사람들은 유치원, 초등학교, 중학교, 고등학교, 대학교, 대학원, 직장 등 평생

---

361. See WWF, "Plastic Pollution Is Killing Sea Turtles: Here's How" (October 9, 2018), wwf.org.au/news/blogs/plastic-pollution-is-killing-sea-turtles-heres-how#gs.g2vydh, accessed January 2024.

에 걸쳐 영어를 정말 잘하는 사람들만이 가질 수 있는 다양한 기회와 혜택을 누릴 수 있다. 즉, 문장을 넘어 문단과 단락 차원에서 듣기와 읽기는 물론 말하기와 글쓰기까지 자유롭게 할 수 있는 수준의 영어능력을 갖춘 사람들은 연대·고대 합격의 지름길인 영어로 대학가기, 유학 준비의 기본인 SAT, 대학원 입학의 핵심인 GRE·LSAT·GMAT·MCAT, 대학과 대학원에서 공부 잘하는 비법인 Thesis, 취업·직장에서 성공 비결인 문제해결능력 등에서 좋은 결과를 성취할 수밖에 없다. 이 책을 읽는 독자 여러분 모두 똑똑영어를 활용하여 평생에 걸친 기회와 혜택을 잘 누리길 바란다.

똑똑영어를
정확하게 이해하고 성실하게
실천하는 사람들은 평생에 걸쳐
영어를 정말 잘하는 사람들만이
가질 수 있는 다양한 기회와 혜택을
누릴 수 있다.

맺으며

—

멀리 보고 똑똑하게 공부하자!

　지금까지 똑똑영어에 대해 설명했다. 이제 남은 것은 멀리 보고 똑똑하게 공부하는 것뿐이다. 똑똑영어란 '일차적으로 단어와 구를 넘어 문장 차원에서 그리고 궁극적으로는 문단과 단락 차원에서 듣기와 읽기는 물론 말하기와 글쓰기까지 자유롭게 할 수 있는 수준의 영어 능력을 갖추기 위한 공부'이다. 똑똑영어의 일차적 목표인 문장 차원까지 영어능력을 향상시키기 위해서는 영어에 노출

멀리보고
똑똑하게
공부하자!

되는 절대량을 늘리고 '기초적 실천'에서 설명한 문법을 정확하게 이해해야 한다. 똑똑영어의 궁극적 목표인 문단과 단락 차원까지 영어능력을 향상시키기 위해서는 '본질적 실천'에서 설명한 논리를 정확하게 이해해야 한다. 무엇보다 말하기와 글쓰기 형식의 적극적 의사소통에 더 많은 시간과 노력을 할애해야 한다.

이 책은 의사소통의 '격格' 혹은 '격식格式'에 대한 안내서이다. 그저 단어만 눈에 보이는 '무격無格'의 단계에 있는 분들에게 문장, 문단, 단락의 차원에서 의사소통을 하는 '격식'이 무엇인지 설명하는 것이다. 즉, 문장을 조합하는 원칙인 문법과 문단·단락을 조합하는 원칙인 논리라는 기본 틀과 형식을 배우고 익히는 단계로 여러분을 안내하는 것이 이 책의 주요 내용이다. 이 책에서 제시한 똑똑영어라는 격식을 정확하게 이해하고 성실하게 실천한다면 여러분 모두가 문장은 물론 문단과 단락 차원에서 영어로 의사소통을 자유롭게 할 수 있다. 영어 공부의 길을 잃을 때마다 이 책을 다시 읽어보라! 이 책이 똑똑한 영어 공부를 위한 든든한 길 안내자가 되어 줄 것이다. 필자의 역할은 여기서 끝난다.

다만, 독자 여러분에게는 한 가지 일이 더 남아 있다. 문단과 단락 차원의 자유로운 의사소통이 가능해질 머지않은 날, 반드시 '파격'을 시도해야 한다. 즉, 똑똑영어를 통해 배운 의사소통의 기본 틀과 형식으로부터 자유로워지고 더욱 본질에 충실해지는 혼자만의 학습과정이 필요하다. 파격破格이란 말뜻 그대로 '격식을 깨뜨

리는 것' 즉, 지금까지 완벽하게 익힌 논리적 말하기와 글쓰기의 기본 틀, 형식 혹은 격을 해체·변형하고 그것으로부터 미련없이 자유로워지는 것이다. 주목할 것은 일견 비슷해 보이는 '무격'과 '파격'은 본질적으로 전혀 다른 차원이라는 점이다. 정확한 이해와 성실한 실천을 통해 의사소통의 '격'을 충분히 익혀라! 그리고 오직 본질에만 충실하되, '파격'하여 자유롭게 말하고 쓰리!

이 책은 영어로 인한 크고 작은 좌절을 수없이 경험하고 운이 좋게도 그러한 좌절을 극복했던 필자의 '경험'을 토대로 개념화되고 체계화된 영어 공부 방법론이다. 만약 훌륭한 스승들을 만날 행운이 필자에게 없었다면, 이 책의 집필은 애당초 불가능했을 것이다. 필자에게 책을 읽고 글을 쓰는 재미를 가르쳐 주신 고려대학교 영문학과 김우창 교수님과 이건종 교수님. 필자에게 '느낌'의 언어를 배제하고 '사실'과 '의견'을 분별해서 논문을 쓰도록 가르쳐 주신 고려대학교 법학전문대학원 박노형 교수님. 필자의 졸고에 언제나 정성 가득한 조언을 해주셨던 McCombs School of Business, The University of Texas at Austin의 D. Michael Dodd 교수님과 Paula Murray 교수님. 그저 감사할 뿐이다!

2021년 5월 초판의 발행 이후, 객관적 검증과 다양한 활용 관련 각종 영어 시험에 많은 변화가 있었다. 이번 개정판은 책 전체의 논리적 일관성은 그대로 유지하면서도, 지난 3년 동안의 모든 변화를 꼼꼼하게 반영했다. 개정판의 발행은 오직 독자들의 사랑과

관심 덕택이니, 그저 감사할 따름이다. 초판 발행 이후 이 책의 각
론에 해당하는 여러 권의 책이 출간되었다. 『내 인생의 마지막 영
어 문법』, 『Dr. LEE의 논리적 말하기』, 『Dr. LEE의 논리적 글쓰기』,
『Dr. LEE의 오류와 편향을 넘어선 논증』, 『영어 프레젠테이션 절대
공식』 등의 책도 함께 읽어본다면 독자 여러분에게 큰 도움이 될 것
이라 확신한다. 끝으로, 필자의 집필 의도에 공감하고 기꺼이 출판
을 맡아주신 도서출판 연암사의 권윤삼 대표님께 감사함을 전한다.

2024년 1월
연구공간 자유에서 감사한 마음을 담아
이상혁

5-Paragraph Essay 5문단 에세이

Abstract Noun 추상명사
Academic Issue 학문적 이슈
Acceptability 수용가능성
Accuracy 정확성
ACT, American College Testing (미국대학 입학시험)
Active Communication 적극적 의사소통
Active Voice 능동태
Additional Statement 추가진술
Adjective 형용사
Adjective Phrase 형용사구
Admission 입학 (허가)
Adverb 부사
Adverb Phrase 부사구
Agreeability 동의가능성
Agreement 일치
AI, Artificial Intelligence 인공지능
AP, Advanced Placement (미국대학 선행학습)
Article 관사
Auxiliary Verb 조동사

Background Statement 배경진술
Big Tech 빅텍, 6개 IT기업
(MS·Facebook·Apple·Amazon·Netflix·Google)
Blame 비난하다
Blue-print 소주제소개
Body 본론
Brain-storming 브레인스토밍하기
Business School 비즈니스스쿨

Career Preparation 직업준비
Case Study 사례분석
Clause 절
Coding 코딩
Collaboration 협업
Common Noun 보통명사, 공통명사
Communication 의사소통

Complement 보어
Complete Verb 완전동사
Concluding Statement 결론진술
Conclusion 결론
Consistency 일관성
Contents 콘텐츠
Continuation (시제) 진행, 연속
Controversy 논쟁
Convergent Thinking 수렴적 사고
Countability 셀 수 있는지 여부
Countable Noun 셀 수 있는 명사
Counter-concept 반대개념
Counter-example 반대예시
Creativity 창의성
Critical Opinion 비판적 의견
Critical Reading 비판적 독서
Critical Thinking 비판적 사고
Criticize 비판하다
CSRs, Corporate Social Responsibilities 기업의 사회적 책임
Current Issue 현상적 이슈

Definite Article 정관사
Definition 개념정의
Descriptive 서술적
Dictionary 사전
Dictionary Meaning 사전적 의미
Digital Divide 정보격차
Direct Object 직접목적어
Dissertation (박사학위) 논문
Divergent Thinking 확산적 사고
Doctoral Thesis 박사학위 논문
Document 문헌자료
Domain Knowledge 특정 분야의 지식
Duration (시제) 지속

Economic Gap 경제격차, 빈부격차
EFL, English as a Foreign Language 외국어로서의 영어
Elevator Pitch 엘리베이터 피치

Native Speaker 모국어 사용자
Noun 명사
Noun Phrase 명사구

Object 목적어
Object Complement 목적격보어
Objectivity 객관성
Official Language 공용어
Opinion (주관적) 의견
Originality 독창성
Original Source 일차적 출처
Out-lining 개요짜기

Paper 페이퍼, 논문
Paragraph 문단
Parallel Construction / Structure 균형잡힌 구조
Parallelism Test 균형성 평가
Participial Construction 분사구문
Participial Phrase 분사구
Participle 분사
Passage 단락
Passive Communication 소극적 의사소통
Passive Voice 수동태
Past (Simple) 과거시제
Past Participle 과거분사
Past Perfect 과거완료
Past Perfect Continuous 과거완료진행
Past Simple Continuous 과거진행
Pathos 감성
Persuasion 설득
Ph.D. 박사
Phrasal Verb 구동사
Phrase 구
Plagiarism 표절
Plural 복수
Point (시제) 지점
Predicate 서술, 서술부
Preposition 전치사
Prescriptive 규범적
Present (Simple) 현재시제
Present Participle 현재분사
Present Perfect 현재완료
Present Perfect Continuous 현재완료진행
Present Simple Continuous 현재진행

Primary Source 일차적 출처
Problem-solving Capability 문제해결능력
Programming Language 프로그래밍언어
Pronoun 대명사
Proof-reading 검토하기
Proper Noun 고유명사
PSAT, Public Service Aptitude Test 공직적격성평가
Python 파이썬

Quadrivium 사학(Arithmetic·Astronomy·Music·Geometry)
Quantitative Reasoning 수리논증, 수리추론
Quantum Computer 퀀텀컴퓨터

Rationality 합리성
Readability 가독성
Reading 읽기
Reason 이성, 이유
Reasoning 논증, 추론
Relevance Test 연관성 평가
Reserved Word 유보어
Resilience 회복탄력성
Rhetoric 수사학
Robotics 로봇공학

SAT, Scholastic Assessment Test (미국대학 입학시험)
Scenario 가상사례
Semantics 의미론
Sentence 문장
Sentence Adverb 문장부사
SGSG, Samsung Global Strategy Group 삼성글로벌전략그룹
Simple Tense 단순시제
Simplicity 단순함
Singular 단수
Speaking 말하기
Socratic Dialogue, Socratic Method 소크라테스식 문답법
Statistics 통계, 통계자료
Subject 주어
Subject Complement 주격보어
Subjectivity 주관성
Summary 소주제요약
Support 근거
Supporting Sentence 근거문장
Syntax 구문론, 통사론

Tech Giants 6개 IT기업
(MS·Facebook·Apple·Amazon·Netflix·Google)
Tense 시제
TEPS, Test of English Proficiency developed by SNU 텝스
Term 용어
Thesis 논지, 논문
Thesis Statement 논지진술
Title 제목
TNCs, Transnational Corporations 초국적기업
TOEFL, Test of English as a Foreign Language 토플
TOEIC, Test of English for International Communication
토익
Topic 소주제
Topic Sentence 소주제문
Transitive Verb 타동사
Trivium 삼학(Grammar·Logic·Rhetoric)

Uncountable Noun 셀 수 없는 명사
Understanding 이해하기

Verb 동사
Verbal Reasoning 언어논증, 언어추론
Verb Phrase 동사구
Vocabulary 어휘

Why Test 논증성 평가
Writing 글쓰기
Word 단어

· 국립국어원 표준국어대사전.
· 김희삼, "영어교육 투자의 형평성과 효율성에 관한 연구", KDI 연구보고서 2011-04, 2011년 12월.
· 남윤서, "교육부, 고려·연세대 입시전형에 '낙제점'", 중앙일보, 2017년 5월 10일.
· 네이버 시사상식사전.
· 복거일, 『국제어 시대의 민족어』, 문학과 지성사, 1998.
· 산업통상자원부, "한미 FTA 발표 7년차 교역 동향", 2019년 3월 13일.
· 신약성경 『요한복음』.
· 연세대학교 입학처, "2021학년도 수시모집 지원현황".
· 이상혁, 『Dr. LEE의 '영어'로 대학가기』, 서울: KP Publisher, 2010.
· 이상혁, 『Dr. LEE의 용어로 풀어보는 글로벌 이슈 제1권』, KP Publisher, 2014.
· 이상혁, 『Dr. LEE의 용어로 풀어보는 글로벌 이슈 제2권』, KP Publisher, 2014.
· 최갑천, "삼성전자 작년 매출 85% 해외서 … 코로나, 한국 수출기업에 직격탄", 파이낸셜뉴스, 2020년 6월 11일.
· 통계청, "2018년 초중고 사교육비조사 결과", 2019년 3월 12일.
· 통계청, "무역의존도", KOSIS.

· AAMC, "MCAT", students-residents.aamc.org/applying-medical-school/taking-mcat-exam, accessed January 2024.
· ACT, "ACT", act.org, accessed January 2024.
· Alcott-White, Edward, *The Five-Paragraph Essay: Instructions and Exercises for Mastering Essay Writing*, Scholar's Shelf Press, 2018.
· Aristotle, *Rhetoric*, Dover Publications, 2012.

· Blake, Gary and Bly, Robert W., *The Elements of Technical Writing*, Harlow: Longman Publishing Group, 2000,
· Bleakley, Hoyt and Chin, Aimee, "Language Skills and Earnings: Evidence from Childhood Immigrants", *The Review of Economics and Statistics*, Vol. 86, Issue 2, 2004.

· Borowiec, Steven, "AlphaGo Seals 4-1 Victory over Go Grandmaster Lee Sedol", *The Guardian*, March 15, 2016.
· Booth, Wayne C. and *et al.*, *The Craft of Research*, 4th Edition (Chicago Guides to Writing, Editing, and Publishing), Chicago, IL: University of Chicago Press, 2016.

· Cambridge Dictionary.
· Campbell, Kimberly Hill and Latimer, Kristi, *Beyond the Five Paragraph Essay*, Portland, ME: Stenhouse Publishers, 2012.
· Camus, Albert, *The Myth of Sisyphus*, Vintage International, 2018.
· Chidgey, Catherine, "A Second Language Opens up a Whole New World", *Stuff*, November 23, 2016.
· Chiswick, Barry R. and Miller, Paul W., "Occupational Language Requirements and the Value of English in the US Labor Market", *Journal of Population Economics*, Vol. 23, No. 1, January 2010.
· College Board, "AP", apstudents.collegeboard.org, accessed January 2024.
· College Board, "SAT", collegereadiness.collegeboard.org/sat, accessed January 2024.
· Columbia Law Review and *et al.*, *The Bluebook: A Uniform System of Citation*, 20th Edition, Los Angeles, CA: Claitor's Law Books and Publishing Division, 2015.
· Csikszentmihalyi, Mihaly, *Flow: The Psychology of Optimal Experience*, New York, NY: Harper & Row, 1990.
· Davila, Alberto and Mora, Marie T., "English-Language Skills and the Earnings of Self-Employed Immigrants in the United States: A Note", *Industrial Relations*, Vol. 43, Issue 2, 2004.

· Deitel, Paul J. and Deitel, Harvey, *Intro to Python to Computer Science and Data Science: Learning to Program with AI, Big Data and the Cloud*, Pearson, 2019.
· Descartes, Rene, *Principles of Philosophy*, originally published in Latin in 1644 & translated into English by

John Veitch, SMK Books, 2018.

· Dexter, Allison, "How Many Words are in the English Language?", *Word Counter*, https://wordcounter.io/blog/how-many-words-are-in-the-english-language, accessed January 2024.

· Dunbar, Robin, *Grooming, Gossip and the Evolution of Language*, Cambridge, MA: Harvard University Press, 1996.

· Elkins, Kathleen, "Bill Gates: 'Everyone Can Benefit' from Learning This Skill", *CNBC Make It*, September 6, 2018.

· English Oxford Living Dictionaries.

· Erstad, Will, "Why Learn to Code? The Surprisingly Broad Benefits of Coding", *Rasmussen College*, November 27, 2018.

· ETS, "GRE", ets.org/gre, accessed January 2024.

· ETS, "TOEFL", ets.org/toefl, accessed January 2024.

· ETS, "TOEIC", ets.org/toeic, accessed January 2024.

· Friedman, Milton, "The Social Responsibility of Business is to Increase Its Profits", *The New York Times*, September 13, 1970.

· Fry, Dennis, *Homo Loquens: Man as a Talking Animal*, 1st Edition, Cambridge, England: Cambridge University Press, 1977.

· GMAC, "GMAT", www.mba.com, accessed January 2024.

· Google Dictionary.

· Harari, Yuval Noah, *Sapiens: A Brief History of Humankind*, New York, NY: Harper Collins, 2015.

· Herrman, John, "We're Stuck with the Tech Giants. But They're Stuck with Each Other", *The New York Times*, November 13, 2019.

· IBO, "IBDP", ibo.org, accessed January 2024.

· IELTS, "IELTS", ielts.org, accessed January 2024.

· IGC, igc.or.kr, accessed January 2024.

· Kaplan, Robert B., "Cultural Thought Patterns in Inter-cultural Education", *Language Learning*, Vol. 16 (1–2), 1966.

· Konnikova, Maria, "The Limits of Friendship", *The New Yorker*, October 7, 2014.

· LEE, Sanghyuck, "A Legal Reasoning on Eco-Taxes in the WTO: Searching for Solutions to Address Not-Environment-Friendly PPMs", Ph.D. diss., Korea University, 2006.

· LEET, "법학적성시험", leet.or.kr, accessed January 2024.

· Levy, Rod, "The Best Paying and Most In-Demand Programming Languages in 2020", *Code Platoon*, June 30, 2020.

· LEXICO, "How Many Words are There in the English Language?", https://www.lexico.com/explore/how-many-words-are-there-in-the-english-language, accessed January 2024.

· LSAC, "LSAT", lsac.org/lsat, accessed January 2024.

· Lubanovic, Bill, *Introducing Python: Modern Computing in Simple Packages*, O'Reilly Media, 2019.

· Lutz, Mark, *Learning Python*, 5th Edition, O'Reilly Media, 2013.

· Lutz, Mark, *Programming Python: Powerful Object-Oriented Programming*, 4th Edition, O'Reilly Media, 2011.

· Lyons, Dylan, "How Many People Speak English, and Where Is It Spoken?", *Babel Magazine*, July 26, 2017.

· MDEET, "의·치의학교육 입문검사", mdeet.org, accessed January 2024.

· Mydans, Seth, "Across Cultures, English is the Word", *The New York Times*, April 9, 2007.

· NEA, "Preparing 21st Century Students for a Global Society: An Educator's Guide to the "Four Cs"", http://www.nea.org/assets/docs/A-Guide-to-Four-Cs.pdf, accessed January 2024.

· Osborn, Alex Faickney, *Your Creative Power: How to Use Imagination*, Dell Publishing Company, 1948.

· Oxford Learner's Dictionaries.

· Park, Alice, "Machines Treating Patients? It's Already Happening", *Time*, March 21, 2019.

· Pena, Emily de la, "10 Benefits of Coding That Have Nothing to Do with Coding", *CodingKids*, April 27, 2018.

· Rawls, John, *A Theory of Justice*, Harvard University Press, 1971.

· Roell, Kelly, "Average TOEIC Listening and Reading Scores", January 20, 2020.
· Ross, David, "Why the Four Cs Will Become the Foundation of Human-AI Interface", *Getting Smart*, March 4, 2018.

· Sagar-Fenton, Beth and McNeill, Lizzy, "How Many Words Do You Need to Speak a Language?", *BBC Radio 4*, June 24, 2018.
· Said, Edward W., *Culture and Imperialism*, Vintage, 1994.
· Samsung Global Strategy Group, https://sgsg.samsung.com, accessed January 2024.
· Schwab, Klaus, *The Fourth Industrial Revolution*, Currency, 2017.
· Schwab, Klaus and et al., *Shaping the Future of the Fourth Industrial Revolution*, Currency, 2018.
· Severance, Charles Russell, *Python for Everybody: Exploring Data in Python 3*, CreateSpace Independent Publishing Platform, 2016.
· Steadman, Ian, "IBM's Watson Is Better at Diagnosing Cancer than Human Doctors", *WIRED*, February 11, 2013.
· Strunk Jr., William and White, E. B., *The Elements of Style*, 4th Edition, Harlow: Pearson, 2019.

· TEPS, "TEPS", teps.or.kr, accessed January 2024.
· Thaler, Richard H. and Sunstein, Cass R., *Nudge: Improving Decisions about Health, Wealth, and Happiness*, New Haven, CT: Yale University Press, 2008.
· The Modern Language Association of America, *MLA Handbook*, 8th Edition, New York, NY: The Modern Language Association of America, 2016.
· The Neurocritic, "What Is Thought?" (June 30, 2017).
· The University of Winnipeg, "Countries in which English Language is a Mandatory or an Optional Subject", https://www.uwinnipeg.ca/global-english-education, accessed January 2024.
· Toffler, Alvin, *Powershift*, Bantam, 1991.
· Toffler, Alvin, *The Third Wave*, Bantam, 1984.
· Toffler, Alvin and Toffler, Heidi, *Revolutionary Wealth*, Currency, 2007.

· UNGA Resolution 2(I), February 1, 1946.
· UNGA Resolution 3190(XXVIII), December 18, 1973.

· United Nations, "Official Languages", https://www.un.org/en/sections/about-un/official-languages/index.html, accessed January 2024.

· Ward, Marguerite, "7 Free Classes from Bill Gates' Favorite Websites that You Can Sign Up for Now to Teach Yourself to Code", *Business Insider*, March 19, 2020.
· Waseda SILS, https://www.waseda.jp/fire/sils/en/applicants/admission/, accessed January 2024.
· Wikipedia.
· Wittgenstein, Ludwig, *Tractatus Logico-Philosophicus*, London, England: Kegan Paul, 1921.
· Wood, Jessie, "Top Languages of the Internet, Today and Tomorrow", *Unbabel*, June 10, 2015.
· WWF, "Plastic Pollution Is Killing Sea Turtles: Here's How", October 9, 2018, wwf.org.au/news/blogs/plastic-pollution-is-killing-sea-turtles-heres-how#gs.g2vydh, accessed January 2024.

· Zimmerman, Eli, "The 4C's of Learning in a Connected Classroom", *EdTech*, July 27, 2018.

똑바로 이해하고 똑바로 실천하는 영어 공부

Dr. LEE의 똑똑영어

초 판 1쇄 발행 2021년 5월 6일
개정판 1쇄 발행 2024년 2월 15일

지은이 이상혁
교 정 설혜원
발행인 권윤삼
발행처 (주)연암사

등록번호 제2002-000484호
주 소 서울시 마포구 월드컵로165-4
전 화 02-3142-7594
팩 스 02-3142-9784

ISBN 979-11-5558-112-4 13740